Bauwelt Fundamente 32

Herausgegeben
von Ulrich Conrads

Programmredaktion:
Hansmartin Bruckmann
Ulrich Conrads
Gerhard Fehl
Rolf-Richard Grauhan
Herbert Hübner
Frieder Naschold
Dieter Radicke
Mechthild Schumpp

Beirat:
Gerd Albers
Adolf Arndt
Lucius Burckhardt
Werner Kallmorgen
Julius Posener
Hans Scharoun

Mechthild Schumpp

Stadtbau-Utopien und Gesellschaft

Der Bedeutungswandel utopischer Stadtmodelle unter sozialem Aspekt

Bertelsmann Fachverlag

Überarbeitete und gekürzte Fassung der Dissertationsschrift: Städtebau und Utopie. Soziologische Überlegungen zum Verhältnis von städtebaulichen Utopien und Gesellschaft. Göttingen, 1970.
Die Dissertationsschrift enthält eine hier nicht wiedergegebene Bibliographie mit 181 Titeln (S. 329–350).

© 1972 Verlagsgruppe Bertelsmann GmbH / Bertelsmann Fachverlag, Gütersloh · 1
Umschlagentwurf von Helmut Lortz
Gesamtherstellung Poeschel & Schulz-Schomburgk, Eschwege/Werra
Alle Rechte vorbehalten · Printed in Germany
ISBN 3-570-08632-1

Inhaltsverzeichnis

1. **Zur Funktion utopischen Denkens im Städtebau**   7
   1.1 Zu einem stadtsoziologischen Begriff der Utopie. Der historisch variable Zusammenhang politisch-sozialer und technischer Momente als konstituierendes Prinzip städtebaulicher Zukunftsmodelle   9

2. **Historische Stadtutopien**   17
   2.1 Stadtutopien im Übergang vom Mittelalter zur Neuzeit (Thomas Morus, Tommaso Campanella)   17
       2.11 Elemente der Idealstadtkonstruktionen der Frührenaissance als vorbereitende Momente der Stadtutopien (Leon Battista Alberti, Filarete)   17
       2.12 Die sozial-ökonomisch bestimmte Utopie von Morus und die autoritäre, wissenschaftlich-technische von Campanella in der frühkapitalistischen Phase zwischen Mittelalter und Neuzeit und ihre räumlichen Erscheinungsformen: Die Verschiebung von privaten und öffentlichen Bereichen in unprätentiösen, aufgelockerten und zentralistischen, hierarchisch abgestuften Bauformen   25
   2.2 Utopische Entwürfe zur Zeit der beginnenden Industrialisierung   40
       2.21 Die Idee der Aufklärung von einer befreiten zukünftigen Gesellschaft und die ideale utopische Stadt des Architekten Claude-Nicolas Ledoux   41
       2.22 Die industrielle Revolution und die utopischen Planungsexperimente der Frühsozialisten (Robert Owen, Charles Fourier, Etienne Cabet)   50
   2.3 Die Kritik von Karl Marx und Friedrich Engels an den utopischen Entwürfen der Frühsozialisten und ihre Auswirkung auf den Städtebau   72
   2.4 Stadtentwürfe im Zuge sozialreformerischer Bestrebungen um die Jahrhundertwende – Architektonische Utopien nach dem Ersten Weltkrieg   77
       2.41 Die Gartenstadt und die Cité Industrielle (Ebenezer Howard, Tony Garnier) sowie eine künstlerisch-expressive Variante früher technischer Phantasie (Antonio Sant'Elia)   77

2.42 Die architektonischen Utopien der »Gläsernen 82
Kette« (Bruno Taut, Hermann Finsterlin)
2.43 Utopische Elemente der ersten Phase des Bauhauses 95

3. Zeitgenössische städtebauliche Zukunftsmodelle 100
3.1 Das Konzept von Stabilität und Wandel der japanischen 101
Metabolisten und seine städtebauliche Ausprägung in
vorwiegend technisch-künstlerisch bestimmten Zukunftsmodellen als Ausdruck der Anpassung an die technisch-
ökonomische Entwicklung einer entfalteten Industriegesellschaft (Noburo Kawazoe, Noriaki Kurokawa,
Kyionori Kikutake, Arata Isozaki, Kenzo Tange)
3.2 Die Vorstellung einer »mobilen Freizeitgesellschaft« als 127
Ausgangspunkt zum Entwurf städtebaulicher Zukunftsmodelle
   3.21 Die Stadt als »System« 130
      (Yona Friedmann, Eckhard Schulze-Fielitz,
      Rudolf Doernach, Richard J. Dietrich)
   3.22 Die Stadt als »Ereignis« (Archigram) 162

4. Zusammenfassung und Schlußfolgerungen 191

Namensverzeichnis 203

1. Zur Funktion utopischen Denkens im Städtebau

Die Frage nach der zukünftigen Gestaltung der Städte hat in den letzten Jahren eine Reihe städtebaulicher Zukunftsmodelle entstehen lassen, die einen mehr oder weniger ausgeprägten utopischen Charakter besitzen. Diese Projekte haben die städtebauliche Diskussion der sechziger Jahre in nicht unerheblichem Maße beschäftigt und beeinflußt. Wenn man die städtebauliche Utopie als wichtiges Agens auf der Suche nach neuen Lösungen im Städtebau ansieht, so stellt sich das Problem, wie undurchführbare oder kaum wünschenswerte Vorschläge von solchen zu unterscheiden sind, die für die konkrete Lebenssituation der Stadtbewohner einige Erleichterungen bringen können. Es geht also in praktischer Absicht um die Frage der Anwendung utopischen Denkens im Städtebau, um eine Vermehrung des Wissens über Herkunft, Ansatzpunkte, Ziele und Folgen utopischer Stadtentwürfe zur Beurteilung ihrer Relevanz für eine praktische, zukunftsorientierte Stadtplanung. Wenn hierzu von wissenschaftlicher, im engeren Sinne soziologischer Seite ein Beitrag geleistet werden kann, steht einem solchen Vorhaben die kaum zu unterschätzende Schwierigkeit entgegen, wie wissenschaftliche Verfahrensweisen es mit den spekulativen, oft schweifenden und manchmal irrealen Momenten utopischer Phantasie aufnehmen können, ohne gerade diesem überschießenden, vom Begriff der Utopie her legitimen Potential die Flügel zu stutzen. Hier wird eine zwar behutsam angewandte, teilweise aber durchaus zulässige Unbekümmertheit der soziologischen Argumentation, die Grenzüberschreitungen nicht scheut, von der Sache her wohl gerechtfertigt erscheinen. »Das Ziel, das nicht unerreichbar wäre, müßte sein, in interdisziplinärer Großforschung eine Kombination prognostischer Methoden zu erreichen, mit deren Hilfe einfallsreiche »Utopien« (die eine sehr positive Funktion haben) im Hinblick auf die Möglichkeit und Wahrscheinlichkeit ihrer Realisierung überprüft werden. Auf jeden Fall sollte sich die Wissenschaft auch durch die vielen verbleibenden Unbekannten und methodischen Bedenken nicht davon abhalten lassen, umfassende und weitreichende Wahrscheinlichkeitsaussagen über die Zukunft zu machen, selbst wenn sie in ihrem Inhalt an ›Science-Fictions‹ erinnern[1].«

---

[1] Bahrdt, H. P.: Plädoyer für eine Futurologie mittlerer Reichweite. In: Dokumentation der Referate und Diskussionen auf dem 42. Bundestag des Bundes Deutscher Architekten BDA in Hannover 1967, S. 6.

1.1 Zu einem stadtsoziologischen Begriff der Utopie. Der historisch variable Zusammenhang politisch-sozialer und technischer Momente als konstituierendes Prinzip städtebaulicher Zukunftsmodelle

Utopisches Denken ist in seiner Entstehung, seiner Intention, seinem sozialen und philosophischen Gehalt eng mit dem jeweiligen geschichtlichen Hintergrund verknüpft[2].
Begriff und Phänomen des Utopischen haben daher eine vielfache

---

[2] Eine entscheidende Voraussetzung für die Freisetzung des Denkens über die Zukunft dürfte die Einsicht in die »Machbarkeit« der Geschichte gewesen sein. Zu Beginn des 18. Jahrhunderts entwickelte Giambattista Vico in seinen geschichtsphilosophischen Arbeiten in seinem 1725 erschienenen Hauptwerk, den »Prinzipien einer neuen Wissenschaft über die gemeinschaftliche Natur der Völker«, den Gedanken, daß diese historische Welt von den Menschen gemacht worden sei. Obgleich er diese Einsicht aus einer Rückschau auf die gelebte »abgetane« Geschichte gewinnt, also noch nicht eine wie immer beschaffene Vorausschau mit einbezieht, ist diese sich anbahnende Umwendung eines von Göttern oder Heroen bestimmten Geschichtsdenkens eine Voraussetzung für die Entfaltung von Gesellschafts-»Entwürfen«. Sicher gab es bereits vor diesem Einschnitt verschiedene Vorstufen zu einer vorausschauenden Gestaltung der Gesellschaft, so zum Beispiel Platos Konstruktion eines idealen Staats. Mit Vico jedoch beginnt eine Entwicklung, die in der Zeit der bürgerlichen Aufklärung erst die eigentliche Intensivierung der Auseinandersetzung mit einer rationalen Planung der Zukunft und einer zukünftigen Gesellschaft erfährt. Vicos Lehre von den »Corsi« und »Ricorsi« als dem dauernden Auf und Ab der Geschichte, diese zyklische Auffassung des Geschichtprozesses, ist zwar eine, jedoch noch keine zureichende Bedingung für vorausgreifende Planung, sei es im gesellschaftlichen, sei es im technischen Bereich. Erst das Werk Claude-Henri de Saint-Simons – ausgehend von der Erfahrung einer tiefgreifenden gesellschaftlichen Krise, wie sie in der französischen Revolution zum Ausdruck kommt – und die Bedeutung, die er auf die Industrie und die »positiven« Wissenschaften legt, seine Vorstellung von der Gesetzmäßigkeit der geschichtlichen Entwicklung und des Fortschritts, schaffen zusammen mit der veränderten Geschichtsauffassung die Basis weitergehender Einsichten in die Planarbeit der menschlichen Zukunft. Vgl. zum Beispiel zur Bedeutung Saint-Simons: Ramm, Th.: Die großen Sozialisten als Rechts- und Staatsphilosophen. Stuttgart, 1955, S. 245 ff., Band 1; Hofmann, W.: Ideengeschichte der sozialen Bewegung des 19. und 20. Jahrhunderts. 3. Auflage, Berlin, 1970, S. 45 ff.; Schäfers, B.: Voraussetzungen und Prinzipien der Gesellschaftsplanung bei Saint-Simon und Karl Mannheim. In: Zur Theorie der allgemeinen und der regionalen Planung, Beiträge zur Raumplanung (Zentralinstitut für Raumplanung an der Universität Münster [Hrsg.]) Bielefeld, 1969, S. 25 ff.. Vgl. zum Wandlungsprozeß der Geschichtsdeutungen: Löwith, K.: Weltgeschichte und Heilsgeschehen. Die theologischen Voraussetzungen der Geschichtsphilosophie, 4. Auflage, Stuttgart, 1961 (1953).

und schillernde Bedeutung angenommen, und es bereitet erhebliche Schwierigkeiten, die verschiedenen Formen der Utopie, ihre Erscheinungsweisen und Beziehungen etwa zur Ideologie, die Gegenutopien und ihre jeweiligen gesellschaftlichen Funktionen untereinander abzugrenzen. Man trifft auf eine weitverzweigte Landschaft heterogener Begriffsdefinitionen und Vorstellungsinhalte, die von den verschiedenen Disziplinen, wie etwa den philosophischen, literaturgeschichtlichen, historischen und eben auch den soziologischen, wiederum unterschiedlich interpretiert werden[3].

Das Erkenntnisinteresse dieser Untersuchung – aus soziologischer Sicht zu städtebaulichen Utopien etwas beizutragen – läßt es zulässig erscheinen, die Entwicklung eines enger gefaßten und weniger anspruchsvollen stadtsoziologischen Begriffs der Utopie zu versuchen, der auf die hier zu behandelnden Probleme eingegrenzt ist. Natürlich ist etwa ein auf stadtsoziologische Probleme gerichteter Begriff der Utopie nicht strikt abtrennbar von der allgemeinen Utopiediskussion, jedoch die Akzentuierung der Begriffsinhalte dürfte sich verschieben.

Vorab möchten wir jedoch zwei wesentliche soziologische Positionen zum Utopieproblem andeuten, wie sie heute – nicht auf die städtische Umwelt bezogen – diskutiert werden. Die eine Position sieht das eigentlich Utopische im Widerstand gegen eine wie auch immer inhumane Gesellschaftsordnung, für die andere bedeutet utopisches Denken ein Instrument zum Entwurf von Möglichkeitsmodellen der Wirklichkeit. Utopische Vorgriffe – Symbole des Traums von einem befriedeten und glücklichen Leben in einer gerechten Gesellschaftsordnung – entstehen meist in geschichtlichen Krisen- und Umbruchsituationen, aus denen ein Ausweg gesucht wird. Freilich abstrahieren diese positiven Zukunftsalternativen sehr oft von ihrer geschichtlichen Bedingtheit, und eine Reflexion der Ursachen und Widersprüche der schlechten Wirklichkeit unterbleibt. Die Notwendigkeit dieser Reflexion in Form einer Kritik bestehender Verhältnisse wird von den Verfechtern einer kritischen Gesellschaftstheorie als Voraussetzung utopisch antizipierter Zukunft geltend gemacht.

Mit dieser Auffassung ist eine Seite der Kontroverse um die Bedeutung von Utopie angedeutet, wie sie auch in anderen soziologischen

---

[3] Vgl. hierzu insbesondere den von Arnhelm Neusüss zusammengestellten und mit einer Einführung versehenen Sammelband zur Geschichte und wechselnden gesellschaftlichen Bedeutung utopischen Denkens. Dieser Überblick stellt wohl den aktuellsten und umfassendsten Versuch dar, aus soziologischer Sicht Begriffe und Phänomene des Utopischen zu klären. Bemerkenswert und informativ ist auch die ausführliche Bibliographie. Arnhelm Neusüss: Utopie. Begriff und Phänomen des Utopischen. Neuwied/Berlin, 1968.

Bereichen auftritt. Gemeint ist der Methodenstreit[4] zwischen marxistisch orientierter, dialektischer Soziologie und einem Verständnis von Soziologie, das mehr von der analytischen Wissenschaftstheorie bestimmt ist, die das Thema der Utopie gegenständlicher und greifbarer zu machen sucht. Hier geht die Absicht dahin, Utopie von ihrem polemischen Charakter und dem geschichtlich bestimmten Denkgrund zu lösen und zu neutralisieren. Sie wird wertfrei beschränkt auf ein instrumentales Modelldenken, das »Möglichkeitsmodelle der Wirklichkeit« entwirft[5]. Damit wird – und hier setzt die Kritik an dieser Auffassung ein – das normativ-intentionale Phänomen der Utopie zum Verschwinden gebracht, das heißt Gegenstand der Analyse ist nicht mehr die der Utopie zugrunde liegende gesellschaftskritische Intention und wie sich diese in den Zukunftsentwürfen äußert, sondern utopisches Denken als solches wird als Methode zur Konstruktion von alternativen möglichen Zukünften betrachtet, und dementsprechend werden die utopischen Bilder selbst als Tatsachen wissenschaftsmethodisch untersucht[6].

Der Begriff der Utopie nun, den wir hier zugrunde legen, enthält Momente beider Auffassungen. Der stadtsoziologische Denkansatz richtet sich immer auf zwei miteinander verknüpfte Wirklichkeitsbereiche, nämlich auf soziale Verhaltensweisen *in* der räumlich-materiellen Umwelt, und thematisiert gerade den Zusammenhang beider Aspekte. Daraus folgt, daß die Phänomene, die wir aus stadtsoziologischer Sicht mit dem Utopischen verbinden, ebenfalls beide Bereiche, den *sozialen* wie den *räumlichen*, das heißt gerade also auch die Erscheinungs*form*, die utopischen Bilder selbst, einbeziehen müssen. Wir sind also geradezu auf eine Positivierung, Vergegenständlichung und Materialisierung utopischer Vorstellungen angewiesen. Die Forderung nach Bilderlosigkeit der Utopie, die die dialektisch orientierte Soziologie erhebt, kann hier nicht uneingeschränkt gelten, und ebenso sehen wir ein modellkonstruierendes Verfahren utopischer Ansätze nicht von vornherein als fragwürdig an. Es mag sein, daß in bestimmten historischen Phasen, wie etwa in der des liberalen Kapitalismus im 19. Jahrhundert, der Entwurf von Modellen, seien diese gesellschaftlicher oder räumlich-städtebaulicher Art, wenig zur Veränderung gesellschaftlicher Widersprüche und Zwänge beigetragen hätte. Für heute erscheint jedoch eine solche

---

[4] Vgl. z. B. Adorno, Th. W., u. a.: Der Positivismusstreit in der deutschen Soziologie (hrsg. v. H. Maus und F. Fürstenberg), Neuwied/Berlin, 1969.
[5] Z. B. Krysmanski, H.-J.: Die utopische Methode. Köln/Opladen, 1963, S. 105 ff. Ebenso Schwonke, M.: Vom Staatsroman zur Science fiction. Eine Untersuchung über Geschichte und Funktion der naturwissenschaftlich-technischen Utopie. Stuttgart, 1957.
[6] Vgl. hierzu Neusüss, A.: Utopie, a. a. O., S. 76 ff.

Abstinenz im Hinblick auf eine Konkretisierung und Materialisierung bedenklich, einmal weil die politische Regulierung des Kapitalismus zugenommen hat[7], zum anderen weil stadtsoziologische Überlegungen, wollten sie von einer materiell-räumlichen Verwirklichung abstrahieren, ihren Gegenstand, auf den sie sich richten, verfehlen würden. Gleichwohl wird das, was im Utopischen schon immer mitschwingt – der Entwurf einer besseren Welt, die den Menschen Gerechtigkeit und Glück verheißt – anders ausgedrückt: das normativ-intentionale Moment, nicht einfach neutralisiert, die Utopie also nicht zur bloßen Methode reduziert. Auf städtebauliche Modelle übertragen heißt das: die jeweils spezifische Zuordnung der räumlichen Umwelt zu bestimmten kollektiven und individuellen Verhaltensweisen mit dem geschichtlichen Stand der objektiv möglichen Befriedigung menschlicher Bedürfnisse in Beziehung zu setzen. Dabei kann es oftmals weniger darum gehen, diese Zuordnung positiv zu überprüfen, sondern mehr um die Frage, welche Handlungschancen durch das jeweils spezifische Stadtsystem ausgeschlossen werden.

Ein so verstandener und notwendigerweise zunächst skizzenhaft vorgestellter stadtsoziologischer Begriff der Utopie, der im Hinblick auf raumbezogene, städtische Verhaltensweisen eine emanzipatorische Intention hat, stellt im Rahmen unserer Untersuchung eine Art Bewertungshorizont dar, von dem aus wir Fragestellungen strukturieren und Eingrenzungen vornehmen. Auch haben wir nach diesem Erkenntnisinteresse die Zukunftsmodelle ausgewählt. Es interessieren die städtebaulichen Vorschläge, die, jeweils in ihrer geschichtlichen Epoche, neue qualitative Momente einführen und Anstöße zur Öffnung anderer städtischer und gesellschaftlicher Dimensionen geben; Modelle also, die im allgemeinsten Sinne ein utopisches Moment enthalten, die also entweder im Bewußtsein des Entwerfers oder seiner Zeitgenossen oder auch tatsächlich qualitativ Neues, nie Dagewesenes erstreben, die in der unmittelbaren Gegenwart zwar nicht direkt zu verwirklichen sind, doch so als Stimuli und Agens wirksam werden können. In diesem Zusammenhang kommt es vor allem darauf an, den Stellenwert einer mit gesellschaftlichem Problembewußtsein verknüpften utopischen Phantasie im Hinblick auf

---

[7] In der Stadtplanung zeigt sich diese Entwicklung zum Beispiel in einer zunehmenden Interventionsmöglichkeit der kommunalen, öffentlichen Planung im Hinblick auf die private Verfügung über den Boden (siehe zuletzt die Diskussion über das Städtebauförderungsgesetz). Damit ist keineswegs gesagt, daß die Planungschancen im öffentlichen Interesse etwa heute befriedigend gelöst sind, wohl aber, daß gegenüber dem 19. Jahrhundert erhebliche Verschiebungen feststellbar sind.

gesellschaftliche Veränderungen zu sehen. Der jeweilige Grad des Bezugs zum Vorhandenen, die Weite des Vorgriffes in die Zukunft, die mehr oder weniger starke Beachtung der Chancen zur Realisierung, der experimentelle Charakter der Modelle, also alle jene Momente, die letztlich die Bandbreite dessen ausmachen, was zwischen Utopie und Planung[8] liegt, müssen jedoch an den Modellen selbst aufgesucht und gezeigt werden. Der utopische Gehalt kann nur aus der konkreten Analyse erschlossen werden. Jedoch steht das, was in dem von uns vertretenen Sinn utopisch genannt werden kann, nicht von vornherein fest. Manches wird sich als nicht so umwälzend herausstellen wie es sich offeriert, manches als negativ utopisch oder als stark mit ideologischen Momenten durchsetzt.

Am eigentlichen Gegenstand der Untersuchung, am Gesamtphänomen Stadtutopie, unterscheiden wir zwei miteinander verknüpfte, jedoch grundsätzlich verschiedene Dimensionen: eine *technische* und eine *politisch-soziale*.

Die *technische* Dimension umfaßt das materiell-räumliche Substrat, die greifbar baulichen Elemente, die bestimmte einfache Funktionen erfüllen (wie etwa Schutz vor Witterungseinflüssen), den Rahmen für raumbezogene Verhaltensweisen abgeben und mit symbolischen Gehalten verknüpft werden können[9]. Die Herstellungsmethoden, die Beschaffenheit und die Kompliziertheit dieser technischen Objekte verändern sich im Lauf der naturwissenschaftlich-technischen Entwicklung und der Industrialisierung.

---

[8] Auch Planung als antizipierende, bewußte, zielstrebige gesellschaftliche Tätigkeit, die man als Sequenz von Entscheidungen auffassen kann, beinhaltet einen vorgreifenden Entwurf, mag sich dieser mehr auf den räumlichen oder gesellschaftlichen Bereich oder auf beides beziehen. Die Abgrenzung gegenüber utopischen Entwürfen wird im Rahmen dieser Arbeit im folgenden gesehen: alle städtebaulichen Umweltentwürfe, die in Form rationaler Zweck–Mittel-Kalkulationen die räumliche Umwelt gegebenen Gesellschaftszuständen anpassen und diese verlängern, werden, ebenso wie Ansätze, die auf einfachen Extrapolationen von Trends (Projektionen) aufbauen, als nicht zum Themabereich gehörend angesehen. Natürlich ergeben sich bei den einzelnen Projekten Überschneidungen; sowohl Planungen können etwa von einem kritischen Bewußtsein getragene Momente enthalten wie auch Utopien verschieden nah an die jeweils bestehende Praxis herankommen.

[9] Der Begriff Technik wird hier – abweichend von dem überwiegenden Gebrauch dieses Begriffes in der soziologischen Diskussion, insbesondere im Zusammenhang mit technischen Dingen (hier der baulichen Umwelt) benutzt. Allenfalls werden die Verfahrensweisen der Herstellung in diesen Begriff einbezogen, nicht aber die Verhaltensweisen der Nutzung, die ein breites Spektrum von Handlungs- und Benutzungsmöglichkeiten einschließen.

Die *politisch-soziale* Dimension umfaßt ein ganzes Bündel von Teilbereichen. Die einzelnen räumlichen Konstellationen, die spezifischen Ausprägungen und die Zuordnung der technischen Elemente in der Stadt sind in ihrer Entstehung und ihrer Nutzung mit politisch-sozialen Momenten verknüpft, die auf verschiedenen Ebenen liegen. Einmal wird es bei dem Versuch, die politisch-soziale Dimension sichtbar zu machen, um eine soziologische Deutung der Gesellschaftsauffassung der Architekten in ideologiekritischer Absicht gehen: wie wird die zukünftige Einrichtung der Gesellschaft vorgestellt, welche Akzente werden gesetzt, wie werden etwa die politisch-sozialen und wirtschaftlichen Komponenten einer Gesellschaftsverfassung gewichtet und zueinander gesehen, welche Widersprüche und Bedingtheiten, die nur aus der historischen Situation und bestimmten Gruppeninteressen erklärbar sind, sind feststellbar? Dabei berücksichtigen wir einschränkend nur die Aspekte, die für den Stadtentwurf bedeutsam erscheinen und bestimmte räumliche Konstellationen nach sich ziehen.

Während es sich im eben genannten Bereich mehr um eine Inhaltsanalyse von Texten handelt, wird es zum anderen darauf ankommen, gesellschaftliche Momente im materiellen Substrat, also in den Stadtbaumodellen selbst, aufzusuchen. In den Bauformen können sich bestimmte Bewußtseinsstrukturen, Vorstellungsinhalte der Entwerfer, die auf bestimmte gesellschaftliche Denkweisen zurückgehen, niederschlagen. Sie müssen aus dem Material in Form einer Werkanalyse entschlüsselt werden[10]. Angesichts der jüngsten Diskussion zur Umweltplanung erscheint es zwingend, gerade diesen Aspekt besonders zu betonen. Mit der zunehmenden und grundsätzlich richtigen Einschaltung verschiedener Wissenschaften in den Planungsprozeß geht jedoch nicht selten ein begrifflicher Aufwand einher, der das, worum es geht, die dingliche Umwelt, aus dem Auge verliert. So kann hier, thesenhaft, die Vermutung geäußert werden, daß raumbezogene gesellschaftliche Veränderungsabsichten erst dann ver-

---

[10] Hierüber geben besonders solche Arbeiten Aufschluß, die den soziologischen Gehalt in Kunstwerken, im ästhetischen Bereich im weitesten Sinn zu entziffern versuchen. So etwa Hauser, A.: Sozialgeschichte der Kunst und Literatur. 2 Bände, München, 1953; derselbe: Philosophie der Kunstgeschichte. München, 1958; Benjamin, W.: Das Kunstwerk im Zeitalter seiner technischen Reproduzierbarkeit. Frankfurt/Main, 1963; Enzensberger, H. M.: Bewußtseinsindustrie, Einzelheiten I. Frankfurt/Main, 1963; Lucács, G.: Über die Besonderheit als Kategorie der Ästhetik. Neuwied/Berlin, 1967. Adorno, Th. W.: Klangfiguren, Musikalische Schriften I. Frankfurt/Main, 1959, S. 11. Für Raumprobleme, wie sie hier zur Diskussion stehen, vgl. auch: Schumpp, M., M. Throll: Ansätze zu einem konreten Bauen. Thesen zu einer kritischen Theorie des Bauens. In: Bauwelt 1/2, 1968, S. 11 ff.

wirklicht und nicht mehr nur als Ideologie wirksam sind, wenn sie sich in den Objekten und Dingen selbst materialisieren.
Auf einer konkreteren Ebene läßt sich dann untersuchen, ob und wie diese zukünftigen materiell-räumlichen Umwelten individuelle und kollektive Handlungen und Verhaltensweisen wahrscheinlich strukturieren oder auch ausschließen werden. In einer weiteren Stufe der Differenzierung können dann diese Handlungszusammenhänge auf einzelne Lebensbereiche – wie solche des Wohnens, der Arbeit, der Bildung oder der von Erwerbsarbeit freien Zeit – bezogen werden.
Und schließlich wird es darum gehen, einige Aussagen zu machen über die ästhetische Qualität der einzelnen Raumkonstellationen und ihre möglichen Auswirkungen auf die menschliche Wahrnehmung und das emotionale Verhalten. Solche raumbezogenen Handlungsstrukturen oder – anders – die möglichen Auswirkungen bestimmter räumlicher Anordnungen auf die menschliche Psyche sind schwer zu erfassen. Raumsituationen lassen einen oft breiten Fächer von Handlungsmöglichkeiten zu, so daß beschreibbare und kritisierbare Handlungsfiguren, wie sie der Planer beabsichtigt haben mag, nicht immer eindeutig dingfest zu machen und ganz bestimmten Raumkonstellationen zuzuordnen sind. Viel eher läßt sich bei den einzelnen Modellen ermitteln, welche Handlungsmöglichkeiten mit Sicherheit verbaut werden.
Damit sind die wichtigsten der in dieser Arbeit vorkommenden Schneisen dargestellt, die die politisch-soziale Dimension des Phänomens Stadtutopie themabezogen erschließen und einer stadtsoziologischen Deutung zugänglich machen können.
Obwohl in den Stadtutopien beide Dimensionen, die politisch-soziale und die technische, eng verklammert sind, besteht Grund, sie auseinanderzuhalten. Nur so kann nämlich der *Verschiebungsprozeß* beider Momente im historischen Ablauf deutlich werden. Diesen Prozeß auf dem jeweiligen sozialgeschichtlichen Hintergrund sichtbar zu machen und in Beziehung zur utopischen Intention zu setzen ist die durchgängige Leitlinie dieser Untersuchung.
Sie soll den Nachweis erbringen, daß ein wie immer beschaffenes Auseinanderklaffen der technischen und der politisch-sozialen Dimension einer Humanisierung der städtischen Umwelt im Weg stehen kann und der Ausbildung von Ideologien Vorschub leistet. Das, was mit dem Begriff der Humanisierung hier angedeutet wird, kann natürlich für die einzelnen Modelle nur dann bestimmt werden, wenn es gelingt, »die utopischen, die unter pragmatischen Gesichtspunkten zweckrationalen und die ideologischen Gehalte zu trennen[11]«.

---

[11] Habermas, J.: Zur Logik der Sozialwissenschaften. Tübingen, 1967, S. 92.

Das wird nicht immer leicht sein, nicht zuletzt deshalb, weil eine Konkretisierung einer emanzipatorischen utopischen Intention in Raumstrukturen auf ebensovielen Ebenen liegen kann, wie wir es im Hinblick auf die Analyse schon angedeutet haben. Eine andere Schwierigkeit ist die, daß die größere Fungibilität der Technik die Abstrahierung von der sozialen Nutzung zu erlauben scheint, dadurch aber die Greifbarkeit des Zusammenhangs zwischen Technik und sozialen Lebensvorgängen erschwert wird. Die ideologischen Momente, die nicht mehr im einzelnen aufweisbar sind, verdichten sich mehr in einem Gesamthorizont, der hinter bestimmten Vorstellungen der Umweltplanung steht. Es wird also darauf ankommen, eine solche Konkretisierung mit dem jeweiligen geschichtlichen Stand der Produktivkräfte und des technischen Fortschritts zusammen zu sehen, um den Grad der möglichen Auflösung von ideologischen Gehalten zu erkennen. Die geschichtliche Rekonstruktion der Linien stadtutopischen Denkens übernimmt dabei die Funktion, aus einer entwicklungsgeschichtlichen Perspektive die bestimmenden Konflikte der gegenwärtigen Situation zu erschließen. Das heißt konkret, Ansätze deutlich zu machen, wie ein zukünftiger Städtebau jene spezifische Differenz zum Bestehenden in sich aufnehmen kann, die der Begriff Utopie meint.

Die Untersuchung beginnt bei typischen Stadtutopien der frühbürgerlichen Phase im Übergang vom Mittelalter zur Neuzeit, den Stadtvorstellungen der Architekten Alberti und Filarete einerseits und der Utopisten Morus und Campanella andererseits. Dann folgen solche, die im Zug der beginnenden Industrialisierung entstehen: die Stadt des Architekten Ledoux und die idealen utopischen Gemeinschaften der Frühsozialisten Owen, Fourier, Cabet. Nach einem Exkurs über die marxistische Utopiekritik möchten wir einige Beispiele utopischer Entwürfe zeigen vom Beginn unseres Jahrhunderts an. Sie alle sind Beispiele dafür, wie sich im Lauf der Geschichte, an bestimmten Stellen des Umbruchs, mit dem gesellschaftlichen Wandel auch das Bild der utopischen idealen Gesellschaft und der vorgestellten räumlichen Umwelt in besonderer Weise verändert.

Die zeitgenössischen Zukunftsmodelle im dritten Teil der Untersuchung sind in der Auswahl, Zusammenfassung und Reihenfolge nach dem Grad ihres gesellschaftlichen Bezugs beziehungsweise des Überhandnehmens der technischen Komponente geordnet.

Schließlich wird in Teil 4 der Versuch unternommen, die wichtigsten Ergebnisse der Untersuchung als Kriterien für einen zukünftigen Städtebau zusammenzufassen.

Die breite Anlage der Untersuchung, die von der Zielsetzung her gerechtfertigt erscheint, kann nur auf Kosten eines intensiveren Eingehens auf einzelne Probleme geschehen. So bleibt vieles unausgelotet und manches muß verkürzt dargestellt werden. Vor die Wahl gestellt, zu einer sehr komplexen Thematik entweder nur einen begrenzten Teilausschnitt zu behandeln, oder die Breite der Problematik aufscheinen zu lassen, haben wir uns im Hinblick auf die praktische Intention der Untersuchung für das letztere entschieden. Auch liegen zu diesem Thema in seiner speziellen stadtsoziologischen Fragestellung unseres Wissens noch keine Arbeiten vor, so daß auch aus diesem Grund ein weitgefaßtes Abtasten geraten erschien.

Noch eine Schwierigkeit ist zu erwähnen: da die Stadt alle wichtigen sozialen Lebensvorgänge umfaßt, war eine Vielzahl von Nachbardisziplinen mit einzubeziehen. Gleichwohl kann diese Untersuchung den Ansprüchen eines Historikers nicht immer gerecht werden, den vielfachen kunstgeschichtlichen Aspekten nicht immer in angemessener Weise Genüge tun. Eine gezwungenermaßen begrenzte Auseinandersetzung mit dem Wandel architektonischer Formen und künstlerischer Fragen war indes nicht auszuklammern. Auch eine ganze Reihe anderer Disziplinen, sozialphilosophische, ökonomische, sozialpsychologische und psychoanalytische, werden berührt, ohne daß dabei fachspezifischen Ansprüchen Rechnung getragen werden könnte.

Der Untersuchung sind lediglich zu Zwecken der Orientierung einige Illustrationen der besprochenen Modelle beigefügt. Sie können nur die Vorstellung der utopischen Visionen erleichtern, keineswegs aber die Arbeit und spezifische Eigenart der Architekten und Planer repräsentieren.

2. Historische Stadtutopien

21. Stadtutopien im Übergang vom Mittelalter zur Neuzeit (Thomas Morus, Tommaso Campanella)

2.11 Elemente der Idealstadtkonstruktionen der Frührenaissance als vorbereitende Momente der Stadtutopien (Leon Battista Alberti, Filarete)

Utopisch entworfene Welten und ihr Niederschlag in Stadtentwürfen sind ein Spiegel der geschichtlichen Epoche, in der sie entstehen. Als Traum von dem guten und gerechten Leben in einer von Not und Zwängen befreiten Gesellschaft ist utopisches Denken eng verknüpft mit gesellschaftlichen und wirtschaftlichen Krisen- und Umbruchsituationen.
Den Übergang vom Mittelalter zur Neuzeit kennzeichnen solche tiefgreifenden sozialstrukturellen Wandlungsprozesse. Die religiös vermittelten kosmologischen Weltinterpretationen des Mittelalters verlieren im Zug einer fortschreitenden Säkularisierung an Verbindlichkeit. In dem Maß, wie sich Gesellschaft und Wirtschaft von den Fesseln der Kirchenlehre befreien und die Menschen ihr Zusammenleben und ihre Handlungsweisen mehr und mehr nach zweckrationalen Erwägungen einrichten, setzt auch der Prozeß eines veränderten Denkens über die Stadt ein. Für die Stadtgestalt[1], ihre Vorstellungsinhalte, bedeutet dies die Ablösung vom mittelalterlichen allegorischen Stadtideal des »Heiligen Jerusalem« (Bild 1) und die Hinwendung zu planbaren, machbaren Städten. Die Entwicklung der modernen Wissenschaften trägt zwar in dieser Zeit wenig zur Beschleunigung der technischen Entwicklung bei[2], schafft jedoch zunächst in den philosophischen Systemen und später in den naturwissenschaftlich-technischen Disziplinen die Voraussetzung technischer Verfügung über die gegenständliche Welt.

---

[1] Vgl. dazu besonders Pahl, J.: Die Stadt im Aufbruch der perspektivischen Welt. Berlin, 1963. Bauwelt Fundamente, Band 9. Pahl versucht hier an der Veränderung des Gestaltbegriffs der Stadt im Übergang vom Mittelalter zur Neuzeit die Wechselwirkungen zwischen Raum und sozialer Lebensform aufzuzeigen.
[2] Vgl. Habermas, J.: Technik und Wissenschaft als Ideologie. Frankfurt, 1968.

Gleichzeitig beginnt auch im gesellschaftlichen Bereich das Bürgertum – durch wachsenden Besitz an Kapital und Produktionsmitteln und die Macht über die Steuerung des Markts gestützt – größere Rechte und Privilegien zu fordern und seinen Einfluß auf die Staatsangelegenheiten zu verstärken. Das bislang vorwiegend lokal orientierte Stadtbürgertum – Inseln in einer feudalen Agrargesellschaft, mit lokal bedingten Wirtschafts- und Gesellschaftsformen und eng begrenzten Interessensphären – wandelt sich zu einer mehr überlokal orientierten[3] Gesellschaft, in der nicht mehr ererbte Privilegien über ein Individuum entscheiden sollen, sondern persönliches Geschick, Fleiß, Tüchtigkeit und Bildung. Diese Umschichtung im gesellschaftlichen Gefüge hat entscheidende Veränderungen im politischen, sozialen und auch im städtebaulichen Bereich zur Folge, die hier nicht im einzelnen dargestellt werden können[4]. Sie weist jedoch – ganz entgegen der bürgerlichen Intention – ein weit geringeres Maß an Rationalität auf und schafft damit Diskrepanzen und Disproportionalitäten zwischen einzelnen gesellschaftlichen Subsystemen, eine Konstellation, die zu entscheidenden sozialen Spannungen und Krisensituationen führt, die ihrerseits dann um die Wende des 15. Jahrhunderts die ersten sozialen und Stadtutopien hervortreiben.
Bevor im Jahre 1516 in England die Schrift des englischen Kanzlers Thomas Morus »De optimo rei publicae statu sive de nova Insula Utopia[4a]« bekannt wird, die dann allen folgenden Utopien den Namen gegeben hat, und die seit Platos Entwurf des idealen Staates nach fast 2000 Jahren dem utopischen Denken einen neuen Beginn setzt, erscheinen in Italien bereits um die Mitte des 15. Jahrhunderts Pläne einer idealen Stadt, die ebenso wie das Utopia des Thomas Morus sich an antiken Vorbildern orientieren und die nachfolgenden Stadtkonstruktionen stark beeinflußt haben. Diese frühen Stadtideale enthalten nun nicht wie die späteren politisch-sozialen Utopien eine Kritik der herrschenden Gesellschaftsordnung, doch zeigen sie bereits – als Spiegelbild des Umbruchs vom Mittelalter zur Renaissance und gleichzeitig als verbindendes Glied zwischen beiden Epochen – ein wachsendes soziales Interesse an den Bedürfnissen der verschiedenen gesellschaftlichen Gruppen und die Bemühung, diese durch die Errichtung der »besten« Stadt zu erfüllen.
In umfassender Breite legt Leon Battista Alberti (1404-1472) seine

[3] Bahrdt, H. P.: Die moderne Großstadt. Soziologische Überlegungen zum Städtebau. 2. Auflage, Hamburg, 1969, S. 14.
[4] Vgl. hierzu besonders Bahrdt, H. P.: Die moderne Großstadt, a. a. O.; Habermas, J.: Strukturwandel der Öffentlichkeit. Untersuchungen zu einer Kategorie der bürgerlichen Gesellschaft. Neuwied, 1962.
[4a] Morus, Th., Utopia. In: Der utopische Staat, hrsg. v. Klaus J. Heinisch. Reinbeck bei Hamburg, 1960.

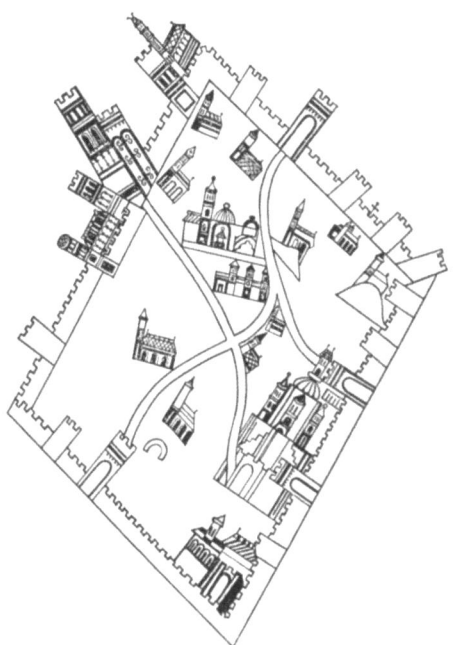

1 Mittelalterliche Idealstadt-Darstellung »Jerusalem« (Plan von Cambrai)

Auffassungen über das Bauen und dessen gesellschaftliche Bedingungen in den »Zehn Büchern über die Baukunst« dar[5]. Die Entstehung der Gebäudearten und ihre Zuordnung im städtischen Gefüge leitet er von »der Einteilung der menschlichen Gesellschaft«, also relativ unkritisch von der bestehenden Gesellschaftsordnung, ab[6]. Zur Stützung der von ihm vertretenen und seinen Entwürfen zugrunde gelegten Gesellschaftsorganisation stellt er einen historischen, vorwiegend auf die Antike bezogenen Vergleich an und zieht vor allem Arbeiten des griechischen Architekten Hippodamos heran, der als einer der ersten und entscheidensten Verfechter einer engen Verbindung von politischer und baulicher Planung angesehen werden kann[7].

[5] Alberti, L. B.: Zehn Bücher über die Baukunst. Ins Deutsche übertragen, eingeleitet und mit Anmerkungen und Zeichnungen versehen durch Max Theuer. Wien/Leipzig, 1912.
[6] Vgl. insbesondere Albertis Viertes Buch: Über die Anlagen allgemeiner Art, Ed. Theuer, S. 175 ff.
[7] Vgl. Bloch, E.: Das Prinzip Hoffnung. Frankfurt, 1959, S. 864, Band 2. Vgl. zu Hippodamos und seiner Rolle in der griechischen Stadtplanung besonders: von Gerkan, A.: Griechische Stadtanlagen. Berlin, 1924.

Er selbst sieht das wesentlichste Merkmal des Menschen in dem Punkt, »worin er weit von den Tieren abweicht, in der Vernunft und der Kenntnis der schönen Künste; ferner, wenn Du willst, im Gedeihen seines Hab und Gutes[8]«. Da Vernunft, Reichtum der Erfahrung, Vermögensfülle – zentrale Pfeiler des bürgerlichen Tugendsystems – nur für wenige erreichbar sind, die dann die besten Stellen im Staat besetzen, kommt er zu dem Schluß, daß »andere Gebäude für die bürgerliche Gesellschaft in ihrer Gesamtheit, andere für die höheren, andere für die niederen Leute notwendig sind[9]«.

Alberti hat keinen Plan einer idealen Stadt gezeichnet, wie er überhaupt seinem Werk nur wenige Zeichnungen beigefügt hat, da es ihm mehr darauf ankommt, möglichst sorgfältig und genau die theoretischen, bautechnischen und ästhetischen Grundlagen und Vorbedingungen einer Stadt zu erarbeiten und der Baukunst neue Ziele und Aufgaben zu setzen[10]. Diese sollen allerdings einen möglichst hohen Grad der Vollkommenheit erreichen: »So will auch ich durch Vorführung von Beispielen jene Stadt beschreiben, welche in jeder Beziehung der Meinung der Gelehrtesten entsprechen wird, indem ich mich im übrigen nach der Zeit und der Notwendigkeit richten werde. Hierbei werde ich mir den Spruch des Sokrates vor Augen halten, daß wir jene Sache für die beste halten sollen, welche an sich derart beschaffen ist, daß sie nur verschlechtert werden kann. Und so behaupte ich auch, es müsse eine Stadt derart sein, daß von den Nachteilen, welche ich im ersten Buche aufgezählt habe, überhaupt keiner vorhanden sei. Und von allen Sachen, welche für des Lebens Notdurft wünschenswert sind, soll keine fehlen[11].« An Albertis Entwurf einer Festungsstadt (Bild 2) läßt sich in Verbindung mit seinen theoretischen Ausführungen zeigen, daß er zwar durchaus gesellschaftsbewußt, aber nicht gesellschaftskritisch plant. Besonderes Augenmerk legt er – ebenso wie auf äußeren Schutz – auf Schutzmaßnahmen gegen inneren Aufruhr, deren Zweckmäßigkeit er, ähnlich seiner Verfahrensweise bei der Ermittlung der grundsätzlichen gesellschaftlichen Organisation, durch eine historische Betrachtung dieses Problems abstützt[12]. So wird für die Stadtanlage, die den auf sich bezogenen Stadtstaat repräsentiert, die Selbstbehauptung und die Durchsetzung der Macht des Souverains bestimmend – realpolitische Erfordernisse

---

[8] Alberti, L. B., Ed. Theuer, S. 178.
[9] Alberti, L. B., Ed. Theuer, S. 219.
[10] Alberti, L. B., Ed. Theuer, S. LVI, Einleitung von Max Theuer.
[11] Alberti, L. B., Ed. Theuer, Viertes Buch: Über Anlagen allgemeiner Art. S. 183. – Hermann Bauer weist darauf hin, daß mit diesem Satz die Idealstadt proklamiert werde und die neuere Utopie in ihm begründet sei. Vgl. Bauer, H.: Kunst und Utopie. Berlin, 1965, S. 33.
[12] Alberti, L. B., Ed. Theuer, S. 221 ff.

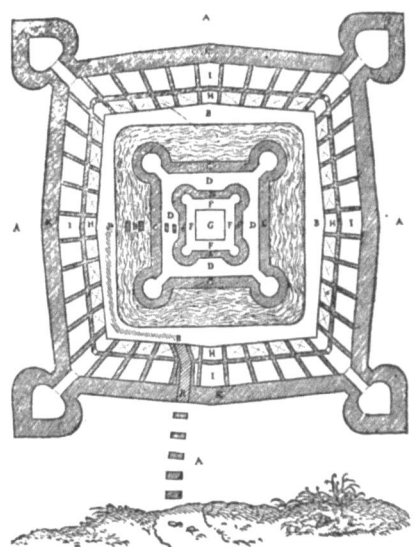

2 Leon Battista Alberti, *Festungsstadt eines Tyrannen*

einer Staatsraison, wie sie ein halbes Jahrhundert später Niccolo Machiavelli systematisch zusammengefaßt hat.
Antonio Averlino nun, der unter dem Namen Filarete bekannt wurde, gilt als der erste Architekt, der – aufbauend auf den Arbeiten Albertis – eine ideale Stadt entwirft. Filaretes Architekturtraktat entstand zwischen 1461 und 1464 in Mailand, wo er seit 1451 im Auftrag des Francesco Sforza einige Bauten auszuführen hatte. In seiner Abhandlung, den »25 Büchern über die Baukunst«, beschreibt er eine neue ideale Architektur, die sich an einem Stadtprojekt, der Idealstadt Sforzinda, konkretisiert. Die Geschichte der Stadt und ihre Darstellung ist in eine Rahmenhandlung eingebettet. Sie wird in Form eines Romans erzählt, eine Vorwegnahme der literarischen Form der Utopie, wie sie dann von Morus angewandt wird.
Filarete geht von ähnlichen Vorstellungen wie Alberti aus und kennt wie dieser die griechischen Städteplanungen, doch ist sein Hauptinteresse nicht so sehr auf die Aufstellung allgemeingültiger Bauregeln gerichtet, sondern vielmehr auf Überlegungen zur besten Einrichtung einer Stadt und auf ihr Funktionieren als politische und soziale Gemeinschaft, ein wichtiges Moment der nachfolgenden Sozialutopien[13].
»Denn Filaretes Traktat ist nicht nur gerichtet auf eine Idealität im

---

[13] Vgl. Bauer, H.: Kunst und Utopie, a. a. O., S. 70 ff.

ästhetischen Bereich, sondern auch auf die Idealität im zivilen Organismus. Damit wird eindeutig die Utopie des Morus vorbereitet[14]. »Filarete entwirft jedoch keine neue Gesellschaft, sondern ihm gilt die herrschende gesellschaftliche Ordnung als gut und naturgegeben. Sie wird im wesentlichen kritiklos – hier Alberti gleich – übernommen und dem Entwurf Sforzindas zugrunde gelegt.

Diese Stadt Sforzinda liegt in einem »lieblichen«, »fruchtbaren« Tal, durch das sich ein Fluß windet und das, von Hügeln umgeben, die Stadt gegen die Winde schützt. Hier wird die Stadt errichtet, deren streng geometrischer Grundriß einen achtzackigen Stern darstellt, der aus zwei übereinander gelagerten Quadraten innerhalb eines Kreises, der die äußere Umringung der Stadt bildet, entwickelt ist (Bild 3). Von einer zentralen Platzanlage aus strahlen sechzehn Hauptstraßen, von denen jede auf halbem Wege einen offenen, besondere städtische Funktionen erfüllenden Platz kreuzt, zu den acht Stadttoren und acht Ecktürmen aus.

Für Filarete wird bereits die Erziehung und Bildung der Bürger wesentlich[16], was bei den nachfolgenden Idealplänen und Utopien fast ausschließlich als eine der Voraussetzungen für eine vollkommene Gesellschaft angesehen wird, hier allerdings auch für die armen und unterdrückten Klassen, was in diesem Maße bei Filarete noch nicht der Fall ist. Er sieht jedoch bereits Behausungen für Bauern und Arbeiter vor und stellt differenzierte Überlegungen an im Hinblick auf die Arbeits- und Lebensweisen dieser Menschen und die beste Ausführung ihrer Wohnstätten[17], ein Ausdruck neuen Interesses

---

[14] Ebenda, S. 77.
[15] S. Giedion weist darauf hin, daß diese Form an die menschliche Figur von Vitruvius erinnert, die in ein von einem Kreis eingeschlossenes Quadrat gezeichnet ist und in der Renaissance bedeutsam war. Sie symbolisiert die zentrale Stellung des Menschen in der Auffassung jener Zeit. Vgl. Giedion, S.: Raum, Zeit, Architektur. Ravensburg, 1965 (amerik. Ausgabe 1941).
[16] In Buch XVII beschreibt Filarete die Errichtung einer Schule für Jungen und Mädchen einschließlich der Lehrpläne. Vgl. Filarete's Treatise on Architecture, übersetzt und eingeleitet von John R. Spencer, New Haven and London, 1965, S. 228 ff. – In Buch X erwähnt Filarete zum Beispiel ein Gebäude für öffentliche Tätigkeiten, eine Art »Schule der Lebenskünste«, die für alle Bürger zugänglich und von ihren Funktionen her besonders interessant ist: »Near the mint there was a house were he had provided for several common things, that is, common (to all), and for many crafts. Anyone who wanted to learn these crafts could stay here until he had learned them and could then show them to other. They were the skills of playing, singing, fencing, dancing and other such skills that are usual in large cities.« Vgl. Filarete's Treatise on Architecture, a. a. O., Buch X, S. 131.
[17] Ebenda, Buch XII, S. 148 ff. Vgl. auch Rosenau, H.: The Ideal City in its Architectural Evolution. London, 1959, S. 38 ff.

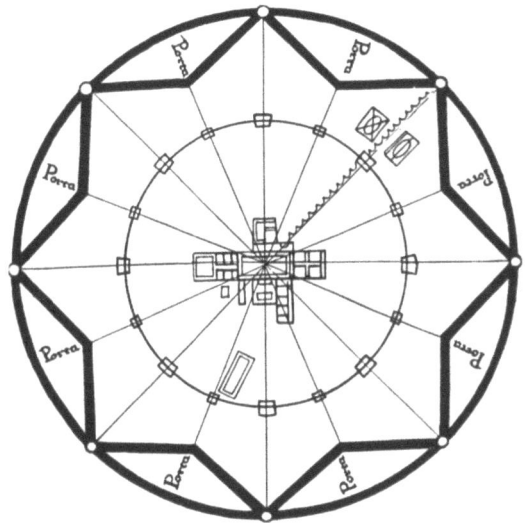

3 Filarete, Idealstadt Sforzinda

an nichtbürgerlichen sozialen Gruppen und ihrer Umwelt, das im Utopia des Thomas Morus mit anderen Ansatzpunkten, nämlich sozialkritischen, wieder erscheint. Das Zentrum von Sforzinda zeigt eine Vielfalt von Nutzungen, die von religiösen, Bildungs-, Verwaltungs- und Handelseinrichtungen bis zu Vergnügungsstätten reichen. Auch das fürstliche Palais, der Palazzo del Capitano und der Palazzo del Podestà finden sich hier, nun nicht mehr umgeben von Festungsmauern wie bei Alberti, sondern inmitten von Bürgerhäusern und städtischen Gebäuden, eine bauliche Anordnung, die darauf hindeutet, daß für Filarete eine scharfe Trennung zwischen fürstlicher Machtsphäre und bürgerlichem Bereich nicht mehr in diesem Maße bestanden haben mag oder baulich verfestigt werden sollte.

Diese Rücksichtnahme auf verschiedene Aktivitäten schlägt sich auch im formal-ästhetischen Bereich nieder und äußert sich in der Diskrepanz zwischen dem sehr lebendigen und vielfältigen Platzgefüge und dem streng gebundenen Umriß der Gesamtstadt – ein Moment, das offenbar räumliche Verhältnisse näher mit menschlichen Verhaltensweisen vermittelt und daher eine verkürzte Rationalität, die nur rein formalen Prinzipien entspricht, übersteigt[18].

[18] Es mag von Interesse sein, daß diese Platzanlage, die sich in die zentrale Lösung des gesamten Stadtentwurfes nicht recht »einfügen« will, kunst-

Die beiden Idealstadtentwürfe der Frührenaissance zeigen, wie überhaupt der Weg zu der Möglichkeit utopischer Entwürfe gebahnt wurde. Die Ablösung von der religiös bestimmten Vorstellung des mittelalterlichen Stadtideals, das Einsetzen von Rationalisierungsprozessen in verschiedenen gesellschaftlichen Bereichen, die dadurch möglich gewordene, fast universalistische Planungsrationalität, die sich ankündigende Eroberung des Raumes durch geometrisierende, kalkulierende Planungsprinzipien enthalten Elemente, auf deren Boden erst Vorgriffe, wie sie Utopien darstellen, entstehen können. Auf der anderen Seite geben die beiden Idealstädte eine Folie ab, auf deren relativ gesellschaftsunkritischem Grund, charakterisiert durch die bauliche Verfestigung machtpolitischer und wirtschaftlicher Gegebenheiten, sich utopische Entwürfe erst abzuheben vermögen.

Die erste neuere Sozialutopie finden wir nun bezeichnenderweise nicht in Italien, das zwar wirtschaftlich am weitesten entwickelt ist, aber zu dieser Zeit unter inneren machtpolitischen Kämpfen zu leiden hat – weshalb die idealen Stadtkonstruktionen auch oft militärische Gesichtspunkte berücksichtigen –, sondern in England, das sich im 16. Jahrundert mit großen sozialen Problemen, vorwiegend der ländlichen Bevölkerung, die von der Umwandlung der Agrarstruktur hart betroffen ist, auseinandersetzen muß. Gerade die sozial-ökonomische Komponente des hier behandelten Zusammenhangs von Gesellschafts- und Raumplanung wird dort in einer Weise radikalisiert, die sich deutlich von den vorhergehenden Beispielen unterscheidet.

historisch unterschiedlich erklärt und bewertet wird. Man sieht oft gerade hierin die »Schwächen« des Entwurfs, nämlich in der »Inkonsequenz, die ihn (Filarete, Anm. d. Verf.) den Zentralbaugedanken nicht zu Ende führen ließ. Die Anordnung der drei Rechteckplätze im Mittelpunkt der Stadt ist im übrigen räumlich kaum vorstellbar, und wenn man dabei noch in Betracht zieht, daß auf diese Plätze 16 Straßen münden sollten, so erscheint eine solche Anordnung künstlerisch schlechthin unmöglich.« Vgl. Münter, G.: Idealstädte. Ihre Geschichte vom 15.–17. Jahrhundert. Berlin, 1957, S. 41/42. Aus einer soziologischen Sichtweise wird man die größeren Wahlmöglichkeiten raumbezogenen sozialen Verhaltens in einem abwechslungsreichen Platzgefüge als Verminderung von räumlich bedingten Zwängen ansehen und in anderer Weise beurteilen.

2.12 Die sozial-ökonomisch bestimmte Utopie von Morus und die autoritäre, wissenschaftlich-technische von Campanella in der frühkapitalistischen Phase zwischen Mittelalter und Neuzeit und ihre räumlichen Erscheinungsformen: Die Verschiebung von privaten und öffentlichen Bereichen in unprätentiösen, aufgelockerten und zentralistischen, hierarchisch abgestuften Bauformen

Es dürfte auf der Hand liegen, daß subjektiv weder Morus noch Campanella den räumlichen Aspekt ihrer Gesellschaftsutopien sonderlich hoch einschätzten, noch gar Stadtplanung treiben wollten wie die Architekten Alberti und Filarete. So erscheint es zunächst etwas gewaltsam, diese Autoren gerade unter dem Blickpunkt der räumlichen Ausformung ihrer Ideen zu betrachten, zumal die bisherigen Untersuchungen sich, sicher mit Recht, vorwiegend auf die literarische Erscheinungsform und den ideengeschichtlichen Gehalt richteten, während der räumliche Aspekt mehr ein Anhängsel darstellt, das wohl eine bestimmte, allerdings keine stadtplanerische, Funktion hat. Sicher regte die Erweiterung des Erfahrungsraumes durch die Entdeckung der Neuen Welt dazu an, sich auch räumlich zu äußern[19], und gewiß sollte die Realistik der räumlichen Schilderung den Zeitgenossen von der Machbarkeit der Fiktion überzeugen[20]; schließlich erschien den Autoren selbst die Verwirklichung ihrer Gesellschaftsideen mit den damaligen Mitteln möglich.»So erklärt es sich, daß ihre Wunschländer im Gegensatz zu den modernen sozialistischen Entwürfen von Zukunftsgesellschaften und auch zu der ›Nova Atlantis‹ Bacons nicht in der Zukunft liegen, sondern nur in räumlicher Entfernung von dem Aufenthaltsort der Autoren[21].« Für Campanella kommt hinzu, daß der Entwurf der »Civitas solis« mehr »Erzeugnis gelegentlicher geistiger Erholung[22]« – also im heutigen Sprachgebrauch ein Hobby – war. Trotzdem erscheint es objektiv gerechtfertigt und nicht wenig reizvoll, einmal das räumlich-materielle Substrat ihrer Gedankenwelten beim Wort zu nehmen. Wie wir sehen, bilden sich die gesellschaftlichen Positionen durchaus folgerichtig in der räumlichen Materialisation ab. Diese spezielle Blickrichtung erlaubt es, die Darstellung der Gesellschaftsentwürfe der Autoren (die schon oft Gegenstand wissenschaftlicher Untersuchungen waren) aufs

---

[19] Vgl. Schwonke, M.: Vom Staatsroman zur Science Fiction, a. a. O., S. 7.
[20] Habermas, J.: Die klassische Lehre von der Politik in ihrem Verhältnis zur Sozialphilosophie. In: Theorie und Praxis, Neuwied/Berlin, 1963, S. 29.
[21] Horkheimer, M.: Anfänge der bürgerlichen Geschichtsphilosophie. Stuttgart, 1930, S. 83.
[22] Doren, A.: Wunschträume und Wunschzeiten. In: Neusüss, A.: Utopie, a. a. O., S. 161.

4 Thomas Morus, *Utopia*

knappste zu beschränken und den Akzent auf den gesellschaftlich-räumlichen Zusammenhang zu legen. Wir werden sehen, daß in den Arbeiten beider Sozialphilosophen eine Menge typischer Grundmuster utopischer Argumentationen enthalten sind, die teilweise, wenn auch in anderem geschichtlichen Kontext, noch heute interessant sind, zumal gerade – wie wir eingangs erläutert haben – eine Absicht unserer Untersuchung darin liegt, die Zusammenhänge der heutigen Stadtmodelle mit diesen Frühformen utopischen Denkens herzustellen.

Thomas Morus' Utopia knüpft an die sozialen Probleme seines Landes an. Er kritisiert die Politik, die Staats- und Rechtsverfassung Englands, die Besitzverhältnisse, die Anhäufung von Reichtum auf Seiten der Herrschenden durch Ausbeutung der unteren Schichten, um schließlich die Insel Utopia als das Land mit der besten Staatsverfassung und den glücklichsten Menschen zu preisen und als nachahmenswertes Beispiel und Vorbild für England darzustellen. Für Morus und auch die nachfolgenden Sozialphilosophen – Campanella und die Frühsozialisten – üben das Eigentum und der Profit die verderbliche Wirkung auf den Menschen aus. So führen die Utopier ein menschenwürdiges Dasein vor allem deshalb, weil Privateigentum und Gewinnstreben – und damit verbunden die Anhäufung von Reichtum – aufgehoben sind.

Von der Verrichtung mühseliger und harter Arbeit sind die Bewohner Utopias weitgehend befreit. Zur Befriedigung der notwendigen Bedürfnisse genügen sechs Stunden Arbeit, der Rest der Zeit gehört vor allem der Muße, der Bildung und Erziehung, an der alle Bewohner Utopiens teilhaben können. »Denn die Behörden plagen die Bürger nicht gegen ihren Willen mit überflüssiger Arbeit, da die Verfassung dieses Staates vor allem nur das eine Ziel vor Augen hat, soweit es die öffentlichen Belange zulassen, allen Bürgern möglichst viel Zeit von der körperlichen Fron für die Freiheit und Pflege des Geistes sicherzustellen. Darin liegt nämlich ihrer Meinung nach das Glück des Lebens[23].« Die Utopier sind freie und gleiche Bürger, die die soziale Ordnung ihres Staates in gebildeter, demokratischer und toleranter Weise bestimmen.

Thomas Morus ist nun der Ansicht, daß dieser beste Staat jederzeit auf Grund der Einsicht der Menschen, daß eine solche Verfassung die richtigste und vernünftigste für das Wohl eines Landes sei, eingerichtet werden könne, wenn die Menschen es nur wollen.

So liegt das Land Utopia auf einer fernen Insel des Weltmeeres (Bild 4), kreisförmig, mit der Breite von etwa 200 Meilen in der Mitte »und spitzt sich dann gegen die beiden Enden hin allmählich zu. Die Küsten bilden einen wie mit dem Zirkel gezogenen Kreisbogen von fünfhundert Meilen Umfang und geben der ganzen Insel die Gestalt des zunehmenden Mondes[24]«. Diese, zwischen den beiden »Hörnern« liegende Bucht, bildet den geschützten Hafen der Insel[25]. Die Insel selbst hat »vierundfünfzig Städte, alle weiträumig und prächtig, in Sprache, Sitten, Einrichtungen und Gesetzen vollständig übereinstimmend. Die einander nächsten sind vierundzwanzig Meilen voneinander entfernt. Andererseits ist keine so einsam, daß man von ihr aus nicht eine andere zu Fuß in einem Tagesmarsch erreichen

---

[23] Morus, Th., Ed. Heinisch, a. a. O., S. 58.
[24] Ebenda, S. 48.
[25] Ebenda, S. 48.

könnte[26]«. Die Hauptstadt dieser Insel ist Amorautum, die zwar die bedeutendste ist, baulich jedoch keine Besonderheiten aufweist, denn: »Wer eine von ihren Städten kennt, kennt alle; so völlig gleichen sie einander, soweit es das Gelände erlaubt[27].« Die Stadt Amorautum ist fast quadratisch angelegt mit einer zweckmäßigen Anordnung der Straßen in bezug auf den Verkehr und den Schutz vor Winden. Sie »ist in vier gleich große Bezirke eingeteilt. In der Mitte jedes Bezirkes liegt der Markt für Waren aller Art. Dort werden in bestimmten Gebäuden die Erzeugnisse aller Familien zusammengebracht, und die einzelnen Warengattungen werden gesondert auf die Speicher verteilt[28]«. »Die Häuser sind keineswegs unansehnlich. Ihre lange und blockweise zusammenhängende Reihe übersieht man von der gegenüberliegenden Häuserfront aus. Die Fronten der Häuserblöcke trennt eine zwanzig Fuß breite Straße[29]. An der Hinterseite zieht sich, jeweils den ganzen Block entlang, ein großer und durch die Rückseite der Blöcke von allen Seiten eingeschlossener Garten hin. ... Die Gärten schätzen sie (die Utopier) außerordentlich. In ihnen ziehen sie Reben, Obst, Gemüse und Blumen von solcher Pracht und Schönheit, daß ich niemals etwas Üppigeres und zugleich Geschmackvolleres gesehen habe[30].« Die Häuser selbst sind »Gebäude von drei Stockwerken. Die Außenwände bestehen aus Granit, anderem harten Gestein oder auch aus Backsteinen, innen sind sie mit Mörtel verputzt. Die Dächer sind flach und werden mit gewissen Kunststeinen gedeckt, die nicht viel kosten, aber so beschaffen sind, daß sie kein Feuer fangen. ... Die Winde halten sie von den Fenstern durch Glas ab, das dort sehr viel benutzt wird. ...[31]«

Vor allem durch die von Morus eingeführte Grundannahme der Aufhebung des Privateigentums ergeben sich für die räumliche Ausprägung seines Gesellschaftsentwurfes gewichtige Verschiebungen gegenüber einer Stadtentwicklung, wie sie durch die sich bildende bür-

[26] Ebenda, S. 49.
[27] Ebenda, S. 50.
[28] Ebenda, S. 59.
[29] Lewis Mumford merkt zu dieser Beschreibung an, »daß die feinen Leute in London und Edinburgh des 18. Jahrhunderts auf diese Weise ihre Häuser bauten, wie es Belgrave Square und das berühmte Adelphi Mansion, entworfen von den Gebrüdern Adam, uns zeigen«. Vgl. Mumford, L.: The Story of Utopias. Ideal Commonwealths and Social Myths. London, 1923, S. 69. Mumford führt weiter aus, daß Morus' utopische Stadt gewisse Ähnlichkeiten mit den amerikanischen Pionierstädten aufweist: »Zweihundert Jahre später würden wir in Penn's City von Philadelphia verwundert feststellen, daß wir in den Straßen von Amorautum spazieren gingen.« Ebenda, S. 68.
[30] Morus, Th., Ed. Heinisch, S. 52.
[31] Ebenda, S. 52.

gerliche Gesellschaft vorangetrieben wurde. So stellt sich die mit dem Privateigentum zusammenhängende Kategorie Privatheit – Öffentlichkeit, die H. P. Bahrdt, ausgehend vom Marktgeschehen, als wesentliches Kriterium städtischer Soziierung herausgearbeitet hat[32], im Stadtraum eines Morus bis ins Detail in ganz spezifischer anderer Weise dar. Zwar gibt es einen »Markt«; dort werden aber nur die Waren »zusammengebracht« und »verteilt«, wie es jeder Familienälteste »anfordert[33]«. Ein Marktgeschehen mit Verhaltensweisen, wie sie Bahrdt als »städtische« kennzeichnet, finden wir also nicht. Weiter ist dort »kein Haus, das nicht, genauso wie es sein Vordertor zur Straße hat, eine Hinterpforte zum Garten besitzt. Diese zweiflügeligen Türen, die durch einen leichten Druck der Hand zu öffnen sind und sich darauf wieder von allein schließen, lassen einen jeden ein: so gibt es keinerlei Privatbereich, denn sogar die Häuser wechseln sie (die Utopier) alle zehn Jahre durch Auslosung[34]«. Schließlich ist zu vermuten, daß das Glas, »das dort sehr viel benutzt wird[35]«, nicht

[32] Vgl. Bahrdt, H. P.: Die moderne Großstadt, a. a. O.
[33] Morus, Th., Ed. Heinisch, S. 59.
[34] Kürzlich entwickelte ein Wohnungsbauseminar an der TU Berlin, ausgehend von der Bahrdtschen Fassung der Kategorie Privatheit – Öffentlichkeit, Kriterien für Gemeinschaftswohnungen, die eine »Öffnung einer introvertierten Privatsphäre nach außen« erreichen wollen. Die wichtigsten Argumente gegen eine im Sinne Bahrdts verstandene Polarisierung der beiden Bereiche sind die schichtenspezifische Gebundenheit des Begriffspaares, die Idealisierung der Privatheit, der unpolitische Öffentlichkeitsbegriff und die »Gefahr der Usurpation zum Totalitarismus«, die eine solche Gegenüberstellung mit sich bringen soll. Die bereits bei Morus sichtbare Querverbindung dieser Problematik zu der ökonomischen Grundverfassung einer Gesellschaft wird in der Stellungnahme des TU-Seminars nicht – allenfalls implizit – beachtet, statt dessen wird der eher idealistische Hinweis auf eine Tendenz »zahlreicher sich politisch verstehender und politisch handelnder Wohngemeinschaften« gegeben. – Zum Totalitarismusverdacht vgl. die nachfolgende Behandlung von Campanella, der die Familie in ihren Sozialisationsfunktionen auflöst. Sicher wird man heute einen anderen Bewußtseinsstand zu diesem Problem voraussetzen können; interessant wären hierzu aber empirische Untersuchungen. Vgl. zu den Veröffentlichungen des Wohnungsbauseminars: Hübner, H.: Gemeinschaftswohnung. Bericht über ein Wohnungsbauseminar an der TU Berlin. In: Bauwelt 10, 1970, S. 364 ff. Diese Querverbindung zur heutigen Diskussion zeigt, daß aus der Behandlung der historischen Utopisten durchaus Anregungen für heute – natürlich im jeweiligen geschichtlichen Kontext interpretiert – gewonnen werden können.
[35] Morus, Th., Ed. Heinisch, S. 52. Es mag von Interesse sein, daß vierhundert Jahre später – also zu Beginn dieses Jahrhunderts – Glas als Baumaterial in Utopien in verschiedener Weise verwandt wird und eine Affinität aufweisen kann sowohl zur Befreiung wie zur Kontrolle der Gesellschaft.

nur zur Lichtzufuhr, sondern auch im Hinblick auf den Privatbereich eingebaut wird. Eine Polarität von Öffentlichkeit und Privatheit jedenfalls ist – folgerichtig – in dieser räumlichen Konzeption nicht angelegt.

Auf der anderen Seite wird in regionaler Hinsicht – wenn man diesen Begriff hier verwenden kann – die lokale Abkapselung, die noch lange den Städtebau bestimmte und eigentlich erst heute, wenn auch teilweise aus anderen Gründen, im Konzept der Regionalstadt abgebaut wird, zugunsten einer »überlokalen Orientierung[36]« verlassen. Die Städte liegen jeweils in erreichbarer räumlicher Distanz und sind in gleicher Weise ausgestattet, ein Ziel, das man heute in der Regionalplanung mit einem gleichmäßigen System zentraler Orte anstrebt. Auch Stadt-Land-Disparitäten gibt es in Utopia nicht; im zeitlichen Wechsel arbeiten die Städter auf dem Land und die Landleute in der Stadt.

Die Rolle der Technik ist von Morus noch nicht – im Gegensatz zu Campanella – in ihrer Bedeutung für die Weiterentwicklung einer Gesellschaft erkannt. Er legt bewußt größeren Wert auf den Entwurf einer humaneren Umwelt. Das sehr offen konzipierte Verhältnis zur Natur ist einmal sicherlich die planerische Konsequenz der Ächtung des Krieges, die eine baulich fest umgrenzte städtische Wehrtüchtigkeit unnötig macht – Utopia liegt zudem noch auf einer gegen das Festland hin geschützten Insel. Zum anderen ist dies vielleicht auch die Folge einer nicht auf Ausbeutung beruhenden Gesellschaftsverfassung.

Die »Grünplanung« folgt bei Thomas Morus weder reinen Nützlichkeitserwägungen – die Gärten in Amorautum sind ganz einfach auch da zur Freude der Menschen und als natürlicher Schmuck und Zierde der Häuser gedacht –, noch enthält sie schon jene repräsentativen und herrschaftsbezogenen Funktionen, wie sie etwa für die großen Parks der feudalabsolutistischen Regenten in der Barockplanung, etwa Versailles, bedeutsam sind und heute in kleinerem Maßstab als »städtisches Grün« den Rahmen für wichtige Gebäude bilden. Auch fehlen bei Morus weitgehend noch die sozialen Implikationen, wie sie etwa zwei Jahrhunderte später von J. J. Rousseau dem natur-

---

[36] Vgl. hierzu besonders Oswald, H.: Die überschätzte Stadt. Olten, 1966. Oswald betrachtet als ein wesentliches Merkmal des Strukturwandels der Städte die Veränderung der lokalen Bezogenheit vorindustrieller Gemeinden zur überlokalen Orientierung städtischer Gesellschaften. Diese These von der »überlokalen Orientierung« beinhaltet, daß nicht mehr die Gebundenheit der vielfältigen Beziehungsnetze der Stadtbewohner an einen abgegrenzten städtischen Bereich für urbane Verhaltensweisen kennzeichnend ist, sondern daß diese Beziehungsfelder sich über die gesamte Stadt und schließlich die Stadtregion verteilen.

nahen Leben zugeschrieben werden, um 1900 von Ebenezer Howard und der sich anschließenden Gartenstadtbewegung und, nochmals verformt, heute in der Wertschätzung des »Eigenheims im Grünen« zum Ausdruck kommen[37].

Ob eine Verwirklichung dieses positiven Bildes nun die von Morus angestrebte Humanisierung der Lebensverhältnisse in dieser geschichtlichen Situation gebracht, die Stadtluft einer Morus-Stadt damals frei gemacht hätte, ist fraglich. Einmal ist die Utopie des Morus selbst nicht frei von Zügen einer Klassengesellschaft – es gab dort zum Beispiel Verbrechersklaven –, zum anderen bestanden nicht die technisch-ökonomischen Voraussetzungen eines durchrationalisierten Produktionsapparates, so daß die Ausschaltung des Prinzips des freien Konkurrenz möglicherweise die gesamte gesellschaftliche Entwicklung behindert hätte. Das soll nicht heißen, daß der tatsächliche Verlauf der geschichtlichen Entwicklung nachträglich gerechtfertigt würde, wohl aber, daß beabsichtigte gesellschaftliche Veränderungen aus einem Angelpunkt heraus – hier dem des Privateigentums – mit fragwürdigen Nebenwirkungen verbunden sein können. Damit wird nicht verkannt, daß Morus – neben dem sicher auch befreienden Schritt, überhaupt als erster einen Modellentwurf mit emanzipatorischem Anspruch auf Alternative zur bestehenden Welt vorgelegt zu haben – durchaus so etwas wie eine Verbindung von Kollektivwirtschaft und humaner Demokratie[38] anvisiert hat. Gerade aber diese letzte Komponente wird von Morus im weitgehenden Ausblenden der politischen Dimension nur gefordert, nicht, wenigstens gedanklich, realisiert. Obgleich er also die Grundsituation der kommenden bürgerlichen Gesellschaft in dem zentralen Sachverhalt der privaten Verfügung über Produktionsmittel (und auch Konsumgüter) und der daraus abgeleiteten Organisation der Arbeit durchaus zutreffend erfaßt und auch den Zusammenhang zur sozialen Schichtung und politischen Herrschaft sieht, verkürzt er in seiner Konstruktion die politische Dimension auf die »Einsicht« vernünftiger Menschen. Darin, wie diese allgemeine Vernunft sich durchsetzen soll – ob im Rahmen von Bildungsprozessen und Bewußtseinsveränderungen oder einer technischen Organisation gesellschaftlicher Zusammenhänge – bleibt seine Utopie abstrakt, trotz aller konkreten Einzelheiten. So regelt er vor allem den sozialökonomischen Bereich – fast könnte man sagen – instrumen-

---

[37] Vgl. zur Funktion des Grüns: Berndt, H.: Das Gesellschaftsbild bei Stadtplanern: Stuttgart, 1968: Exkurs: Über die verschiedene Aspekte des Grüns in der Stadtplanung, S. 75 ff.; Gleichmann, P.: Sozialwissenschaftliche Aspekte der Grünplanung in der Großstadt. Stuttgart, 1963; Krysmanski, R.: Die Nützlichkeit der Landschaft. Düsseldorf, 1971.
[38] Vgl. Bloch, E.: Das Prinzip Hoffnung, a. a. O., S. 603, 2. Band.

tell und technisch in Form eines sozialen Experimentes[39], ohne für die politische Koordination der handelnden Einzelsubjekte andere als traditionalistische Lösungen im Appell an eine allgemeine Vernunft bereitzuhalten. Eine Auseinandersetzung im politischen Bereich müßte zum Beispiel Überlegungen anstellen, wie ein Konsensus über bestimmte gesellschaftliche Ziele vermittelt und hergestellt werden kann, ob in dieser historischen Phase freie Bürger etwa auf Grund von Aufklärungs- und Bildungsprozessen diese selbst formulieren und umsetzen können, ob partiell oder weitgehend zentrale Regelungen verordnet werden. Die Beschränkung auf politisch nicht vermittelte Neuerungen sozialökonomischer Art läßt zwar ein utopisches Potential durchaus aufscheinen, dieses kann aber nicht entbunden werden.

Im Sonnenstaat Campanellas (1568-1639) wird nun gerade der politische Aspekt, allerdings in Form einer autoritären Ordnung, schärfer herausgestellt und mit den neuen Möglichkeiten von Wissenschaft und Technik verbunden. Insofern spiegelt sich in dieser Utopie, erschienen 1623, die fortschreitende Stabilisierung des Bürgertums und der gleichzeitige Ausbau zentralistischer Monarchengewalt.

Campanellas Vorstellungen des besten Staates greifen Ideen von Plato und Morus auf, verschärfen jedoch den Gedanken der Aufhebung des Privateigentums und sind von stark obrigkeitlichen und wissenschaftlich-technischen Elementen geprägt. Die Familie oder der Familienverband ist nicht mehr, wie noch bei Morus, Grundeinheit des Staates, sondern es besteht Ehe- und Eigentumslosigkeit, denn nach Campanellas Auffassung ist die »Eigentumsidee mit individuellem Wohnen, eigenen Kindern und Gattinnen fest verbunden[40]«. Hinzu kommen das Bestreben nach der Förderung der Vielfalt der menschlichen Anlagen und der Beherrschung der Natur und der Technik und der Vorrang der Vernunft in allen Entscheidungen zum Wohle des Staates und der Menschen. Alle Beziehungen der Menschen untereinander werden jedoch durch die Obrigkeit geregelt und das Verhalten des einzelnen bis ins kleinste nach der rechten Ordnung bestimmt[41]. Die

---

[39] Wenn hier der Begriff »technisch« etwa in der Verbindung »sozialtechnisch« verwendet wird, oder wenn von einer »technischen Regelung des sozialökonomischen Bereichs« die Rede ist, so entspricht der Vorstellungsinhalt natürlich nicht dem der in Teil 1 gegebenen, in unserem Sinne gebrauchten Definition für Technik (vgl. S. 12, Anm. 9). Hier ist vielmehr in Anlehnung an die Literatur gemeint, daß soziale Vorgänge ohne politische Vermittlung und ohne daß sie im Bewußtsein der einzelnen Menschen reflektiert sind, quasi von außen manipuliert, also technisch eingeführt werden.
[40] Ramm, Th.: Die großen Sozialisten als Rechts- und Sozialphilosophen. Stuttgart, 1955, S. 55, Band 1.
[41] Der Wegfall auch der Familie als »Sozialagentur« macht natürlich – modern ausgedrückt – einen erheblichen Koordinations- und Planungsapparat

Maßstäbe für diese Ordnung werden gewonnen aus einer genauen Befolgung der Natur- und astrologischen Gesetze und aus dem Gehorsam gegenüber einem vielfältigen, stark religiös bestimmten Tugendsystem. Die Bewohner des Sonnenstaates besitzen so zwar wirtschaftliche Gleichheit und Freiheit, aber nicht in demokratischem Sinne, sondern der Staat wird höchster Zweck der Gesellschaft, eine Utopie der Herrschaft, die zwar kommunistische Züge aufweist und religiös-chiliastische Momente enthält, »nur eben: hier ist nicht Utopie der Freiheit am Werk, sondern der personenlosen Ordnung, gedacht im Weltstaat[42]«. Diese Ordnung, dem Modell des mittelalterlichen Klosters nachgebildet, ist gedacht als hierarchisch von oben nach unten abgestuftes System und zeigt sich deutlich in der baulichen Konstruktion der Sonnenstadt[43], die Campanella folgendermaßen beschreibt:

»In einer weiten Ebene erhebt sich ein gewaltiger Hügel, über den hin der größere Teil der Stadt erbaut ist. Ihre vielfachen Ringe aber erstrecken sich bis in eine beträchtliche Entfernung vom Fuße des Berges. Dessen Ausdehnung ist so groß, daß der Umfang der Stadt... sieben Meilen mißt... Sie ist in sieben riesige Kreise oder Ringe eingeteilt, die nach den sieben Planeten benannt sind. Von einem zum anderen gelangt man auf vier gepflasterten Straßen sowie durch vier Tore, die nach den vier Himmelsrichtungen weisen[44].« Jeder Ring ist stark befestigt mit »Erdwällen, Schutzwehren, Türmen, Gräben und Schleudermaschinen« und »... deshalb muß, wer die Stadt unterwerfen will, sie siebenmal erobern[45]«. Im Inneren der Ringe, die sich bis zur Bergspitze, wo der vollkommen runde Tempel steht, fortsetzen, liegen die Wohnhäuser und Paläste, prächtig geschmückt mit Säulengängen, Marmortreppen, Galerien usw. In den unteren Räumen befinden sich die Werkstätten, Küchen, Vorrats- und Speicherräume und die Speisesäle und Waschräume mit einem Brunnenplatz. Auf diesen die gesamte Stadt durchziehenden Mauern sind alle Wissenschaften, Beschreibungen der ganzen Erde, Darstellungen von Sitten und Gebräuchen einzelner Völker angebracht, und die Kenntnis dieser Dinge wird gleichsam spielend und in der Anschauung erwor-

---

zur Regelung der menschlichen Beziehungen, seien es soziale oder wirtschaftliche, notwendig, den sich Campanella, seiner Zeit entsprechend, nur aus einer Mischung von obrigkeitlich-bürokratischen und kirchlichen Elementen denken kann. – Morus, der in der Auflösung traditioneller Beziehungen weniger radikal verfährt, allerdings auch aus anderen Gründen, kann mehr Momente demokratischer Selbstbestimmung in seine Konzeption aufnehmen.
[42] Bloch, E.: Das Prinzip Hoffnung, a. a. O., S. 609, 2. Band.
[43] Ein Plan der Sonnenstadt ist unseres Wissens nicht vorhanden.
[44] Campanella, T.: Sonnenstaat. Ed. Heinisch, S. 117.
[45] Ebenda, S. 117.

ben: »Sie haben Lehrer, die all diese Bilder erklären, und die Kinder pflegen noch vor dem zehnten Lebensjahr ohne große Mühe, gleichsam spielend und dennoch auf historische Weise (also durch ›Anschauung‹, Einfügung des Herausgebers) alle Wissenschaften zu erlernen[46].«

Bemerkenswert an Campanellas Utopie ist die Rolle der technischen Wissenschaften, denen er eine große Bedeutung beimißt. Im Gegensatz zu Morus hat er das Ausmaß der zukünftigen Errungenschaften der Menschen durch die Weiterentwicklung der Technik und der Wissenschaften in einer mehr vorausschauenden Weise erkannt. Allerdings kann die Technik bei Campanella nicht ohne den Herrschaftsaspekt seiner Utopie gesehen werden. Die Technik wird hier gerade nicht als Instrument der praktischen Lebensbewältigung eingesetzt, sondern nur mehr als Hilfsmittel zur Ausübung von Macht[47].

Die Verknüpfung von Technik und Herrschaftsbedürfnissen äußert sich auch in dem stark perfektionierten Festungsbau[48], vor allem in den technisch ausgeklügelten Repräsentationsbauten[49] und in dem erforderlichen Nachweis technischen Wissens für bestimmte Machtpositionen[50].

Die Ordnungsutopie Campanellas, aus der Spontaneität, Zufälligkeit,

[46] Ebenda, S. 122.
[47] Schwonke rechnet Campanella zusammen mit Bacon (auf den hier nicht eingegangen wird, da Bacon keine städtischen Raumvorstellungen zu seiner Utopie entwirft) zu den ersten technischen Utopien der neueren Zeit. Jedoch gibt das einseitige Isolieren der technischen Elemente bei Schwonke ein völlig verzerrtes Bild von Campanella und wird der Rolle der Technik im Machtgefüge des »Sonnenstaates« nicht gerecht. Zwar sieht Schwonke sehr richtig die geringe Hilfsfunktion technischer Mittel im praktischen Leben, er geht allerdings nicht auf die Verknüpfung von Wissenschaft und Technik und politisch-sozialer Verfassung ein. Vgl. Schwonke, M.: Vom Staatsroman zur Science Fiction, a. a. O. – Lewis Mumford bezeichnet die Utopie Campanellas und Bacons als Beginn der instrumentellen Utopien. Die Intentionen erstrecken sich auf die Perfektionierung der technischen Mittel, mit deren Hilfe ein wie immer vorgestelltes befreites Dasein geschaffen werden soll. Vgl. Mumford, L.: The story of utopias, a. a. O., S. 108/109. Auch hier wird die Rolle der Technik zu »modern« interpretiert. Der soziale Gehalt verschwindet nämlich bei Campanella in keiner Weise, im Gegenteil wird die aufkommende Technik der allerdings extrem autoritären politisch-sozialen Verfassung untergeordnet. Auch die einfache Gegenüberstellung von Campanellas Utopie als technisch-instrumentelle und die von Morus als politisch-soziale ist fragwürdig und bedarf gerade im Hinblick auf die sozialtechnischen Elemente in dem Entwurf von Morus einer differenzierten Sicht.
[48] Campanella, T., Ed. Heinisch, S. 117.
[49] Ebenda, S. 118.
[50] Ebenda, S. 128.

freie Entwicklung ausgeschlossen sind, läßt nun auch eine Stadt entstehen, deren Räumlichkeiten die Bewegungsfreiheit der Bewohner in gleicher Weise beschränken. Ebenso wie im täglichen Leben Besonderheiten fehlen, bietet auch die Stadt keine besonderen baulichen Situationen. Die mit dem Tempel auf dem höchsten Punkt zentralistisch geordnete, streng geometrisch angelegte »Hügelstadt« ist in sich geschlossen. Konstruiert in Anlehnung an die im 16. und 17. Jahrhundert während der machtpolitischen, territorialen und religiösen Kämpfe innerhalb eines zerfallenden feudal-absolutistischen Systems sich entwickelnde Militärarchitektur, hat die Sonnenstadt keinen Kontakt zur Außenwelt. Eine Nachbarstadt existiert nicht. Es ist nur konsequent, daß die Beziehung zwischen Stadt und umgebender Landschaft, das Verhältnis zur Natur, im weitesten Sinne aufgehoben ist. Der Unterschied der utopischen Konzeptionen zwischen Morus und Campanella reicht so bis in die utopischen Stadtkonstruktionen hinein: auf der einen Seite der »beste Staat« eines Morus mit Einzelhäusern, Flachbauten, aufgelockerten Gartenstädten, auf der anderen Seite ein völlig zentralisiertes, an architektonische Archetypen erinnerndes Stadtbild mit konzentrischen Mauern und mathematischer Abzirkelung[51]. Dieser Unterschied in der Stadtgestalt wird von Doren treffend beschrieben: »Seinem Wesen nach ist der hierarchisch aufgestufte, gleichsam nur von oben her aus einer einzigen Lichtquelle

---

[51] Bei Campanella kündigt sich natürlich im Formenkanon der Wunsch nach Zentralisation an, wie es den Barock und Hochbarock kennzeichnet und der politischen Entwicklung entsprach. Charakteristisch für die Stadtutopien der gesamten neueren Zeit bis nahezu ins 20. Jahrhundert hinein ist das Beibehalten strenger geometrischer Formen, bei denen besonders die formalen Elemente des Sektors und des strahlenförmigen Zulaufens auf einen zentralen Punkt hin dominieren (vgl. dazu besonders: Brinckmann, A. E.: Stadtbaukunst. Berlin, 1920). Eine solche zentralistische Planung erlaubte außerdem bei Expansion der Stadt – der Ausdehnung der Wirtschafts- und Machtverhältnisse zur Sicherung der Monarchien – die Bewahrung des jeweiligen Stadtmusters. Zum anderen aber bestand ein sich allmählich steigerndes Bedürfnis, dem mit der kapitalistischen Entwicklung fortschreitenden Zerfall der Lebensformen und alten Ordnungen durch einen überschaubaren, klaren Rahmen neuen Sinn und Ordnung zu verleihen. (Vgl. Bloch, E.: Das Prinzip Hoffnung, a. a. O., S. 867, 2. Band.) Allerdings wird man die Tendenzen zur stärkeren Reglementierung auch der baulichen Formkonstellationen nicht durchweg der kapitalistischen Entwicklung zuschreiben können. Vor allem die im 17. Jahrhundert tobenden Religionskriege erzeugen einen Überdruck an religiösen Auseinandersetzungen und begünstigen Säkularisierungstendenzen. Außerdem ist wohl schon seit dem späten Mittelalter das feudalistische System sowohl ökonomisch wie administrativ und militärisch nicht mehr funktionsfähig. Das hängt indirekt vielleicht auch mit dem Frühkapitalismus zusammen. Aber man darf dessen Determinationskraft nicht überschätzen.

durch die scharfen, brennenden Strahlen des allwaltenden Sonnengottes durchleuchtete Tempel, den er (Campanella) zeigte, himmelweit verschieden von jener heiteren Ruhe eines gleichmäßig verteilten, breit ausgegossenen, milden Glanzes, der über Morus' glückseligem Zaubereiland lagert[52].«

Wenn man die beiden stark divergierenden Gemeinschaftsutopien von Morus und Campanella mit ihren jeweils unterschiedlichen städtebaulichen Erscheinungsweisen als wesentlichste Frühformen utopischen Denkens gegeneinander stellt, kommt man zu einer Vielzahl von teilweise sich überschiebenden, sich ergänzenden sowie voneinander abhängigen Denkfiguren, die zwar heute in einer veränderten geschichtlichen und gesellschaftlichen Situation einen anderen Stellenwert haben, jedoch in ihrer Problematik keineswegs verschwunden sind. Auch dürfte die eigentümliche Mischung von Denkmustern aus jeweils vergangenen Epochen und Vorgriffen, diese Mischung also aus reaktionären oder quasi reaktionären und aus progressiven Elementen, typisch für utopische Vorstellungen überhaupt sein, die sich von ihrer Zeit nur partiell lösen können.

Heben wir die Momente dieser frühen utopischen Entwürfe, die Querverbindungen zu heute darstellen können, noch einmal heraus. Beide haben in der frühkapitalistischen Übergangsepoche vom Mittelalter zur Neuzeit Modellentwürfe der Gesellschaft mit starken normativen Ansprüchen entwickelt und ins Räumliche übersetzt. Man könnte beide Autoren, jeden auf seine Weise, als Vorläufer des experimentellen Modelldenkens bezeichnen, das sich in der Zeit der beginnenden Industrialisierung in modifizierter Weise weiterentwickelt, zur Zeit des entfalteten liberalen Kapitalismus in dieser Form zum Erliegen kommt, jedoch zu Beginn der politischen Regulierung des Kapitalismus wieder aufgenommen und heute, auf einem veränderten technisch-ökonomischen Niveau, in verschiedenen Ausprägungen erneut diskutiert wird und im sogenannten Positivismusstreit der Soziologen, also nicht so sehr in Verbindung mit Stadtplanung, im Kreuzfeuer der Argumente steht. Der einst offenbare normative Anspruch steckt heute nicht selten unter der Decke technischer Sachzwänge; er ist nach wie vor vorhanden, aber verschleiert.

Während Morus insofern sozialtechnische Momente aufweist, als er im sozialökonomischen Bereich Organisationsformen einführt, die politisch nicht vermittelt sind[53], baut Campanella naturwissenschaftlich-

---

[52] Vgl. Doren, A.: Wunschträume und Wunschzeiten. In: Neusüss, A.: Utopie, a. a. O., S. 161.

[53] In gleicher Weise gibt es heute Modellvorstellungen, die, auf dem sozialökonomischen Bereich in der Stadtplanung basierend, durchaus humanere Lebens- und Bauformen intendieren, die politische Mitwirkung der Planungsbetroffenen jedoch außer acht lassen.

technische Elemente ein, die allerdings dem kirchlich-obrigkeitlichen Ordnungsaspekt unterworfen sind. Obgleich Morus einen um die politische Dimension verkürzten Gesellschaftsentwurf vorlegt, gewinnen bei ihm human-emanzipatorische Momente Kontur[54], wenn auch in einer mehr idealistischen und teilweise rückwärts gewandten Weise, während bei Campanella sowohl im gesellschaftlichen wie im baulichen Bereich totalitäre Züge in Verbindung mit echatologischen Heilserwartungen auftreten. Wissenschaft und Technik sind zwar wesentliche Momente in Campanellas Utopie, können aber ihre befreiende Funktion in der täglichen Lebensbewältigung noch nicht entfalten. Damit ist bereits eine Vielzahl grundlegender Aspekte aufgezeigt, die sich in den späteren utopischen Entwürfen entsprechend der jeweiligen historischen Situation in wechselnden Konstellationen, wiederfinden: der Versuch, die Organisation der menschlichen Beziehungen von ökonomischen, sozialen und politischen Zwängen zu befreien; oft gleichzeitig auftretende Momente einer völligen Reglementierung der gesamten Lebensweise der Menschen; religiös chiliastische Wunschträume einer Heilserwartung, die durchaus auch in einem säkularisierten Gewande, oft kaum von totalitären Zügen zu trennen, erscheinen können; und schließlich die Auseinandersetzung mit Wissenschaft und Technik und deren jeweilige Verwendung in verschiedenen politischen und sozialen Überformungen. Alle diese Momente – das zeigen diese frühen Utopien – werden nun in experimentelle Modellentwürfe eingebracht, die ein wechselndes Verhältnis zu den jeweiligen gesellschaftlichen Bedingungen einnehmen können. Sie können bestimmte Aspekte der gesamtgesellschaftlichen Wirklichkeit überbetonen, andere vernachlässigen oder ausblenden, eine manchmal fast totalitäre Verfügung über gesellschaftliche Probleme anstreben oder für notwendig halten; sie können überkommene Vorbilder

---

[54] Der von Morus stark beeinflußte Johann Valentin Andreae (1586–1654) führt diese Linie in seiner Stadt »Christianopolis« in interessanter Weise weiter, indem er insbesondere die Arbeiter und die Organisation der menschlichen Arbeit in seinem Entwurf berücksichtigt. Bei ihm erhalten die Industrie und die industrielle Entwicklung besondere Bedeutung. Die Stadt zeigt eine Trennung der einzelnen Zonen nach ihren Arbeitsaktivitäten; schwere und leichte Industrie haben verschiedene Standorte. Die Einwohner von Christianopolis leben in einzelnen demokratisch sich selbst bestimmenden Gruppen in individuellen Häusern (bezeichnend ist, daß es bei Andreae wieder die Familie gibt als soziale Einheit), die terrassenähnlich angelegt und an parallelen Straßen aufgereiht sind. Folgerichtig finden wir bei Andreae auch wieder im modernen Sprachgebrauch einen privaten und öffentlichen Bereich, deren Wechselverhältnis ja in den vorhergehenden Stadtutopien kaum ausgeprägt ist. Vgl. Andreae, J. V.: Christianopolis. Hrsg. v. Felix Emil Held, New York, 1916.

einer heilen Welt einbauen und so gesellschaftliche Entwicklungsprozesse stagnieren lassen oder – und das wird für die weitere Untersuchung bedeutsam – Bildungs- und Aufklärungsprozesse im politischen und sozialen Bereich gleichzeitig mit der instrumentellen Seite eines utopischen Entwurfes intendieren.

Auch im städtebaulich-räumlichen Bereich sind in den beiden frühen utopischen Beispielen Erscheinungsformen angelegt, die später eine wichtige Rolle spielen. So etwa enthalten die Gartenstädte um die Wende des 19. Jahrhunderts Elemente der Morusschen Stadtanlagen, wie auch die aufgetürmte und gestufte Stadtkonzeption eines Campanella mit ihrer Verbindung von zentralistisch-obrigkeitlichen und technischen Aspekten in den 20er Jahren und heute, wenn auch sicher teilweise aus anderen Beweggründen, nicht selten angewandte Baufiguren sind[55]. Es geht jedoch nicht nur darum, in dieser etwas relativierenden Weise die Vielfalt der in den historischen Beispielen bereits anklingenden Erscheinungsformen utopischen Denkens auf gesellschaftlichem und baulichem Gebiet zu zeigen. Vielmehr soll die konkrete geschichtliche Entwicklung, in der diese Entwürfe für uns eine Bedeutung haben, zusammenfassend präzisiert und mit dem in Teil 1 dieser Untersuchung umrissenen emanzipatorischen Begriff utopischen Entwerfens konfrontiert werden: Die auf eine Befreiung der Menschen aus gesellschaftlichen und ökonomischen Zwängen abzielende Utopie des Morus versucht, dieses Ziel weitgehend durch Veränderungen auf sozial-ökonomischem Gebiet zu erreichen. Dieser Versuch mußte deshalb abstrakt und in den positiven Bildern teilweise naiv bleiben, weil die politische Vermittlung dieser Veränderungen, zusammen mit Bildungs- und Aufklärungsprozessen, nicht genügend beachtet wurde. Zwar kamen in diesem Entwurf bereits die Diskrepanzen zwischen einer zentral geplanten Kollektivwirtschaft und einer auf Selbstbestimmung beruhenden freien Assoziation der Bürger zum Ausdruck, sie konnten jedoch in dieser frühkapitalistischen Phase nicht gelöst werden. Weder der damalige technisch-ökonomische Standard noch das verfügbare Wissen über die Organisation sozialer Prozesse reichten dafür aus. Die Mittel waren hinter den Zielen weit zurück, der Modellbau mit durchaus emanzipatorischen Zügen konnte nicht verwirklicht werden. Ideologische Momente enthält Morus' Konzept allenfalls in der partiellen Beibehaltung einer Klassengesell-

---

[55] Diese Linie wird bedeutsam zum Beispiel bei den utopischen Entwürfen, die um 1920 von deutschen Architekten bekannt wurden, ebenso in ihrer Verkehrung während des nationalsozialistischen Regimes und in manchen zeitgenössischen Stadtvisionen, wie sie etwa in jüngster Zeit in Österreich entstanden sind. Vgl. zu diesem Aspekt Popper, K. R.: Utopia and Violence. In: The Hibbert Journal, Vol. XLVI, 1947/48, S. 109–116.

schaft, die dennoch als eine befreite ausgegeben wird. Eher haben seine Vorstellungen idealistischen Charakter, weil etwas gefordert wird, was damals objektiv nicht möglich war.
In den räumlichen Materialisierungen – soweit sie aus den Texten rekonstruierbar sind – findet sich diese facettenreiche Position wieder: in der Verbindung von Stadt und Land, in der Offenheit zwischen den Städten sowie in der unprätentiösen Anordnung der Einzelbauwerke können vielfältige Handlungschancen – allerdings nur innerhalb der der Gesellschaftskonzeption vorgegebenen Verhaltensmuster – vermutet werden. Auch die Egalisierungstendenzen in Form und Ausstattung der Häuser zeigen das Bemühen, keine sozialen Ungleichheiten durch bauliche Unterschiede entstehen zu lassen. Problematisch dürfte die Verschiebung von privaten und öffentlichen Bereichen sowie seine Marktkonzeption sein. Schließlich fehlen weitgehend Räumlichkeiten zur politischen Betätigung, was die Verkürzung des in mancher Hinsicht für die damalige Zeit durchaus emanzipatorisch-utopischen Konzeptes erkennen läßt.
Mit Campanella fließen wissenschaftlich-technische Momente in den gesellschaftlichen Entwurf ein, eine Tendenz, die sich in der Folgezeit verstärkt und heute nicht selten – wie wir zeigen wollen – zum fast ausschließlichen Merkmal von Zukunftsmodellen geworden ist; dahinter treten die sozial-ökonomischen und politischen Aspekte fast völlig zurück. Eine Funktion im Sinne der Erleichterung von Arbeit haben diese Elemente jedoch kaum. Von einem autoritären, politischen und sozialen System vereinnahmt, bilden sie eine Konstellation, die mit ihren totalitären Momenten eher negativ-utopische Züge annimmt.
Was beide Entwürfe so überraschend modern erscheinen läßt, ist das darin zum Ausdruck kommende Modelldenken überhaupt, das heute, im Zeichen eines politisch regulierten Kapitalismus, ganz andere Chancen der Verwirklichung hat als damals oder auch im 19. Jahrhundert. Die Modernität liegt weiter im Zusammendenken von gesellschaftlichen und baulichen Veränderungen und schließlich in den Elementen, die zu einer von Zwängen freieren gesellschaftlichen Organisation beitragen sollen und auch heute – in anderer Weise – Gegenstand der Diskussion sind. Selbst wenn diese frühen Vorschläge nicht zu einer konkreten Transformation der gesellschaftlichen Verhältnisse ausgereicht haben (und wohl auch in dieser Form – selbst bei Morus – stagnierende und keineswegs wünschenswerte Folgen hätten haben können), bleiben sie weiter von Bedeutung. Durch die Frühsozialisten unter dem Druck der Industrialisierung zugespitzt, später der marxistischen Kritik ausgesetzt, erscheinen dieselben Probleme heute wieder in einem anderen Licht.

2.2 Utopische Entwürfe zur Zeit der beginnenden Industrialisierung

Die für die folgenden Jahrhunderte bestimmende politische und soziale Entwicklung, die mit Beginn der Neuzeit einsetzt und deren Hauptmerkmal in den Emanzipationsbestrebungen nach Anerkennung des Menschen als selbständig denkendes und handelndes Individuum liegt, läßt zwar ein politisch und wirtschaftlich einflußreiches Bürgertum entstehen, wird aber begleitet von einer gegenläufigen Tendenz: der Herausbildung des Absolutismus und des staatlichen Zentralismus. Die Entwicklung des absoluten Königtums, das in den einzelnen Ländern vielfältige Formen annimmt, ist im allgemeinen die Reaktion des aus seiner Vorrangstellung verdrängten Monarchen auf die Ausbreitung der Machtsphäre privilegierter Gruppen und Stände und beruht auf der Notwendigkeit der Sicherung der neu entstehenden Territorialstaaten, der rechtlichen Verhältnisse und der sich rasch ausdehnenden Wirtschaft, des Handels und des Verkehrs. Im Zusammenhang damit wächst die staatliche und obrigkeitliche Bevormundung der gesellschaftlichen Gruppen und mit der Etablierung des Merkantilismus, der an die Stelle der einzelnen Autarkien die Autonomie des Staates zu setzen versucht, auch die Entscheidungsgewalt über das Wirtschaftsleben. Die Verfügung über ein stehendes Heer und einen ausgedehnten Beamtenapparat sichert die Macht des jeweiligen Herrschers und zwingt den Adel zur Unterwerfung und das Bürgertum in die Dienste des Königs und des Staates.

Die neue Ordnung richtet sich vor allem gegen die aus dem Mittelalter herrührende Vielfalt verworrener Privilegien und gegen das Chaos, das hundert Jahre Religionskriege hinterlassen haben. Sie hat die Verfestigung und strenge Reglementierung der Lebensformen zur Folge, wie sie insbesondere in der Kultur des Spätbarock – am ausgeprägtesten in Frankreich, wo das absolute Königtum im 17. Jahrhundert seine volle Macht entfalten kann – zum Ausdruck kommt; so zum Beispiel auch in den ganz auf die Dominanz und zentrale Position des absoluten Herrschers ausgerichteten Stadtanlagen.

In dieser Zeit der Anerkennung der bestehenden gesellschaftlichen Ordnung kann so eine verändernde utopische Intention nicht entstehen. Für die Stadtentwürfe wird die rationale und technische Organisation des Raumes ausschlaggebend und die soziale Konzeption der Stadt verliert an Interesse.

Erst als das soziale Denken durch die Aufklärung einen neuen und seinen eigentlichen Anstoß erfährt und das Bild einer befreiten zukünftigen Gesellschaft entworfen wird, beginnen diese emanzipatorischen Ideen auch die Architekten und Planer wieder zu städtebaulichen Plänen und Utopien anzuregen.

2.21 Die Idee der Aufklärung von einer befreiten zukünftigen Gesellschaft und die ideale utopische Stadt des Architekten Claude-Nicolas Ledoux

War bis zur Mitte des 18. Jahrhunderts die gesellschaftliche Entwicklung seit dem Übergang vom Mittelalter zur Neuzeit mit seinen entscheidenden Wandlungsprozessen noch relativ einheitlich und überschaubar verlaufen im Sinne eines fast linearen Fortschritts der frühkapitalistischen Wirtschaftsweise, der Zunahme der technischen Erfindungen und der Erweiterung der Naturwissenschaften, so beginnt jetzt ein Prozeß gesellschaftlicher Umbrüche, der auch Architektur und Städtebau nicht unberührt läßt. Die Dynamik der Gesellschaft wird bestimmt durch die sich seit 1750 häufenden industriellen, technischen und wirtschaftlichen Veränderungen, durch einen ausgeprägten Fortschrittsglauben und die fortschreitende Beherrschung der Naturkräfte.

Die Naturrechtslehre – das natürliche Anrecht der Menschen, ihrem eigenen Glücksverlangen zu folgen und es mit dem »größtmöglichen Glück der größtmöglichen Zahl« abzustimmen, wie es von dem englischen Philosophen Jeremias Bentham gelehrt wird – und der Glaube an die Macht der menschlichen Vernunft bestimmen die bürgerliche Geschichtsphilosophie und die Idee der Aufklärung. Sie setzen den Widerstand des Bürgertums gegen die absolutistische Staatsgewalt – am stärksten ausgeprägt in Frankreich – in der bürgerlichen Revolution in Gang und schlagen sich auch in den Intentionen der Architektur nieder. Diese wendet sich jetzt der Aufgabe zu, »allen Menschen im selben Maße gewisse kulturelle Errungenschaften zu vermitteln, die vorher bestimmten Schichten der Gesellschaft vorbehalten waren[56]«.

Die Aufklärung entwirft zum erstenmal das Bild einer befreiten Gesellschaft, in der die Menschen ihre Individualität in der Arbeit verwirklichen und vervollkommnen und den »ewigen Frieden« in einem vernünftigen Zusammenleben schaffen können. Die zukünftige Gesellschaft – vorgestellt als Weltbürgertum – wird zur Befriedigung der neuen geistigen und materiellen Bedürfnisse durch den Fortschritt und die technische Revolution beitragen. Die sittliche und moralische Vervollkommnung des einzelnen Menschen mittels eines ausgedehnten Erziehungssystems – hier anknüpfend an das Gedankengut der Renaissance – ist das erklärte Ziel der bürgerlichen Bewegung, die allerdings die Ansprüche und Bedürfnisse des dritten Standes selbst als gesamtgesellschaftliche und ihre Ordnung als die na-

---

[56] Benevolo, L.: Geschichte der Architektur des 19. und 20. Jahrhunderts (2 Bände). München, 1964 (italienische Ausgabe 1960), S. 7, Band 1.

türliche und richtige Ordnung der Gesellschaft interpretiert[57]. Doch sind die bürgerlichen Ideen der Freiheit, der Bildung und eines befriedeten harmonischen Zusammenlebens als »bloße Menschen« nicht Ideologie schlechthin, selbst wenn sie einige Jahrzehnte später im härtesten Gegensatz zur Wirklichkeit des liberalen Kapitalismus stehen: »Als ein in die Gestalt der wirklichen Institution mit aufgenommener objektiver Sinn, ohne dessen subjektive Geltung die Gesellschaft sich nicht hätte reproduzieren können, sind diese Ideen auch Realität. Mit dem spezifischen Begriff der Humanität verbreitet sich im Bürgertum eine Auffassung vom Bestehenden, das ganz vom Zwang des Bestehenden Erlösung verspricht, ohne in ein Jenseits auszubrechen. Das Transzendieren der festgehaltenen Immanenz ist das Moment Wahrheit, das bürgerliche Ideologie über Ideologie hinaushebt; am ursprünglichsten eben dort, wovon die Erfahrung der ›Humanität‹ ihren Ausgang nimmt: in der Humanität der intimen Beziehung der Menschen als bloßer Menschen im Schutz der Familie[58].«

Die Ideen der Aufklärung bleiben nicht ohne Einfluß auf den gesamten künstlerischen Bereich, Architektur und Stadtplanung eingeschlossen. In dem Entwurf von Bauten, welche den gesellschaftlichen, erzieherischen und sittlichen Zielen dienen und Ausdruck verleihen, ist eine neue, umfassende Aufgabe erkannt. Nicht mehr der absolute Herrscher, dessen Wünsche es zu befriedigen gilt, ist der Bauherr, sondern die Menschen insgesamt sollen an den Produkten der Kunst teilhaben und sie benutzen können.

Hier ist insbesondere der französische Architekt Claude-Nicolas Ledoux (1736-1806) zu erwähnen[59], der ebenso wie sein Zeitgenosse Boullée (1728-1799)[60] zu den bedeutendsten Entwerfern der »Revolutionsarchitektur« gezählt wird.

---

[57] Vgl. hierzu Hofmann, W.: Ideengeschichte der sozialen Bewegung des 19. und 20. Jahrhundert. 3. Auflage, Berlin 1970.
[58] Habermas, J.: Strukturwandel der Öffentlichkeit, a. a. O., S. 62.
[59] Vgl. dazu besonders die Veröffentlichungen von Emil Kaufmann, der Ledoux' Bedeutung für die Architektur- und Kunstgeschichte wiederentdeckt und gewürdigt hat. Kaufmann, E.: Von Ledoux bis Corbusier. Ursprung und Entwicklung der autonomen Architektur. Wien, 1933; derselbe: Die Stadt des Architekten Ledoux. Zur Erkenntnis der autonomen Architektur. In: Kunstwissenschaftliche Forschungen, Berlin, Vol. II, 1933, S. 131 ff.; derselbe: Three Revolutionary Architects: Boullée, Ledoux and Lequeu. In: Transactions of the American Philosophical Society. Vol. 42, 1952. Vgl. auch die 1968 von der University of St. Thomas herausgegebene Dokumentation: Visionary Architects, Boullée, Ledoux, Lequeu.
[60] Etienne-Louis Boullée, der große Wirkung auf Ledoux ausübte, dessen Werke wir hier jedoch sonst nicht berücksichtigen können, versucht das funktionale und emotionale Moment der Architektur zu vereinen. In seinen

Ledoux ist stark beeinflußt von den humanen Ideen seiner Zeit. Er versucht, diesen in seinen Projekten und visionären Zeichnungen Ausdruck zu verleihen. Ähnlich wie bereits Leon Battista Alberti und Filarete in ihrer »besten« Stadt einige der späteren sozial-utopischen Intentionen baulich, also materiell, zu verwirklichen suchten, nimmt auch Ledoux manche Gedanken vorweg, die erst nach der französischen Revolution, insbesondere während der sozialen Bewegung in der ersten Hälfte des 19. Jahrhunderts von den Frühsozialisten sozialkritisch aufgegriffen und ihren idealen utopischen Städten zugrunde gelegt werden. Doch kann Ledoux' Architektur trotz größerer Berücksichtigung sozialer Zusammenhänge, im Vergleich vor allem zur Barockplanung, nicht als »revolutionär« im eigentlichen Sinn des Wortes bezeichnet werden, obgleich ihm dieses Prädikat in der Literatur häufig zuerkannt wird[61]. Wie Emil Kaufmann zeigt[62], mag seine Bedeutung darin liegen, daß er einen architektonischen Wandel einleitet mit der »Zertrümmerung des barocken Verbandes« und der Errichtung des individuellen »Pavillonsystems[63]«, insgesamt ein Pro-

Werken spiegelt sich noch ganz die antiindividualistische Tendenz des Klassizismus: das Individuelle ist für ihn sekundär, da es vom wahren Zweck der Architektur – nämlich kollektiven Zielen Ausdruck zu verleihen – entfernt sei. Baulichkeiten sollen nach seiner Auffassung die Menschen beeindrucken und ihnen die Vorstellung von Unendlichkeit und Ewigkeit vermitteln. Dieses Ziel glaubt er zu erreichen durch eine geschickte Kombination der Baumassen, deren Gestaltung die durchgängigen Gesetze der Materie berücksichtigen muß, die Beachtung von Licht und Schatten, die die Plastizität der Gebäude bewirken – Boullée war stolz darauf, der Erfinder der »Schattenarchitektur« zu sein – und die absolute Symmetrie der Gebäude und Ornamentlosigkeit, ein Gedanke, der von Adolf Loos zu Beginn des 20. Jahrhunderts wieder aufgenommen wird. Boullée hat zahlreiche Entwürfe für öffentliche und individuelle Bauten gezeichnet – ägyptisierende, ornamentlose, blockhaft geschlossene Kultgebäude von großer Monumentalität. Ein zentrales Thema seiner Architektur sind Totenstädte, Grabmäler und Ehrenmale, kaum Bauten für den durchschnittlichen Bürger, geschweige denn die unteren Schichten. Dies mag vielleicht die Ursache gewesen sein für die Anfeindung Boullées, die ihm insbesondere von seiten der bürgerlichen Revolutionäre widerfuhr, welche ihn für einen Royalisten hielten. In einer Zeit gesellschaftlichen Umbruchs mußten seine schweren, düsteren und lastenden Bauten seltsam statisch wirken. Boullée hat keine utopische Stadt entworfen. Allerdings fordert er den Entwurf eines Generalplanes für Paris und andere große Städte.

[61] Vgl. Kaufmann, E.: Von Ledoux bis Corbusier, a. a. O., S. 16 ff.
[62] Ebenda, S. 16.
[63] Dieser Veränderung der architektonischen Konzeption hat Kaufmann als Entwicklung von der heteronomen zur autonomen Architektur entscheidende Bedeutung zugemessen.

zeß der Verbürgerlichung der Architektur und des Wohnbaus, der die Forderung nach Wohnlichkeit und Nützlichkeit für alle gesellschaftlichen Gruppen enthält. Ledoux bleibt jedoch formal dem Klassizismus und dessen antiker Formenwelt verbunden, die ihm besonders geeignet erscheint, das Schöne, Ewige und Unvergängliche der menschlichen Gesellschaft auszudrücken und an der moralischen und sittlichen Erziehung der Menschen mitzuwirken. Gedanklich sympathisiert er mit den Idealen Rousseaus[64] und der Gegenreaktion der Romantik. Doch bezieht er die sozialen Probleme, die im Zuge der industriellen Revolution entstehen, in den Entwurf seiner Stadt Chaux mit ein. Dieser Plan stellt den ersten Versuch jener Zeit dar, den von der gesellschaftlichen Umschichtung betroffenen und benachteiligten Menschen, insbesondere den Arbeitern, durch eine qualifiziertere Baukunst (noch nicht durch eine Veränderung der sozial-ökonomischen Basis der Gesellschaft!) bessere Lebensbedingungen zu schaffen. Trotzdem zeigt sich eine spezifische Diskrepanz zu den Intentionen der nachfolgenden Utopien, den Entwürfen der Frühsozialisten. Denn auch Ledoux ist – ähnlich wie Alberti und Filarete – zwar durchaus gesellschaftsbewußt, aber letzten Endes nicht gesellschaftskritisch. Seine Architektur – um den Nachweis dieser These geht es in diesem Zusammenhang – ist allenfalls »revolutionär« in der Einführung pragmatischer Gesichtspunkte in die Planung und sicher auch in der Betonung der individuellen Besonderheit der Menschen, nicht aber im Sinne einer emanzipatorisch-utopischen Intention.

Die grundlegenden Gedanken zu seiner Idealstadt Chaux (Bild 5) gewinnt Ledoux im Verlauf seiner Tätigkeit als Inspektor der staatlichen Salinen in der Franche-Comté zwischen Arc und Senans in der Nähe von Besançon, wo er in den Jahren 1771-1793 die Erweiterung einiger Gebäude für die Salzgewinnung ausführt. Manche dieser Baulichkeiten stehen noch heute, so zum Beispiel die zwischen 1770 und 1780 errichteten Wohnhäuser der Arbeiter und Angestellten der Salinenwerke[65]. Im Gegensatz zur auf Repräsentation angelegten barocken Planung hat für Ledoux die Errichtung einer Stadt praktischen Gesichtspunkten zu folgen. Wesentlich ist die zukünftige zweckdienliche Benutzung, die Bedeutung der Stadt als Verkehrsknotenpunkt und Industrie- und Handelszentrum, also als Ort menschlicher Arbeit, in der der Baumeister gemäß der Idee der Aufklärung die individuelle Erfüllung des einzelnen Menschen sieht.

[64] Vgl. hierzu Langner, J.: Ledoux und die Fabriques: Voraussetzungen der Revolutionsarchitektur im Landschaftsgarten. In: Zeitschrift für Kunstgeschichte, Band 26, 1963, Nr. 1, S. 1-36; Kaufmann, E.: Von Ledoux bis Corbusier, a. a. O., S. 9, insbesondere S. 37 ff.
[65] Vgl. Kaufmann, E.: Von Ledoux bis Corbusier, a. a. O., S. 21.

5 Claude Nicolas Ledoux, Ansicht von Chaux

Der Grundriß von Chaux ist ellipsenförmig. In der Mitte liegt das Haus des Salinendirektors. In den Innenseiten der Halbkreise hat Ledoux die Häuser der Angestellten und Arbeiter angeordnet, die sich nach der Rückseite zu kleinen Wohngärten hin öffnen. An die ringsum laufende Allee schließen sich die freistehenden Wohnhäuser an, aber auch öffentliche Gebäude und Gemeinschaftshäuser, die überleiten zu Villen in ländlicher Umgebung.

Als Anhänger Rousseaus ist Ledoux ein Gegner der zusammengedrängten Städte, die seiner Meinung nach nur auf Grund mangelnder Planung und Vorausschau entstanden sind. Die Anlage von Gärten und Grünflächen, das Miteinbeziehen der freien Landschaft und die Abtrennung des Hauptverkehrs von den Wohngebieten sind daher wesentliche Elemente seiner Planung[66].

Ein grundlegender Gedanke ist besonders hervorzuheben. Er taucht in den utopischen Planungen immer wieder als ein wesentliches Thema der baulichen Bemühungen auf und ist von besonderem so-

---

[66] Vgl. Kaufmann, E.: Von Ledoux bis Corbusier, a. a. O., S. 156.

ziologischen Interesse: die Auffassung vom Individuum und seiner gesellschaftlichen Beziehung.
Bei Ledoux zeigt sich dieses Verhältnis in der Konzeption neuer Wohnformen, die ganz auf die Erfüllung der Bedürfnisse der Menschen als Individuen ausgerichtet sind. So entwirft er für seine Zukunftsstadt, in der die Arbeiter und Bauern, im Gegensatz zu den frühen italienischen Idealvorstellungen, besonders berücksichtigt sind[67], eine große Anzahl individueller und öffentlich-kollektiver Gebäude, die in einer »architecture parlante« baulich dem jeweiligen Tätigkeitsbereich der einzelnen Menschen oder verschiedenen Bevölkerungsgruppen Ausdruck verleihen – unseres Wissens unter Stadtentwürfen, die utopischen Intentionen zumindest nahestehen, der einzige Versuch, durch bestimmte Bauformen und ihre Anordnung das Individuum gegenüber einer Kollektivität hervorzuheben, was gerade heute wieder – wie wir noch sehen werden – Gegenstand städtebaulicher und architektonischer Bemühungen ist.
Während noch bei Boullée Individualität zugunsten kollektiver, jedoch nicht an die bestehenden Verhältnisse rührender Ziele negiert wird, ist sie bei Ledoux zum Inhalt seiner Entwürfe gemacht, bis hin zu den Hausformen, die oft dem Beruf des Bewohners entsprechen. So gibt es das Haus des Kaufmanns, das Haus eines Maklers, eines Angestellten, eines Reifenmachers (Bild 8) oder eines Holzfällers (Bild 7). Das Haus des Holzfällers hat die Form einer stumpfen eingekerbten Pyramide, wohl eine bildliche Analogie zu einem Baumstumpf; das Haus des Reifenmachers zeigt eine Fassade aus konzentrischen Ringen; der Flurwächter wohnt in einem Kugelhaus, und so fort. Ferner finden wir zahlreiche Gebäude, die eine Verwirklichung

---

[67] Ledoux betrachtet den Arbeiter als wichtigen und aktiven Teil der Gesellschaft, wie Helen Rosenau schreibt (vgl. The Ideal City, a. a. O., S. 87). Emil Kaufmann zitiert Ledoux' Vision der Idealstadt: »Laßt uns die Gegenwart in hellerem Lichte sehen, der Zukunft aber laßt uns Blumen streuen ... im jungen Jahr, im Frühling meiner Tage, sehe ich, wie Tausende sich meiner Freude zugesellen, sehe ich sie bauen für die Unsterblichkeit. Dem arbeitsfrohen Volke gründe ich eine Stadt.« – Ohne das Originalwerk Ledoux' zu kennen, vermuten wir jedoch, daß der Künstler nicht vor Augen hatte den Industriearbeiter und dessen fremdbestimmte Arbeit, die er innerhalb eines gesellschaftlichen Systems der Unterdrückung und der Ausbeutung leisten mußte, zumal Frankreich zu jener Zeit noch keine große Industrie hatte, wie es einige Jahrzehnte später von den Frühsozialisten und insbesondere von Marx verstanden wurde, sondern den arbeitenden Menschen schlechthin, der tätig war und sich nützlich machte, und für den die Arbeit nach der Aufklärungslehre »zugleich Mittel der Vervollkommnung seiner Individualität und Betätigung seiner Gesellschaftlichkeit war«. Hofmann, W.: Ideengeschichte der sozialen Bewegung des 19. und 20. Jahrhunderts, a. a. O., S. 8.

6 Ledoux, Fabrikanlage für Chaux

7 Ledoux, Haus des Holzfällers

8 Ledoux, Haus des Reifenmachers

der lebensreformatorischen Ziele anstreben, wie sie zum Beispiel von Rousseau gelehrt werden. Auf die verschiedenste Weise sollen diese Gebäude zur »sittlichen Hebung der Menschheit[68]« beitragen, wobei auch hier nur der wirklich »gute« Mensch in den Genuß der vollen Achtung des Gemeinwesens gelangt, ein Grundsatz, der häufig die gesellschaftliche Ordnung einer zukünftigen idealen Gemeinde bestimmt.

Wenn auch Ledoux kein Baumeister mit einer politisch revolutionären Sensibilität ist, so ist architektonische Planung für ihn doch nicht von einer politischen, moralischen und sozialen Einstellung ablösbar. Seine Vision der zukünftigen Stadt ist zwar von manchen konservativen und teilweise romantisierenden Gedanken getragen, doch hinter den antiken Formen und der Belastung mit symbolisierenden Werten sucht er in durchaus vorausschauender Weise nach den neuen Bedürfnissen einer nicht mehr von Repräsentation, sondern von Arbeit geprägten Industriestadt und ihrer möglichst adäquaten Erfüllung, das heißt er sucht nach neuen Bestimmungsgründen für die Stadtform, die aus dem Wesen der Menschen selbst, ihrer Tätigkeit und ihren gesellschaftlichen Zielen erwachsen; er sucht nach einer von fremden apriorischen Formgesetzen befreiten und sich statt dessen an den menschlichen Zwecken orientierenden Architektur. Diese Forderung nach Autonomie der Architektur, also nach einem neuen Verhältnis zwischen Mensch und baulicher Umwelt, intendiert zweifellos eine Hervorhebung der Individualität der Menschen, indem sie deren Besonderheit und Einmaligkeit betont, eine in ihrer geschichtlichen Situation sicher partiell progressive Konzeption. Doch bleibt Ledoux' Vorstellung des individuellen Menschen gemäß dem idealistischen Subjektivitätsbegriff seiner Zeit abstrakt und atomistisch. Die gesellschaftliche Bedingtheit der Individualität des einzelnen Menschen,

---

[68] Kaufmann, E.: Von Ledoux bis Corbusier, a. a. o., S. 36. Ledoux plant zum Beispiel das »Oikema«, einen langgestreckten Bau mit fensterlosen Mauern, errichtet an der landschaftlich schönsten Stelle von Chaux, das die Entfaltung einer neuen, freieren Eheform und einer besseren Sexualität bringen soll. Ganz im Sinne Rousseaus ist »vollends die Waldsiedlung ›Cenobie‹ erdacht. In ihr sollte eine kleine Zahl von Menschen als eine einzige Familie in der freien Natur und unter natürlichem Gesetz (gemeint ist die Naturrechtslehre, Anm. d. Verf.) ein glückliches Dasein führen. Alles, was sie brauchen, ist vorhanden: Acker und Vieh, Weide und Weinberge. Nichts stört den paradiesischen Zustand des dem naturgemäßen Leben geweihten Bezirkes.« Daß Ledoux wenig mit der auf Veränderung der Gesellschaftsformen bedachten revolutionären Gesinnung sympathisierte, zeigt der Nachsatz: »Der Lärm und der Unfriede der Welt dringen nicht bis zu ihm (dem Oikema, Anm. d. Verf.), solange die umstürzlerischen Gedanken der neuen Philosophen ferngehalten bleiben.« Vgl. Kaufmann, E., ebenda, S. 37/38.

seine Abhängigkeit insbesondere von einer nach dem Tauschprinzip geregelten ökonomischen Struktur der Gesellschaft, die zu ihrer Reproduktion »freie« Individuen voraussetzen muß, wird nicht erkannt. Das spiegelt sich ganz besonders in Ledoux' individuellen Bautypen, die zwar in ein System größerer baulicher Komplexe eingebunden, aber ebenso wie die in ihnen lebenden Menschen nicht aufeinander bezogen sind. So entsteht das Bild einer Gesellschaft als der bloßen Summation von Individuen, ein Denkmodell, das in der Leibnizschen Monadenlehre vorgebildet wurde und die Kategorie des Individuums in der bürgerlichen Gesellschaft bestimmt. Wie in der Stadtutopie des Morus und des Campanella ist auch hier das Wechselverhältnis von Privatheit und Öffentlichkeit unterbrochen, jedoch im Gegensatz zu den Städten Utopias und zum Sonnenstaat hat hier, obwohl Ledoux zum Beispiel Märkte, Gemeinschaftshäuser und ähnliches durchaus eingeplant hat, absolute Privatheit Vorrang vor öffentlichem Leben, wird Öffentlichkeit als Ausdruck miteinander in Kommunikation tretender Menschen verstanden. Zum anderen festigt – und das ist das entscheidende, konservative und herrschaftsstabilisierende, nicht-utopische Moment in den Bauformen selbst – die »architecture parlante« den Status der Menschen innerhalb einer gesellschaftlichen Hierarchie und läßt eine relativ statische Umwelt entstehen, in der der Wechsel eines einmal eingenommenen Platzes, etwa im Arbeitsgefüge, undenkbar erscheint. Auf diese Weise hypostasiert Ledoux in dem materiellen Substrat selbst eine Verteilung von sozialen Positionen und individuellen Funktionen der Menschen, die sich gerade erst im Konkurrenzkampf herausgebildet haben, als natürliche.
Während Ledoux' Versuche der Einrichtung einer humaneren Umwelt im sittlichen und moralischen Bereich ansetzen, unterstützt durch eine entsprechende Architektur, gehen die radikaleren Reformversuche der Frühsozialisten von der Verbesserung der ökonomischen und sozialen Beziehungen der Menschen aus und zielen – jeder auf seine Weise – auf eine Veränderung des politischen Denkens; die großen wirtschaftlichen Ungleichheiten seien nicht mehr als naturgegeben zu akzeptieren, sondern als Hindernisse zu beseitigen. Die soziale Bewegung, die mit diesen Theoretikern beginnt und ihren »Angelpunkt der Denkgeschichte der Sozialbewegung[69]« in der Marxschen Theorie findet, versucht die Ideen der Aufklärung mit einem neuen Inhalt zu füllen, der aus der Kritik der bestehenden gesellschaftlichen Ordnung gewonnen ist: »... indem sie (die soziale Bewegung, Anm. d. Verf.) die Maßstäbe der Aufklärung an die Wirklichkeit anlegte, hat sie die Ideen der Aufklärung selbst weiterentwickelt und ihnen einen bestimmteren gesellschaftlichen Inhalt gegeben. Die schwärmerische

---

[69] Hofmann, W.: Ideengeschichte der sozialen Bewegung, a. a. O., S. 13.

Erwartung wurde zu einer Lehre von den Bedingungen, Gesetzen und Trägern der Verwirklichung ausgebaut[70].«
Für Owen, Fourier und Cabet war der politisch-soziale Umbau der Gesellschaft nicht denkbar ohne die Neukonstruktion auch der baulichen Umwelt, in der sie ihre Ideen verwirklichen konnten. Ihre städtebaulichen Planungsexperimente – im folgenden in der gebotenen Kürze beschrieben – haben in der Geschichte der Stadtplanung keinen geringen Einfluß ausgeübt und enthalten, so meinen wir, auch für heute noch wertvolle Anregungen.

2.22 Die industrielle Revolution und die utopischen Planungsexperimente der Frühsozialisten (Robert Owen, Charles Fourier, Etienne Cabet)

Die Entfaltung des Industriekapitalismus gegen Ende des 18. Jahrhunderts und seine mannigfachen Auswirkungen auf alle gesellschaftlichen Bereiche bilden den Ausgangspunkt für die politischen und sozial-ökonomischen Ideen der sozialen Bewegung und die verschiedenen Theorien zur Reform der Industriestadt. Am frühesten und in geradezu klassischer Weise hat sich diese Entwicklung des Kapitalismus in England vollzogen, »weil es den ersten Rang auf dem Weltmarkt behauptet, die kapitalistische Produktionsweise hier allein völlig entwickelt ist[71]«. Die Mechanisierung und Rationalisierung der Warenproduktion, die Zunahme der arbeitsteiligen Methoden und die Konzentration auf die Produktion von Massenartikeln, die Akkumulation von Kapital einerseits und die Unterdrückung und Not der Arbeiterschaft andererseits – Abhängigkeit von einem freien, sich ständig verändernden Arbeitsmarkt, extreme Arbeitszeiten bei niedrigsten Löhnen, Frauen- und Kinderarbeit, Wohnungselend und physischer Verfall – erreichen um die Jahrhundertwende und in den folgenden Jahrzehnten einen Entwicklungsgrad, der eine völlig neue Phase der Geschichte einleitet. Die kapitalistischen Arbeits- und Produktionsweisen, die Notwendigkeit der räumlichen Konzentration der Produktionsmittel und der Nähe zu günstigen Verkehrslinien verändern von Grund auf das historisch-räumliche Gefüge der Städte und lassen sie mit großer Schnelligkeit zu industriellen Ballungszentren anwachsen, in denen sich auch die Bevölkerung in trostlosen Industrievierteln mit ihren überbelegten, engen Wohnungen ohne sanitäre oder hygienische Einrichtungen – was meist noch das mindeste

---

[70] Ebenda, S. 12.
[71] Marx, K.: Das Kapital. Kritik der politischen Ökonomie, Bd 1, Berlin, 1961, S. 683 (Dietz-Verlag).

Übel ist – konzentriert. »Die Mobilisierung der Gesellschaft ist vor allem durch den Zug zur Stadt bedingt. Die Einhegungen und Kommerzialisierung der Landwirtschaft erzeugen Arbeitslosigkeit auf der einen Seite, die neuen Industrien schaffen dagegen neue Arbeitsgelegenheiten auf der anderen. Die Folge davon ist die Entvölkerung des Dorfes und die Übervölkerung der Industriestadt, die mit ihren Maßstäben und ihrer Überfüllung für die entwurzelten Massen einen völlig ungewohnten und verwirrenden Lebenshintergrund darstellt. Die Städte gleichen großen Arbeitslagern und Gefängnissen, sind unbequem, unsauber, ungesund und über alle Begriffe häßlich. Die Lebensverhältnisse der städtischen Arbeiterschaft sinken auf ein so niedriges Niveau, daß die Existenz der Leibeigenen im Mittelalter dagegen geradezu idyllisch erscheint[72].« Die unvorstellbare Not und Ausweglosigkeit des Lebens dieses frühen Industrieproletariats und das Wohnungselend sind wohl am eindringlichsten von Friedrich Engels dargestellt worden. Seine Beschreibung des trostlosen Lebens der Arbeiterschaft in den Wohnvierteln der großen Städte Englands ist immer noch von großer Eindringlichkeit[73].

Die Reformen und Maßnahmen zur Behebung dieser unhaltbaren Lage setzen Anfang des 19. Jahrhunderts in England auf zwei Ebenen ein[74]: einmal mit einer verstärkten Veränderung und Verbesserung der Arbeits- und Sozialgesetze wie der Stadtplanungsgesetze im Hinblick auf die sanitäre und hygienische Überwachung der Stadt und der einzelnen Wohnviertel, zum anderen durch die Reformversuche und Planungsexperimente der Frühsozialisten Owen, Fourier und Cabet, die in dem Entwurf eines gänzlich neuen Modells einer zukünftigen Gesellschaft und in anderen städtebaulichen Lösungen die einzige Alternative zu den bestehenden Städten und ihrer gesellschaftlichen Ordnung sehen, ein Unternehmen, das wenige Jahrzehnte später von Karl Marx und Friedrich Engels wegen seiner politischen Naivität und dem Überwiegen einer utopisch-abstrakt ausgemalten Zukunft schonungslos kritisiert wurde. Es hat aber trotz des Scheiterns der einzelnen Reformstädte wesentliche Impulse an die Stadtplanung weitergegeben. Vor allem wird – auch für heute interessant – der Zusammenhang zwischen Sozialplanung und Raumplanung hier noch deutlicher als bei Morus und Campanella.

[72] Hauser, A.: Sozialgeschichte der Kunst und Literatur, 2 Bände, München, 1953.
[73] Vgl. Engels, F.: Die Lage der arbeitenden Klasse in England, 7. Auflage, Stuttgart, 1921.
[74] Vgl. Benevolo, L.: Geschichte der Architektur des 19. und 20. Jahrhunderts, a. a. O., S. 79 ff. und derselbe: The Origins of Modern Townplanning. London, 1967. Deutsche Ausgabe: Die sozialen Ursprünge des modernen Städtebaus. Gütersloh, 1971. Bauwelt Fundamente, Band 29.

2.221 Der Sozialpraktiker Robert Owen und sein utopisches Konzept der »Villages of Harmony«

Robert Owen (1771–1858), einer der erfolgreichsten Fabrikanten seiner Zeit, erwirbt 1799 eine Baumwollspinnerei in Schottland, die er einschließlich der angeschlossenen Arbeitergemeinde New Lanark gemäß seinen Vorstellungen von einer neuen Gesellschaft zu einer »Musteranstalt« ausbaut, um so ein praktisches Beispiel zu geben, wie den herrschenden Mißständen abzuhelfen sei. Vor allem zwei Schwerpunkte – wir können uns hier auf die Hauptgesichtspunkte beschränken, die für seinen Siedlungsentwurf wichtig sind – charakterisieren seine Vorstellung von einer zukünftigen Gesellschaft: Eine vernunftgemäße Organisation der Gesellschaft wird vor allem durch die Erziehung vermittelt, die er als das alleinige Mittel zur Heranbildung eines neuen, guten Menschen ansieht. Wie die Theoretiker der Aufklärung und auch die utopischen Denker Morus und Campanella ist er überzeugt von der grenzenlosen Entwicklungs- und Bildungsfähigkeit des Menschen. »Sein Erziehungsbegriff ist daher ein umfassender, ein wahrhaft ›sozialpädagogischer‹, seine Erziehungstheorie eigentlich Milieutheorie ... Was aus den Menschen wird, hängt ab von den Umständen, in denen sie leben. Daher gilt es, Verhältnisse zu schaffen, in denen die Menschen gut sein können, und in denen mit dem Vorteil des Übeltuns auch dessen Anlaß entfällt. Erziehungsreform in diesem Sinn wird ihm zur institutionellen Reform der Gesellschaft überhaupt[75].« Ist diese Seite seiner Gesellschaftsauffassung noch geprägt von den Erziehungsidealen der Aufklärung, so richtet sich sein anderes Hauptinteresse auf die sozial-ökonomischen Grundlagen der Gesellschaft, insbesondere das Verteilungssystem der gesellschaftlichen Güter. Hier greift Owen auf die klassische Arbeitswerttheorie zurück. Er wendet diese kritisch gegen das bestehende System und plädiert für das Recht auf den vollen Arbeitsertrag. Die Produkte werden unter den Arbeitenden selbst auf Grund eines sogenannten »Arbeitsgeldes« getauscht, das als Zertifikat für geleistete Arbeitsstunden ausgestellt wird. Die-

---

[75] Hofmann, W.: Ideengeschichte der sozialen Bewegung, a. a. O., S. 35. So eröffnet er am 1. Januar 1816 in New Lanark die »Institution for the Formation of Charakter«, eine Art Tagesschule für Kinder und Abendschule für Erwachsene, in der auch verschiedene andere Fertigkeiten und nützliche Kenntnisse zur alltäglichen Lebensführung gelehrt werden. Vgl. Owen, R.: Eine neue Auffassung von der Gesellschaft. Vier Aufsätze über die Bildung des menschlichen Charakters, als Einleitung an der Entwicklung eines Planes, die Lage der Menschheit allmählich zu verbessern, Leipzig 1900 (London 1817). Vgl. auch: Cole, G. D. H.: The Life of Robert Owen (1925), 3. Auflage, London, 1965, Kapitel VIII, Ideas on Education, S. 126 ff.

ses System verhindere Krisen, da es keine Überproduktion mehr gebe, die von keiner Nachfrage gedeckt sei. Obwohl selbst oder gerade als Industrieller stand er der maschinellen Industrieproduktion als spezialisierter Tätigkeit skeptisch gegenüber. Industrie und Landwirtschaft müßten verbunden werden, wobei die Landwirtschaft die Haupttätigkeit sei, »mit der Industrie als Anhängsel«.
Wie setzt Owen nun die in aller Kürze charakterisierte Gesellschaftsvorstellung in ein räumliches Konzept um und wie sieht er die Funktion seines Raumentwurfes? Auch er glaubt wie Morus, daß die zukünftige Gesellschaft mehr oder weniger unmittelbar zu verwirklichen sei. Er kann deshalb sein Gedankengebilde »materialisiert« denken. Über Morus hinausgehend – Morus hat sein Utopia immerhin auf eine Insel verlagert – rückt der Sozialpraktiker Owen jedoch noch näher an eine Realisierung heran. Dabei ist ihm der räumliche Entwurf ein Mittel, ein Instrument, seine sozialen Ideen in die Tat umzusetzen.
1817 legt Owen der Grafschaft Lanark seine Pläne zum erstenmal vor, im »Report to the Committee of the Association for the Relief of the Manufacturing and Labouring Poor«, dem eine Zeichnung des idealen Dorfes, einem Modell der »Villages of Harmony«, beigefügt ist[76]. (Bild 9). Diese Dörfer sind gedacht als kleine, überschaubare Gemeinden mit höchstens 2000 Personen, deren Lebensgrundlage in kollektiver Land- und Fabrikarbeit besteht. Jedes Dorf verfügt über alle lebensnotwendigen Einrichtungen und ist völlig autark. Nach Owens Idee sollen die Menschen in diesen Produktionsgemeinschaften in harmonischem Kontakt miteinander leben, in einer guten, vernünftigen Ordnung, die durch die Befriedigung der Bedürfnisse – gewährleistet durch das Recht auf den vollen Arbeitsertrag – und vor allem durch ein differenziertes Erziehungssystem hergestellt wird. Über die Industrie findet sich bei Owen keine eindeutige Aussage; seiner Vorstellung entsprechend ist sie vorwiegend gedacht als Ergänzung zur landwirtschaftlichen Produktion. Auch die Beziehung zur Technik spielt keine wesentliche Rolle.
Die »Villages of Harmony« sollen nach Owens Plänen um einen großen Platz in Form eines Rechtecks angelegt werden, »um die dieser Form innewohnenden großen Vorteile mit den häuslichen Einrichtungen der Gemeinschaft zu vereinigen. Auf den vier Seiten dieses Rechteckes können die privaten Behausungen untergebracht werden, nämlich die Schlaf- und Aufenthaltsräume der erwachsenen

---

[76] Owen, R.: Report to the County of Lanark, Glasgow, 1821. In: Owen, R.: A New View of Society and other Writings, hrsg. von Cole, G. D. H., London, 1927, S. 266 ff.; vgl. auch: Cole, H.: Robert Owen of New Lanark. London, 1953, Kapitel XIII, »Mr. Owen's Plan«, S. 104 ff.

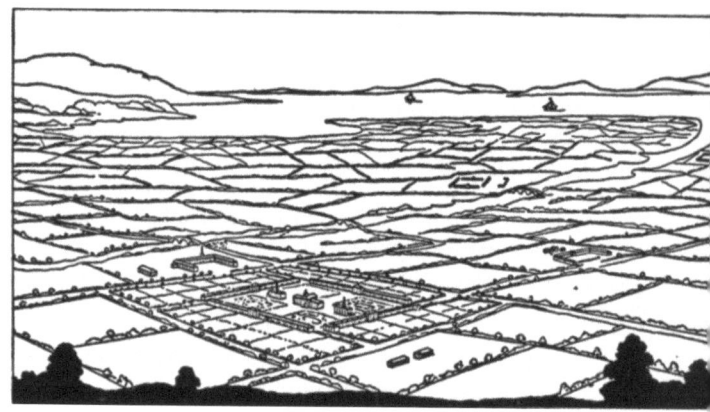

9 Robert Owen, Beispiel eines der »Villages of Harmony«; dem Bericht von Owen 1817 beigefügte Zeichnung

Bevölkerung, die gemeinsamen Schlafsäle für die Kinder unter Aufsicht, die Speicher und Lagerräume für verschiedene Waren, ein Gasthaus, eine Krankenstation und dergleichen. Auf einer Linie, die durch den Mittelpunkt des Rechteckes verläuft, kann man die Kirche und die Kultstätten, die Schulen, die Küche und das gemeinsame Speisehaus errichten, wobei genügend Raum für Licht, Luft und bequeme Verbindungswege gelassen wird[77]«. Die Wohnhäuser sind als Gemeinschaftswohnhäuser gedacht und mit dem notwendigen Komfort und arbeitserleichternden Einrichtungen ausgestattet. Außerhalb der Siedlung liegen große Gärten und landwirtschaftlich genutzte Flächen mit den dazugehörigen Stallungen, Wirtschaftsgebäuden, Werkstätten usw.

Owens New Harmony und seine Konzeption der Gesellschaft der Zukunft hat vieles mit Morus' Utopia gemeinsam, wenn auch nicht deren Bedeutung. Wie bei Morus bilden die Arbeit, die Erziehung, Kommunikation und Teilnahme am Leben der Gemeinde gesellschaftliche Schwerpunkte, und baulich konsequent sind kollektive Einrichtungen vorgesehen wie öffentliche Speise- und Lesehallen, Schulen für Kinder oder gemeinsame Lager- und Speicherhäuser. Auch Owen schlägt über das Land verstreute Siedlungen vor und eine einfache, übersichtliche räumliche Struktur der Gemeinden, jedoch nicht mehr relativ aufgelockert wie bei Morus oder bei dem Pavillonsystem Ledoux', sondern in Form einer geschlossenen, um die zentralen Einrichtungen gruppierten Anlage. Die bauliche Anordnung soll unbe-

---

[77] Owen, R.: Report to the County of Lanark, a. a. O., S. 267.

dingt kontaktfördernd sein und die Erfüllung der kollektiven Ideale bewirken – Gleichheit der Pflichten, Gemeinsamkeit des Eigentums, Kooperation in der Arbeit und auch in der Erholung und im Vergnügen. Owen unterscheidet nicht zwischen individuellem und allgemeinem Glück, sie sind ihm eins. Die Betonung von Konformität und Gleichheit, die keine privaten Eigentümlichkeiten duldet, hebt die Wechselwirkung von Individuum und Gesellschaft auf und verlangt die völlige Anpassung und Unterordnung des Einzelnen in das Kollektiv. Folgerichtig entfällt damit auch – wie es sich schon bei Morus andeutet – ein öffentlicher und ein privater Bereich. Zwar liegen die Wohnbauten um ein großes Viereck mit öffentlichen Einrichtungen herum, doch sind diese Einrichtungen auf Grund der genossenschaftlichen, ländlich-dörflichen Organisation dieser relativ kleinen, überschaubaren Einheit mehr »Gemeinschafts«-Einrichtungen als öffentliche Bereiche, wie sie für eine städtische Öffentlichkeit Voraussetzung sind. Desgleichen haben die Villages of New Harmony – als autarke Produktionsgemeinschaften konzipiert – keinen Markt, wo interner Güteraustausch oder eine über den Markt geregelte Kommunikation mit den Nachbarstädten ein spontanes, nicht nur zu Zwecken der Gemeinschaft dienendes Verhalten ermöglichen könnte. Owen erkennt recht gut, wie stark die menschliche Entwicklung und persönliche Ausformung von der Beschaffenheit der äußeren Verhältnisse abhängen, doch überschätzt er ihre tatsächlichen Auswirkungen, so daß die intendierte Befreiung des Menschen schließlich zu sozialem Zwang wird und die ideale Gesellschaft teils totalitäre, teils idyllisch-rückwärts gewandte Züge gewinnt.

10 Owen, New Harmony, Indiana, um 1825. Für Owen von dem Architekten Stedman Whitwell angefertigte Zeichnung

Owen versucht mehrmals seine Vorstellungen und Pläne der »Villages of Harmony« in die Tat umzusetzen, zunächst in England, dann in Amerika, wo er 1825 im Staat Indiana das Dorf Harmony erwirbt und es zu einer Gemeinschaftssiedlung umbaut. Owens »Villages of Harmony« sind jedoch nicht von langem Bestand, die Umsetzung von der Theorie zur Praxis gelingt nicht. Weder leben die Menschen in den Dörfern in der von Owen vorgestellten Ordnung, noch gelingt die Lösung der wirtschaftlichen Probleme wie etwa der Selbstversorgung. In der von Owen vorgestellten Weise scheitert das Experiment, doch wird das Dorf für lange Jahre in bezug auf Wissenschaft und Bildung zum Mittelpunkt des Landes und läßt in der Folgezeit in den USA zahlreiche ähnliche Siedlungen mit der Absicht, eine neue Gesellschaftsform zu entwickeln, entstehen[78]. Doch da sie alle als autarke Produktionseinheiten mit mehr oder weniger entwickeltem Gemeindekommunismus im Widerspruch zu dem auf dem Konkurrenzprinzip basierenden Wirtschaftssystem stehen, müssen sie in dem Augenblick zerfallen, als es im Hinblick auf Weiterentwicklung notwendig wird, sich in den freien Markt einzuschalten. Hinzu kommt die innere Auflösung: in diesen Dörfern lassen sich meist Menschen unterschiedlichster Bildung und Herkunft nieder, die sich den für alle gleichermaßen geltenden Lebensverhältnissen eben nicht, wie Owen es beabsichtigt hatte, harmonisch anpassen können[79].

Owens Bedeutung liegt also weniger in einer Analyse der Ursachen ökonomischer Ungleichheiten als vielmehr in den praktischen Auswirkungen seiner Ideen. Auf die Vorschläge Owens gehen verschiedene Maßnahmen der Verbesserung des Arbeitsschutzes, der Arbeitslosenhilfe, der Arbeitszeitverkürzung und der Beschränkung der Frauen- und Kinderarbeit zurück[80]. Der Vorrang der Erziehung und Bildung – bereits bei dem italienischen Architekten Filarete und besonders bei Morus Grundlage der idealen Gemeinde – bleiben weiterhin Inhalt gesellschaftsreformerischer Intentionen.

Zum anderen bilden Owens Siedlungsvorstellungen den Ausgangspunkt auch für städtebauliche Reformen, insbesondere die Anlage von Industriesiedlungen und Ausstattung großer Fabriken mit Ar-

---

[78] Vgl. Holloway, M.: Heavens on Earth. Utopian Communities in America 1680–1880. London, New York, 1951, S. 101 ff. Über die Geschichte der nach Owens Plänen angelegten Kommunen in USA informiert ausgezeichnet Bestor, A. E.: Backwoods Utopias. The Sectarian and Owenite Phases of Cummunitarian Socialism in America: 1663–1829. London, 1950.
[79] Vgl. Meyerson, M.: Utopian Traditions and the Planning of Cities. In: Daedalus, Journal of the American Academy of Arts and Sciences, Vol. 90, 1961, No. 1, S. 180 ff.
[80] Vgl. Hofmann, W.: Ideengeschichte der sozialen Bewegung, a. a. O., S. 39.

beiterwohnungen, Freiflächen, Schulen, gemeinschaftlichen Einrichtungen und dergleichen[81]. Um die Jahrhundertwende werden dann Owens Ideen von Ebenezer Howard und dessen sozialreformerischem Konzept der »Garden-Cities of Tomorrow« fortgeführt, allerdings weniger radikal und mit einigen Veränderungen der Konzeption, schließlich sind sie als bloße »gesunde« Ergänzung der großen Städte gedacht.

2.222 Der sozialphilosophisch bestimmte Gesellschaftsentwurf Charles Fouriers und seine räumliche Konkretisierung in den »Phalangers«

Im Gegensatz zu England, das vorwiegend mit industriellen Krisen zu kämpfen hat, sind um die Wende zum 19. Jahrhundert für Frankreich, das in seiner sozioökonomischen Entwicklung hinter England zurückbleibt, gesellschaftliche Kämpfe und Auseinandersetzungen um die Frage der politischen Herrschaft bestimmend. Diese inneren Kämpfe behindern ihrerseits die ökonomischen Entwicklungen, die als Basis zur Durchsetzung der politischen Machtansprüche des Bürgertums erforderlich gewesen wären. Erst die Julirevolution von 1830 bringt eine Änderung des politischen Systems. Die soziale Frage Frankreichs zu jener Zeit ist infolge der langsameren Entwicklung der Industrie nicht so sehr eine Frage der Änderung der Lebensverhältnisse der Industriearbeiterschaft, sondern der Bauern, die noch den überwiegenden Teil der Bevölkerung darstellen, und der unteren gewerblichen Zwischenschichten, die durch die allmählich aufkommende Großindustrie und den Konkurrenzkampf des Handels in Existenznot geraten.
Auf diesem Hintergrund entwirft 1808 Charles Fourier seine Vision des sozialen und individuellen Glücks und der guten mensch-

---

[81] Vgl. Benevolo, L.: The Origins of Modern Townplanning, a. a. O.; Asworth, W.: The Genesis of Modern British Town Planning. A Study in Economic and Social History of the Nineteenth and Twentieth Centuries. London, 1954; Schoof, H.: Idealstädte und Stadtmodelle als theoretische Planungskonzepte. Beitrag zur räumlich funktionalen Organisation der Stadt. Dissertation Technische Hochschule Karlsruhe, 1965, S. 31. Bekannt sind zum Beispiel die Siedlungen des Wollfabrikanten Titus Salt oder die Arbeiterstadt des Schokoladenfabrikanten Cadbury. Nicht immer waren diese Gründungen fortschrittlich, wie etwa die Arbeitersiedlung von Edward Ackroyd, die von F. Engels in seiner Schrift »Zur Wohnungsfrage« sehr heftig kritisiert wird. – Auf die soziale Problematik dieser Frühformen von Werkssiedlungen, wie sie gegen Ende des 19. Jahrhunderts von großen Unternehmern wie Krupp oder Siemens errichtet wurden, kann hier nicht näher eingegangen werden.

lichen Ordnung, in der das gesellschaftliche Zusammenleben und die Handlungen der Menschen nicht mehr vom wirtschaftlichen Vorteil, sondern von der »leidenschaftlichen Anziehung« bestimmt werden. Fouriers »Théorie des quatre mouvements«[82] – sie kann hier nur angedeutet werden – gibt zunächst eine Interpretation der menschlichen Geschichte nach einzelnen Epochen und bestimmten kulturellen Entwicklungsphasen. Fourier nimmt insgesamt sieben gesellschaftliche Phasen an. Die gegenwärtig lebenden Menschen befinden sich noch in der vierten Phase und streben über eine fünfte und sechste Phase einer zunehmenden Verwirklichung der »series passionées«, wie er die Assoziationen leidenschaftlicher Anziehung bezeichnet, eine siebente Stufe der universellen Harmonie an, in der diese über die gesamte Erde verteilt ist. Die vierte Phase, und das ist die Lebensweise und Moral der bürgerlichen Gesellschaft samt den ökonomischen und sozialen Verhältnissen, unterzieht Fourier im Gegensatz zu Owen einer scharfen, kompromißlosen Kritik, um dann, nicht ganz frei von eigenartigen, phantastischen Vorstellungen, die Vorzüge der neuen Gesellschaft, die Vorteile des privaten Lebens und der Verwirklichung individueller Neigungen zu beschreiben. Diese Intention verfolgt die Selbstverwirklichung des Menschen, sein zeitloses Recht auf materielles und sinnliches Glück, die Wiedervereinigung der menschlichen Arbeit mit dem Spiel als die von Entfremdung, Zwang und Notwendigkeit befreite Betätigung des Menschen im Produktionsprozeß – ein Gedanke, der später von Marx wieder aufgegriffen wird und – dieser Ansicht ist zum Beispiel Herbert Marcuse – heute mit fortschreitender Entwicklung der Produktivkräfte erneut an Bedeutung gewinnen könnte[83]. Mit dieser Chance zum eigenen kreativen und engagierten Arbeitseinsatz ist für Fourier gleichzeitig die Freisetzung der industriellen und technischen Entwicklung verbunden.

Die sozialökonomischen Vorstellungen Fouriers laufen vor allem auf eine Aufhebung der Trennung der industriellen und gewerblichen von der landwirtschaftlichen Produktion und auf die Beseitigung

---

[82] Fourier, Ch.: Oeuvres Complètes. 12 Bände, Paris, 1966 (fotomechanische Reproduktion der 2. Auflage der 1841 in Paris erschienenen Ausgabe), Band I, Thèorie des quatres mouvements et des Déstinées Génerales (1808). Deutsch: Theorie der vier Bewegungen und der allgemeinen Bestimmungen, hrsg. von Th. W. Adorno und E. Lenk. Frankfurt/Main, 1966.
[83] Diese Auffassung, »die Möglichkeit von Freiheit innerhalb des Reiches der Notwendigkeit«, wird zum Beispiel von H. Marcuse vertreten. Den »Produktionsprozeß zu einem Schöpfungsprozeß zu machen« bedeutet von »Marx zu Fourier« überzugehen. Vgl. Marcuse, H.: Versuch über die Befreiung. 2. Auflage, Frankfurt/Main, 1969, S. 10 ff. Wir kommen weiter unten nochmals auf diesen Gedanken zurück.

11 Charles Fourier, Entwurf Victor Considérants für ein »Phalanstère« Fouriers

des Handels hinaus. Gerade in letzterem sieht er das Grundübel, dieser sei nämlich »nichts anderes als eine unter der Maske der Gesetzlichkeit organisierte und legitimierte Räuberwirtschaft[84]«. Der Handel ist für ihn die Ursache einer ungerechten Verteilungsordnung und auch der Grund – ähnlich wie für Owen – von Überproduktion und Wirtschaftskrisen. Durch die Wiedervereinigung von Erzeugung und Verbrauch erhoffte sich Fourier die Überwindung der ökonomischen Verteilungsordnung und die Beseitigung des Konkurrenzprinzips des Handels, dessen ausbeuterische und die Wirtschaftskrisen verursachenden Praktiken ihm verhaßt sind und dessen Mittlerrolle zwischen Produktion und Konsumtion er ausschalten will. Bestimmte Unterschiede des Arbeitsentgelts und Privateigentums behält er bei.
Diese skizzierten Prinzipien einer zukünftigen Gesellschaft faßt er nun in der Vorstellung einer »Produktivassoziation« zusammen und strebt deren Verwirklichung in einem praktisch-räumlichen Experiment – den sogenannten Phalangen – an. Die erste Versuchs-Phalange, mit deren Einrichtung sofort begonnen werden kann, wird – so glaubt Fourier – als Beispiel einer universalen gesellschaftlichen Harmonie weitere Gründungen nach sich ziehen und auf diese Weise die soziale Umwandlung der Gesellschaft bewirken.
Anders als Owen, dessen Modell einer idealen Gemeinschaft sich als autarke landwirtschaftlich organisierte Produktionsgemeinschaft auf der Basis des Gemeinschaftslebens und der Erziehung außerhalb

---

[84] Zitiert nach Hofmann, W.: Ideengeschichte der sozialen Bewegung, a. a. O., S. 55.

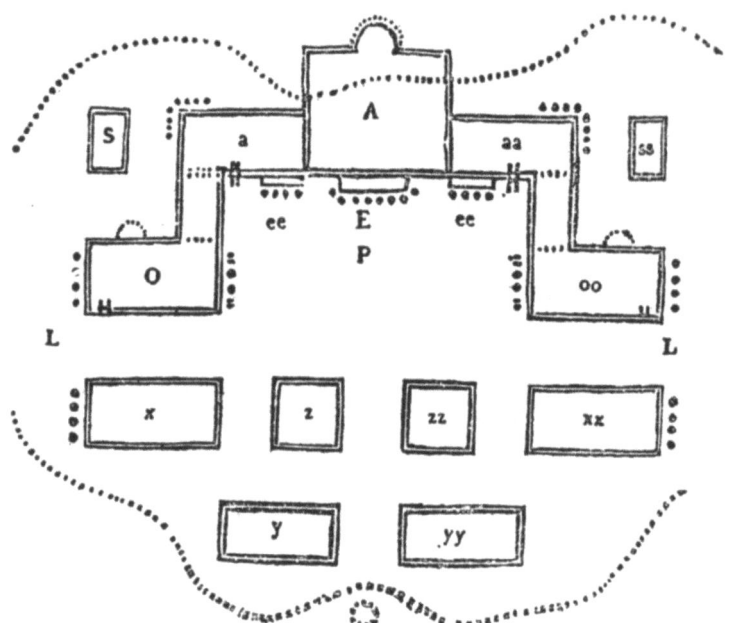

12 Fourier, Plan für ein »Phalanstère«; von Fourier 1829 in »Le Nouveau Monde« veröffentlicht

der sich ausbildenden Erwerbsgesellschaft verwirklichen soll, siedelt Fourier seine Phalangen gerade in dieser an, die dann als »Entwicklungsplanung« erweitert und ausgebaut werden können und zur siebenten Epoche der Stufe der Kultur führen. Diese individuell-autonomen Gemeinwesen sind von Fourier sehr sorgfältig und genau beschrieben worden. Bereits bei der Auswahl des Grundstücks für die erste Versuchs-Phalange ist größte Sorgfalt angemessen, denn es muß eine Vielfalt von Funktionen erfüllen können. Nur so ist die Existenz gewährleistet. Die Phalangen sind wiederum in Gemeinschaftshäuser, die »Phalanstères«, unterteilt, die alle Altersgruppen und Schichten der Gesellschaft aufnehmen. Angelegt sind die Phalanstères nach Art der französischen Palastbauten und barocken Schloßanlagen: als mit Innenhöfen versehene, zweiflügelige symmetrische Baulichkeiten um einen offenen, als Paradeplatz gedachten Platz (Bilder 11, 12). Im Inneren sind diese aus der Tradition abgeleiteten Anlagen jedoch sehr differenziert aufgeteilt. So wird von Fourier ausdrücklich betont, daß diese Gebäude sich von den gewohnten städtischen Baulichkeiten unterscheiden, da sie neuen Lebensformen dienen sollen.

So ist ein Phalanstère mit allen Einrichtungen ausgestattet, die das Leben in einer »Harmonie« so angenehm wie möglich gestalten, wie etwa mit Speisesälen und öffentlichen Küchen, Schulen, mit einem Hotel, Festsälen und Musikhäusern, einem Sanatorium, Erholungsräumen, Geschäften, einer Bücherei, Kindergärten und so fort. Die dreigeschossigen Gebäude sind erschlossen durch innere Galeriestraßen, an denen die einzelnen Wohnungen liegen. Untereinander sind sie mit glasgedeckten Gängen verbunden, deren Beschreibung Fourier fast ein ganzes Kapitel widmet[85]. Sogar eine »Glücksbörse« zur Vermittlung von Vergnügungen ist eingebaut. Modern ausgedrückt, finden wir ein »multifunktionales Raumgefüge« unter einem Dach, wo zwar eine gewisse Trennung nach Funktionen vorgenommen ist, wo aber trotz des Gemeinschaftslebens und der relativen Fixierung der Lebensmöglichkeiten die individuelle Eigenart eines jeden gewahrt bleiben soll. Aus diesem Grunde behält Fourier auch gewisse Formen des privaten, mehr persönlichen Eigentums – also nicht des Eigentums an Produktionsmitteln – bei. Damit gibt er nicht vollends die Konzeption des Individuums preis, wie sie die bürgerliche Bewegung entwickelt hat und wie sie – extrem – von Ledoux in Bauformen umgesetzt wurde. So soll die von Fourier angestrebte Auflösung der Familie auch nicht zur Kollektivierung, sondern Individuierung der Menschen, die dadurch zu vielfältigen persönlichen Beziehungen frei werden, beitragen. Die Verteilung der verschiedenen Wohnformen in den Phalanstères kann so entsprechend den Lebensphasen auf Grund pragmatischer Überlegungen vorgenommen werden: die Alten wohnen im Erdgeschoß, die Kinder im Mezzanin und die Erwachsenen in den oberen Stockwerken[86].
Ist einmal eine Phalange gebaut, so soll die Kraft des Beispiels wirken. Die Phalangen untereinander schließen sich zu Föderationen und schließlich zu einem Weltbund zusammen.
Auch Fourier unternimmt verschiedene Versuche, seine Vorstellungen der idealen Stadt in die Wirklichkeit umzusetzen, zunächst in Frankreich, dann in Algerien[87] und um 1840 durch einen seiner Schüler, Albert Brisbane, in Nordamerika[88]. Doch jedes Experiment

---

[85] Fourier, Ch.: Oeuvres complétes, a. a. O., Band IV, Traité de l'association domestique-agricole, distribution du phalanstère et des séristères, S. 462–470.
[86] Ebenda, S. 462.
[87] Vgl. Benevolo, L.: Geschichte der Architektur des 19. und 20. Jahrhunderts, a. a. O., S. 202, Band 1; ebenso: Mumford, L.: The Story of Utopias, a. a. O., S. 123.
[88] Vgl. Holloway, M.: Heavens on Earth, a. a. O., S. 133 ff.

scheitert. Sehr viel später gelingt es in Frankreich J. B. Godin, einem ehemaligen, nun zum Unternehmer aufgestiegenen Arbeiter, in Guise eine auf Fouriers Vorschlägen basierende Stadtgemeinde zu errichten, die er »familistère« benennt und die von relativ langem Bestand ist. Godin hat freilich gerade jene Punkte verändert, die auch bei Fourier und Owen zum Scheitern beitrugen. Godin sucht die Verbindung zur Industrie, das Gemeinschaftsleben wird zugunsten des Familienlebens – jede Familie erhält eine eigene Wohnung – abgeschafft, jedoch bleiben die übrigen sozialen Einrichtungen erhalten[89].

Fouriers Bedeutung als Utopist liegt nun in zweierlei: einmal in seiner scharfen und hellsichtigen Analyse der bürgerlichen Gesellschaft. Von allen früheren utopischen Denkern und Entwerfern unterscheidet er sich darin, daß er diese Gesellschaft auf geschichtlicher Grundlage kritisiert: »Es bezeichnet die historische Kraft Fouriers, diese Gegenwart nicht wie alle früheren Utopisten aus dem Aspekt eines Idealstaates zu kritisieren, sondern als Degenerationsprodukt bereits an Ort und Stelle, als unerträgliche Zuspitzung der Barbarei[90].« Zwar vertritt Fourier nicht die Interessen des Proletariats im Sinne des Klassenkampfes und hat daher auch nur eine »evolutionäre« Umwandlung der Gesellschaft im Auge[91], doch erkennt er, daß die Armut nicht automatisch mit fortschreitender technischer und industrieller Entwicklung und der Vermehrung gesellschaftlichen Reichtums verschwindet, wie die bürgerlichen Nationalökonomen glaubten und was auch heute noch – wie wir sehen werden – Ausgangspunkt mancher städtebaulicher Utopien ist, sondern nur durch eine Veränderung der Gesellschaftsordnung selbst. Zum anderen sind bedeutsam seine Intention der persönlichen Emanzipation und Selbstverwirklichung der Menschen, sein Bestehen auf individueller Glückserfüllung und Entfaltung der größtmöglichen Zahl menschlicher Fähigkeiten. Die Vorstellung der Gleichmachung der Menschen, wie sie Owen als Voraussetzung harmonischen Miteinanderlebens ansah, ist ihm ebenso fremd wie der Gedanke, die Menschen sittlich oder moralisch in irgendeiner Weise zu bessern, wie dies die Absicht des Architekten Ledoux war. Insofern fehlt auch die strenge Reglementierung der Liebesbeziehungen der Menschen untereinander oder die der Mußezeit wie bei Morus. Fourier sieht den Menschen als ganzes, nicht als arbeitsteiliges Wesen. Gerade aus die-

---

[89] Vgl. Schoof, H.: Idealstädte und Stadtmodelle, a. a. O., S. 35, ebenso: Benevolo, L.: Geschichte der Architektur des 19. und 20. Jahrhunderts, a. a. O.
[90] Bloch, E.: Das Prinzip Hoffnung, a. a. O., S. 651, Band 2.
[91] Vgl. Hofmann, W.: Ideengeschichte der sozialen Bewegung, a. a. O., S. 59.

sem Grunde meint sein Begriff von der Individualität die Bestimmung der Freiheit und seine Konstruktion des Glücks die Möglichkeit eines geistig-materiell-sinnlich erfüllten Lebens, das sowohl in der Gesellschaft wie auch in einer entsprechenden Umwelt verankert sein muß[92]. Voraussetzung ist die bestmögliche Entwicklung der gesellschaftlichen wie der materiellen Komponente, damit sich die Impulse und Strebungen der Menschen entfalten.
Gerade hier nun stellt Fourier einen außerordentlich wichtigen Gedanken in den Vordergrund: wie nämlich der Mensch ein glückliches Verhältnis zu den in einer solchermaßen von Armut befreiten entfalteten Gesellschaft entstehenden Reichtümern bekommen könne: »Fourier hat die richtige, nicht Langeweile, sondern Glück produzierende Beziehung der Menschen zu ihren Reichtümern in den Mittelpunkt seiner Betrachtungen gerückt. Er versucht das Glück nicht allein von seiner objektiven Seite der industriellen Produktion, sondern von der subjektiven Seite her zu konstruieren. Weder wird der Besitz von materiellen Gütern schon automatisch das Glück hervorbringen, noch liegt es in Mäßigung und weiser Resignation. Glück entsteht erst, wenn der gegenständliche Reichtum mit dem Zauberstab der entfalteten Leidenschaften berührt wird. Fourier erklärt die merkwürdige Beziehungslosigkeit der Menschen zu der sie umgebenden Welt, die heute als Entfremdung in aller Munde ist, aus der Fesselung der Leidenschaften durch die Vernunft. Der moralische Mensch sei zerrissen; er stehe auf ständigem Kriegsfuß mit sich selbst und darum tendenziell auch mit anderen Menschen[93].« Wirk-

---

[92] Dieser sehr charakteristische Gedanke Fouriers äußert sich besonders in der Vorstellung der »industriellen produktiven Armeen« als Gegenstück zu den zerstörerischen Kriegsarmeen der Zivilisation, die eingesetzt werden zur Kultivierung der Erde. Fourier beschreibt die Urbarmachung der Saharawüste und ihre Umwandlung in eine fruchtbare Region, den Bau schiffbarer Kanäle und »anstatt in einem Feldzug 30 Provinzen zu zerstören, werden diese Armeen 30 Flüsse mit Brücken überspannen, 30 wüste Gebirge bewalden, 30 Bewässerungsgräben ziehen und 30 Sümpfe trocknen.« Fourier, Ch.: Oeuvres Complètes. Band IV, Théorie de l'Unité Universelle, Armées industrielles de l'Association, a. a. O., S. 557 ff. Diese Überlegungen zum rechten Einsatz der Mittel, über die eine Gesellschaft verfügt, das ungleiche Verhältnis im Aufwand für Zwecke des Krieges zu solchen der »Befriedung der Erde« sind auch heute noch hochaktuelle Themen von außerordentlicher politischer Brisanz.
[93] Einleitung von Elisabeth Lenk zu: Charles Fourier: Theorie der vier Bewegungen und der allgemeinen Bestimmungen, a. a. O., S. 33. Fourier gibt hier bereits einen Ansatz zur Interpretation der gesellschaftlichen Zwänge und der mit ihnen verbundenen Versagungen und ihrer Auswirkungen auf das menschliche Zusammenleben, wie sie erst ein Jahrhundert später von Sigmund Freud in ihrer ganzen Tragweite analysiert wurden.

liches Glück ist für Fourier nicht nur die Herstellung der objektiven Bedingungen zur Befriedung der elementaren subjektiven Leidenschaften, nicht Angelegenheit des einzelnen und ins Privatleben verwiesen, sondern es ist selbst auch sozialer Natur und kann sich nur auf gesellschaftliche Weise, in der affektiven Beziehung der Menschen zueinander, voll entfalten. Glück als etwas Objektives realisiert sich nur in der richtig konstruierten Gesellschaft[94]. Freiheit und Glück verwirklichen sich dann nicht wie in der gegenwärtigen Stufe der Zivilisation gegen eine bestehende Ordnung auf destruktive Weise, sondern Fourier »schwebt eine sozietäre Ordnung vor, in der die Freiheiten aller wie Stücke eines Puzzlespieles ineinandergreifen[95]«. Diese sich selbst regelnde Harmonie macht schließlich den Staat als Zwangsapparat und jegliche Herrschaft überflüssig[96].
Die Darstellung der Ideen Fouriers und auch der Merkwürdigkeiten und Schwächen seiner Gedankengänge muß hier notwendig skizzenhaft bleiben. Auch für Fourier ist zutreffend – wenn auch nicht in gleichem Maße wie für Owen, da er von einer schärferen Einsicht in die geschichtlichen Verhältnisse ausgeht – daß er die Zukunft einer befreiten Gesellschaft unpolitisch konstruiert. Er vertraut in dem Entwurf seiner »Harmonien« auf das Ineinanderspielen der psychischen Strebungen der Menschen, auf den – dem Marktmodell der bürgerlichen Gesellschaft analogen – Ausgleich der Interessen agierender Individuen zum Nutzen aller. Da so eine Art Selbstordnung der Gesellschaft a priori gegeben zu sein scheint, schaltet er die rationale Kommunikation der Menschen über die Ziele ihres Gemeinwesens – ist der Idealzustand erst einmal erreicht – weitgehend aus. Obwohl Fourier die »richtig konstruierte« Gesellschaft als unabdingbare, objektive Voraussetzung für die Möglichkeit individuellen und sozialen Glücks betrachtet und sich insofern vom reinen hedonistischen Prinzip abhebt, bleibt undiskutiert, wie zwischen »wahren« und »falschen« Bedürfnissen und Strebungen der Menschen unterschieden werden soll[97]. So nimmt Fourier die Bedürfnisse und Interessen der Individuen als etwas schlechthin Gegebenes an, als eine Art anthropologischer Konstanten, die auf Grund der bisherigen falschen und schlechten Organisation der Gesellschaft sich nicht zu ihrer eigentlichen Bestimmung entfalten können. Trotz seiner Einsicht in gesellschaftliche Bedingtheiten bleibt ihm der Gedanke

---

[94] Ebenda, S. 33 ff.
[95] Ebenda, S. 41.
[96] Ebenda, S. 41.
[97] Vgl. dazu zum Beispiel Marcuse, H.: Zur Kritik des Hedonismus (1938). In: Kultur und Gesellschaft I, 4. Auflage, Frankfurt/Main, 1967, S. 128 ff.

weitgehend verschlossen, daß die »Leidenschaften« der Menschen selbst, nicht erst ihre Befriedigung, bereits vorgängig durch eine repressive Gesellschaftsordnung eine Verformung und Verkrümmung erfahren können, die das Bewußtsein präformieren. Hier ist Owen, der den prägenden Einfluß der Umwelt und der Milieuverhältnisse auf den Menschen und seine Verhaltensweisen als Produkt seiner Erziehung auffaßt, weitsichtiger und jedenfalls in dieser Beziehung näher als Fourier an einer der objektiven Voraussetzungen des Glücks, der guten Ordnung, die die Emanzipation der Menschen bringen soll.

Außerordentlich bemerkenswert scheint im Hinblick auf die hier besonders interessierende räumliche Konkretisierung zu sein, auf welch unterschiedliche und sehr folgerichtige Weise sich verschiedene gesellschaftliche Positionen materialisieren. Hatte Owen seine gesellschaftliche Vorstellung in einer Art »ländlichen Gehöfts« realisiert gedacht, so finden wir bei Fourier – trotz mancher Anklänge an zeitbedingte Hofarchitektur – ein dichtes, vielfältiges, fast möchte man sagen »urbanes« Raumgebilde vor, das sowohl Rückzugs- als auch Kontaktchancen (Galeriestraßen) bietet und in dem eine Mischung verschiedener Tätigkeiten vorgesehen ist. Auch betont Fourier die Notwendigkeit baulicher Vielfalt zur Vermeidung eines monotonen Eindrucks; dies ist allerdings aus der Zeichnung Victor Considérants, der den Plan für Fourier fertigte, nicht abzulesen[98]. Sicher bleibt eine solche Phalange eine inselhafte, auf eine bestimmte Größenordnung begrenzte Monade, jedoch haben die materiell-sinnlichen, individuierenden Momente ein gerade im Hinblick auf die heutige Diskussion interessantes Raumgefüge entstehen lassen.

2.223 Icara – die groß- und weltstädtische Vision Etienne Cabets

Bevor wir nun auf die Marxsche Kritik – vorwiegend an der politischen Dimension der Utopisten – und ihre Auswirkungen auf

---

[98] Fourier schreibt der Architektur einen aktivierenden Einfluß auf die menschlichen Tätigkeiten und Beziehungen zu und fordert Variabilität und leichte Erkennbarkeit. Besonders für die Stadt der 6. Epoche macht er folgende Anmerkungen: »Jede Straße soll auf einen malerischen Aussichtspunkt, ein öffentliches oder privates Bauwerk, einen Hügel, eine Brücke, eine Kaskade oder irgendeine Perspektive zuführen ... Die Monotonie eines schachbrettartigen Straßennetzes ist verboten. Einige Straßen sind mit Kurven und Windungen versehen, um die Uniformität zu vermeiden. Die Plätze sollen mindestens ein Achtel der Bodenfläche einnehmen. Die Hälfte der Straßen ist mit verschiedenartigen Bäumen bepflanzt.« Fourier, Ch.: Oeuvres Complètes, Band IV, Théorie de l'Unité Universelle, Plan d'une ville de 6.ᵉ Période, a. a. O., S. 302.

städtebauliche Probleme eingehen, seien noch einige Züge aus Etienne Cabets (1788–1856) »Voyage en Icarie« herausgestellt, dessen Utopie im Gegensatz zu Owen und Fourier ganz andere Momente enthält und den höheren Freiheitsgrad zeigt, den die beiden frühen sozialen Denker in ihren Stadtutopien verwirklichen wollten. Doch sind Cabets Vorschläge in einigen Aspekten hinsichtlich der Organisation der Gesellschaft und des dafür vorgesehenen baulichen Rahmens – und darauf beschränken wir uns – von nicht unerheblichem Interesse.

Sollte sich für Owen und Fourier – ähnlich wie bei Morus – das bessere Leben in mehr oder weniger vom Kollektiv bestimmter Individualität und Freiheit auf der Basis materieller Befriedigung vollziehen, wofür als baulicher Rahmen kleinere föderative Gemeinwesen in enger Verbindung zur Natur und Landschaft vorgesehen waren, so entwirft Cabet die Vision einer mächtigen, industriellen, zentralistisch organisierten Arbeiternation auf einem hohen naturwissenschaftlich-technischen Entwicklungsstand mit Bürokratie und Verwaltung, und folgerichtig bewegen sich seine baulichen utopischen Intentionen um die Metropolis, eine Weltstadt mit der Betonung auf Modernität und Komplexität, auf der Ausstattung mit neuesten technischen Errungenschaften und deren Anwendung auf städtische Einrichtungen oder das Verkehrssystem.

In Cabets Zukunftsstaat – eher Wirtschaftskomplex und Produktionsstätte als Ort menschlichen Zusammenlebens und individueller Emanzipation – übernimmt die Industrie die eigentliche revolutionäre und dynamische Rolle. Den naturwissenschaftlich-technischen Elementen kommt – und hier knüpft Cabet an Campanella an – eine große Bedeutung zu. Er stellt die Industrie als hochorganisiert vor, propagiert Planwirtschaft und setzt die Maschinen ein zur Befriedigung aller menschlichen und materiellen Bedürfnisse, womit für ihn die politische und soziale Gleichheit der Menschen verknüpft ist[99]. Doch wird der Grad der individuellen Freiheit außerordentlich reduziert, ja völlig aufgehoben und in einen minutiös geregelten, von Arbeit erfüllten Tagesablauf eingebettet, den Cabet unter das Motto stellt: Erst das Notwendige, dann das Nützliche, dann das Vergnügen[100].

Auch Cabet plant – hierin Campanella verblüffend ähnlich, doch in stärkstem Kontrast zu Fourier – für die zukünftigen Bewohner seines

---

[99] Cabet, E.: Voyage en Icarie, Paris, 1848, Kapitel V, Coup d'oeil sur l'organisation sociale et politique, et sur l'histoire d'Icarie, S. 30 ff.; Kapitel XII, Travail – Industrie, S. 98 ff.
[100] Cabet, E.: Voyage en Icarie, Kapitel VI, Description d'Icara, Ville-Modèle, a .a. O., S. 41.

idealen Staates ein völlig rationalisiertes, vom Staat kontrolliertes, ganz angepaßtes und eingerichtetes Leben.
Dieser gesellschaftlichen Organisation entspricht die bauliche Gestalt, die Cabet als materiellen Rahmen für seine ideale Stadt vorsieht und die er in seinem 1840 erschienenen Buch »Voyage en Icarie« beschreibt, ein auf dem Dezimalsystem aufgebautes, mit großer Präzision ausgeklügeltes, mathematisches Gebilde. Jedoch hat Cabet seine wörtlichen Ausführungen nicht in einem besonderen Plan oder einer Zeichnung dargestellt, was eine genaue Vorstellung der Stadt Icara etwas erschwert.
Ikarien ist ein in hundert Provinzen aufgeteiltes Land, die untereinander alle gleich sind und die gleiche Bevölkerungszahl haben. Die Provinzen sind wiederum in zehn Kommunen geteilt, welche ebenfalls einander ähneln. Die Hauptstadt der Provinz sowie die entsprechende Kommunehauptstadt liegen jeweils im Zentrum der dazugehörigen regionalen Einheit[101]. Ein dichtes Netz von Straßen und Wasserwegen erschließt das Land[102].
Die Hauptstadt Icara[103] ist kreisförmig und wird durch einen

[101] Wie in der barocken Stadt- und Landesplanung begegnen wir auch hier einer relativ autoritären Verplanung der Natur. Auch Mumford betont diesen Aspekt:»Die Eleganz und Präzision des Dezimalsystems hat die geographischen Gegebenheiten überlagert, und wenn man über die Landkarte dieses imaginären Landes schaut, erinnert man sich an die Weise, in welcher die Französische Revolution Frankreich in willkürliche, administrative Department bezeichnete Gebiete einteilte, solche alten regionalen Gruppierungen umstoßend, welche den natürlichen Einheiten von Boden, Klima, Bevölkerung und historischer Kontinuität entsprachen.« Mumford, L.: The Story of Utopias, a. a. O., S. 152.
[102] Cabet, E.: Voyage en Icarie, Kapitel IV, Description d'Icarie – d'Icara, a. a. O., S. 18 ff.
[103] Vgl. die sehr ausführliche Beschreibung Cabets in seinem Werk, S. 18 ff. und S. 40 ff. Die Hauptstadt Ikariens ist gedacht als Modellstadt, deren Entstehungsprozeß Cabet auf folgende erstaunliche Weise beschreibt:»Stelle dir zuallererst vor, in Paris oder London würde die großartigste Belohnung angeboten für den Plan einer Modellstadt, ein großer offener Wettbewerb von Malern, Bildhauern, Wissenschaftlern, Reisenden, die die Pläne oder Beschreibungen von allen bekannten Städten sammeln, die Meinungen und Ideen der ganzen Bevölkerung einschließlich der Fremden sondieren, alle Vor- und Nachteile der bestehenden Städte diskutieren und die Vorschläge abwägen und unter Tausenden den besten und vollkommensten Plan aussuchen. Male dir eine Stadt aus, schöner als alle ihre Vorgängerinnen, dann wirst du eine Ahnung von Icara haben, besonders, wenn du im Sinn behältst, daß alle ihre Bürger gleich sind, daß die Republik regiert und daß die unveränderliche und konstante Regel in allen Dingen gilt: erst das Notwendige, dann das Nützliche und zuletzt das Vergnügen.«Cabet, E.: Voyage en Icarie, Kapitel VI, Description d'Icara, Ville-Modèle, a. a. O., S. 41.

Fluß in zwei gleiche Hälften geteilt, dessen Ufer begradigt und ebenfalls mit zwei geraden Mauern eingefaßt werden. Damit auch große Ozeanschiffe bis ins Zentrum der Hauptstadt fahren können, ist das Flußbett künstlich vertieft. Der Fluß teilt sich in der Mitte der Stadt in zwei Arme, die wiederum eine kreisförmige Insel bilden, auf der das Stadtzentrum errichtet ist. Die gesamte Anlage ist mit Bäumen bepflanzt. In der Mitte erhebt sich wiederum ein Palast mit einem prächtigen, terrassenförmigen Garten. Alle Gebäude werden überragt von einer Kolossalstatue, die auf einer Riesensäule steht und ebenfalls zentral aufgestellt ist.

An beiden Seiten des Flusses erstrecken sich breite Quais, an denen die öffentlichen Gebäude liegen. Die Stadt ist in 60 Stadtviertel von gleicher Größe eingeteilt. Jedes Viertel, das die Merkmale der bedeutendsten Nationen der Welt wiedergeben soll, erhält eine Schule, ein Krankenhaus, einen Tempel, Geschäfte, öffentliche Plätze und Denkmäler. Die Stadt wird durch gerade, breite Straßen erschlossen, die an die Haussmannschen Boulevards erinnern. Fünfzig von ihnen verlaufen parallel zum Fluß und fünfzig senkrecht dazu, woraus sich ein Quadratraster ergibt, das auf einen an sich kreisförmigen Grundriß gelegt wird, eine zweifellos merkwürdige Grundrißdisposition.

Jeder Wohnblock ist um einen Platz herumgebaut, hat 15 Häuser an jeder Seite mit einem öffentlichen Gebäude in der Mitte und an beiden Seiten. Zwischen den Häuserreihen sind öffentliche Gärten angelegt, die – wie bei Morus – von den Bewohnern mit großer Freude bearbeitet und gepflegt werden.

Cabet betont sehr den städtischen Aspekt auch der Dörfer Ikariens. Vorrang haben bei ihm die volle Versorgung mit hygienischen und sanitären Einrichtungen sowie die Organisation des Verkehrs. Es gibt mit Glas gedeckte Fußgängerwege und Bushaltestellen, Trennung des Fahrverkehrs vom Fußgängerverkehr zur Vermeidung von Verkehrsunfällen und dergleichen. Bemerkenswert ist die großzügige Ausstattung mit öffentlichen Verkehrsmitteln, die in einem zweiminütigen Abstand in alle Richtungen fahren.

Ebenso aber wie Cabets Icara mit allen technischen Errungenschaften ausgestattet ist, die alle nur denkbaren Erleichterungen und Bequemlichkeiten bringen sollen, sind mit der gleichen Konsequenz alle jene Orte beseitigt, die unter moralischen Gesichtspunkten als verderblich für das Leben der Ikarianer angesehen oder keiner Kontrolle unterworfen werden können: die Bordelle, die Spielhäuser, die Rauch- und alkoholischen Salons, die Cabarets und sogar die Cafés[104]. Sie wer-

---

[104] Cabet, E.: Voyage en Icarie, Kapitel VI, Description d'Icara, Ville-Modèle, a. a. O., S. 45. – An einer anderen Stelle heißt es: »Die Republik

den durch »nützliche« staatliche Etablissements wie Theater, Museen, Versammlungsplätze, hospizähnliche Gasthäuser und ähnliche Einrichtungen ersetzt. Selbst die Läden und Geschäfte Ikaras, die schönsten und prächtigsten aller Hauptstädte, sollen nach Cabets Vorstellung in ein oder zwei Komplexen konzentriert werden, ein Vorhaben, das unseren heutigen großen Warenhäusern verblüffend nahekommt, hier aber das hohe Maß an Organisation dieses Staates erkennen läßt, das auch in Momenten wie der Begradigung des Flusses oder der Straßen, der Beseitigung winkeliger Plätze und Höfchen, die wohl nicht nur aus rein hygienischen Maßnahmen erfolgt, sichtbar wird. Diese Intention, die bauliche Umwelt und das Leben der Menschen unter allen Umständen »in Ordnung zu bringen«, setzt sich bis ins kleinste fort. Ebensowenig wie wir bauliche Mißstände finden werden, werden auch die Plakate, Reklameschilder, Kritzeleien und Anschläge an den Haustüren verschwunden sein. Statt dessen werden von staatlichen Plakateuren wundervolle Inschriften und ornamentale Texte angebracht. Die Häuser der Bewohner in einer Straße sind zwar alle gleich, dafür aber unterscheiden sich die Straßen nach Nationalitäten und präsentieren sich die öffentlichen Gebäude in allen Architekturstilen. Nichts beleidigt das Auge des Betrachters (auch die von Cabet so geschätzte Industrie liegt, gleich den Schlachthäusern, vor der Stadt), er kann sich erfreuen an zahllosen Brunnen, Plätzen, Säulen, öffentlichen Monumenten, Kolossalstatuen und so fort. Wie wir sehen, ist das, was wir als »öffentliche Sphäre« bezeichnen, Orte also, wo sich spontanes, kommunikatives, jedenfalls ungeplantes städtisches Leben – und Icara war als Stadt gedacht, die sich Paris und London zum Vorbild nahm – entfalten kann, in Icara die Domäne des allgegenwärtigen Staates, Ort der Repräsentation und Darstellung keinesfalls der Bürger, sondern gleichsam »Sprachrohr« der Fürsorge, der Macht und des Glanzes des ikarianischen Staates. Wenn überhaupt, so kann sich in Ikarien Individualität nur noch gegen das gesellschaftliche System verwirklichen.

Dennoch darf – selbst wenn durch die strenge Organisation der Lebensweise kaum Möglichkeiten zu anderen, spontan entstehenden Verhaltensmustern gegeben sind – nicht übersehen werden, daß

verurteilt zwar nicht den Luxus und den Überfluß, weil man einen Genuß, der keine Unannehmlichkeiten bringt, nicht überflüssig nennen kann: aber wir haben uns vernünftigerweise drei grundsätzliche Regeln gegeben: erstens, daß alle unsere Vergnügungen vom Gesetz oder vom Volk gutgeheißen werden müssen; zweitens, daß das Angenehme nicht erstrebt werden darf, ehe man nicht das Notwendige und Nützliche erreicht hat; drittens, daß keine anderen Vergnügungen gestattet sind, an denen nicht jeder Ikarier in gleicher Weise teilhaben kann.« Vgl. Cabet, E., Kapitel XXXV, Fetes, jeux, plaisirs, luxe, a. a. O., S. 271-272.

Cabet auf Grund des höheren Einsatzes der Technik in einer fortschrittlicheren Weise als in den weiter oben dargestellten Utopien eine äußerst vielfältige, vor allem städtische Umwelt vorsieht (wenn man von deren zentraler und nationaler Ausgerichtetheit einmal absieht), die zudem alle baulichen Nachteile zum Beispiel in hygienischer und sanitärer Beziehung zu vermeiden sucht. Doch ist letzten Endes mit der begrenzten materiellen Befreiung keine individuell-gesellschaftliche verbunden. Hinter dem Vorrang einer naturwissenschaftlich-technischen und industriell hochentwickelten Gesellschaft, dem bewußten Einsatz von Maschinen zur Erleichterung der menschlichen Arbeit, verschwindet die Antizipation eines politisch handelnden, emanzipatorischen, sich selbst bestimmenden Menschen. In der Vorstellung oder Einrichtung eines zentralistischen Nationalstaates bekommt die Utopie einer befreiten Gesellschaft negativ-utopische Akzente und gewinnt totalitäre Züge, wie sie ein Jahrhundert später in George Orwells »1984« beschrieben werden.

Cabet ist es selbstverständlich nicht gelungen, sein Icara in diesem Ausmaß zu verwirklichen. Wie schon Fourier und Owen erwirbt auch er 1847, diesmal in Texas, das nötige Land, und auf seinen Aufruf: »Allons en Icarie« brechen 1848 fünfhundert Siedler in Paris auf, allerdings ohne Cabet, der erst 1849 zu der Siedlergruppe stößt. Nach mehreren vergeblichen Versuchen, begleitet von der Auflösung und Spaltung der Auswanderer, gelingt schließlich 1860 der Aufbau der idealen Stadt in Corning, Iowa, die allerdings wenig mit der von Cabet erträumten Stadt Icara gemeinsam hatte, sondern mehr an Owen erinnert[105].

»Die Icarianer nennen ihre Siedlung ›Stadt‹. In der Mitte, im Zentrum eines großen quadratischen Platzes, befindet sich das Refektorium, an drei Seiten des Quadrates stehen Häuser, sie sind voneinander getrennt und die Zwischenräume werden als Gärten gebaut. Die vierte Seite ist den gemeinnützigen Bauten wie Wäscherei, Bäckerei usw. vorbehalten. Es gibt nichts Freundlicheres als den Anblick von Icaria. Der große Bau des Refektoriums, der ringsum von den Häuschen eingerahmt wird, steht vor einem großen schattigen Wald, der einen Hintergrund für die weißgetünchten Häuser bildet. Obst- und Zierbäume, grüne Wiesen und Blumen trennen auf hübsche Weise die einzelnen Teile des Dorfes voneinander[106].« Doch das Unternehmen, klein und sektenhaft mit nur 32 Einwohnern, besteht nur wenige Jahre. Es kommt noch zur Gründung anderer Dörfer, aber

---

[105] Vgl. Holloway, M.: Heavens on Earth, a. a. O., S. 197 ff.
[106] Lavedan, P.: Histoire de la communauté Icarienne, Nîmes, 1907, S. 292. Zitiert nach Benevolo, L.: Geschichte der Architektur des 19. und 20. Jahrhunderts, a. a. O., S. 203, Band I.

auch diese lösen sich auf oder bestehen als eine Art Landgüter weiter, auf die Cabets Idee schließlich zusammenschrumpfte.
Doch überrascht es, daß Cabets Buch »im Gegensatz zu Owen und Fourier lebhaften Widerhall« fand, wie Werner Hofmann schreibt[107]. Es mag daran liegen – und hier scheint eine Parallele auf zu heutigen Vorstellungen –, daß Cabets Icara infolge der ausgeprägten technischen Komponente und der faszinierenden Beschreibung der Umwelt, der Machbarkeit der Stadt, ihrer rationalen Anlage, einerseits unmittelbar einleuchtend erscheint und tatsächlich materiell »greifbare« Fortschritte bringt, andererseits aber auch den nationalen, zentralistischen Tendenzen der restaurativen, nachrevolutionären Epoche entgegenkam. Cabets Konzept bot sich, sehr viel eher als das von Fourier und Owen, den konservativen Schichten an, ihre gesellschaftlichen Vorrangstellungen zu festigen, indem sie die technischen Maßnahmen herauslösten, allein die hygienischen und sanitären Mißstände beseitigten und so gesellschaftlichen Änderungen vorbeugen konnten.
Bei den bisher beschriebenen Stadtutopien, deren ideengeschichtliche Herkunft mehr oder weniger in utopisch-kommunistischen Gesellschaftskonzeptionen liegt, haben wir herausgearbeitet, wie die in Teil 1 unterschiedenen Dimensionen der Entwürfe – politisch-soziale und technische – auf dem wechselnden sozial- und wirtschaftsgeschichtlichen Hintergrund verschieden akzentuiert und räumlich materialisiert werden. Zwei Momente konnten wir jedoch relativ durchgängig zeigen: einmal stehen bei den einzelnen Stadtutopien politisch-soziale Überlegungen und Ziele im Vordergrund, wenn auch technische Elemente, wie die Beispiele Campanella und Cabet zeigen, nicht ausgeblendet und gerade bei Cabet relativ bestimmend werden. Zum anderen kommt trotz jeweils verschiedener Gewichtungen der Aspekte, die wir in der politisch-sozialen Dimension zusammengefaßt haben, die politische Seite der Entwürfe zu kurz. Entweder wird das politische Zusammenhandeln der Menschen als von einer Allgemeinvernunft geleitet vorgestellt, oder man hofft auf eine Selbstordnung der Gesellschaft, wenn nur bestimmte, meist ökonomische und sittliche Voraussetzungen gegeben sind, oder es werden fast totalitäre Ordnungsformen konzipiert. Die eigentlichen utopisch-emanzipatorischen Gehalte, deren unterschiedliche Dignität wir aus diesen wechselnden Konstellationen zu erschließen versucht haben, sind vorwiegend in den sozial-ökonomischen Intentionen zu finden, ohne daß sie jedoch auf Grund der partiellen Ansätze hätten entbunden und folgenreich werden können.

[107] Vgl. Hofmann, W.: Ideengeschichte der sozialen Bewegung, a. a. O., S. 45.

Anhand einzelner, in ihrer Struktur von den eben erwähnten Konstellationen abhängiger Komplexe, wie etwa dem des Verhältnisses von Individuum und Gesellschaft, haben wir es dann unternommen, den Weg zu den räumlich-materiellen städtebaulichen Konzeptionen zu bahnen.
Wir haben grundsätzlich eine bemerkenswerte Abhängigkeit und Verschränkung von Sozial- und Raumplanung festgestellt. Der Mut zur Utopie, zum Modelldenken und zu Teilexperimenten mußte zwar damals im Zuge der fortschreitenden Entfaltung des liberalen Kapitalismus enttäuscht werden, trägt aber aus heutiger Sicht in der Phase der zunehmenden politischen Regulierung des Kapitalismus durchaus »moderne« Züge, wenn auch heute nicht etwa unmittelbar daran angeknüpft werden kann. Zunächst jedoch – um wieder auf Cabet zurückzukommen – zeigt sich bei ihm bereits die Gefahr der Verschleierung und Verfestigung politisch-sozialer Grundprobleme durch technisch-partielle Maßnahmen und Reformen, die vorgeschlagen werden, ehe Lösungen für die Umwandlung der Gesamtgesellschaft gefunden und vollzogen sind. Zwar intendiert Cabet – wie wir gesehen haben – durchaus gesellschaftliche Veränderungen, diese führen aber nicht über die bereits bekannten hinaus, während jedoch die technische Seite des Zukunftsentwurfs eine erhebliche Entwicklung erfährt. Damit deutet sich ein Zurücktreten, zumindest ein Moment des Stillstandes gesellschaftskritischer Intentionen im Rahmen städtebaulicher Zukunftsvorstellungen an.
Die Ideologiehaftigkeit solcher Lösungen wurde von Karl Marx und Friedrich Engels erkannt und äußerst scharfer Kritik unterzogen, was – wie wir meinen – nicht ohne gewisse Auswirkungen auf die städtebauliche Praxis blieb und heute noch nachwirkt.

2.3 Die Kritik von Karl Marx und Friedrich Engels an den utopischen Entwürfen der Frühsozialisten und ihre Auswirkung auf den Städtebau

Marx und Engels konzentrieren ihre Kritik an den gesellschaftlichen Systemen der Frühsozialisten[108] auf die mangelnde Erkenntnis der politischen Rolle der arbeitenden Klasse, des Proletariats.
Ihre Theorien mußten für Marx und Engels, die die ökonomischen Bewegungsgesetze der Gesellschaft in den Mittelpunkt ihrer Betrachtung stellten, notwendig »utopisch« bleiben, solange die politischen

---

[108] Vgl. Engels, F.: Die Entwicklung des Sozialismus von der Utopie zur Wissenschaft. Stuttgart, 1952; Marx, K. und F. Engels: Manifest der kommunistischen Partei. In: Marx, K.: Die Frühschriften. Stuttgart, 1953.

und gesellschaftlichen Voraussetzungen ihrer Verwirklichung – nämlich die Politisierung der Arbeiterschaft und die Revolutionierung der Gesellschaft durch eine Veränderung der Produktionsverhältnisse – nach Marx und Engels einziger Weg zu einem befriedeten Dasein – nicht erkannt wurden. An Stelle der geschichtlichen Bedingungen der Befreiung der Gesellschaft trete, sagen sie, die phantastische Schilderung einer subjektiv »eigens ausgeheckte(n) Organisation der Gesellschaft[109]«, deren praktisch-experimentelle Ausführung als reine Phantastereien hätte fehlschlagen müssen. Besonders Engels, der die Lösung der Wohnungsfrage unabdingbar verbunden sieht mit der Abschaffung der kapitalistischen Produktionsweise[110], formuliert eine scharfe polemische Kritik an den Frühsozialisten, die sich hier vorwiegend auf ihre baulichen Entwürfe bezieht: »Dem unreifen Stand der kapitalistischen Produktion, der unreifen Klassenlage, entsprechen unreife Theorien. Die Lösung der gesellschaftlichen Aufgaben, die in den unentwickelten ökonomischen Verhältnissen noch verborgen lag, sollte aus dem Kopf erzeugt werden. Die Gesellschaft bot nur Mißstände; diese zu beseitigen war Aufgabe der denkenden Vernunft. Es handelte sich darum, ein neues, vollkommeneres System der gesellschaftlichen Ordnung zu erfinden und dies der Gesellschaft von außen her, durch Propaganda, womöglich durch das Beispiel von Musterexperimenten aufzuoktroyieren. Diese neuen sozialen Systeme waren von vornherein zur Utopie verdammt; je weiter sie in ihren Einzelheiten ausgearbeitet wurden, desto mehr mußten sie in reine Phantasterei verlaufen. – Dies einmal festgestellt, halten wir uns bei dieser, jetzt ganz der Vergangenheit angehörigen Seite keinen Augenblick länger auf. Wir können es literarischen Kleinkrämern überlassen, an diesen, heute nur noch erheiternden Phantastereien feierlich herumzuklauben und die Überlegenheit ihrer eigenen nüchternen Denkungsart geltend zu machen gegenüber solchem Wahnwitz[111].«

Ohne Frage ist diese Kritik in jener Zeit des entfalteten liberalen

---

[109] Marx, K., F. Engels: Manifest der kommunistischen Partei. In: Marx, K.: Die Frühschriften, a. a. O., S. 558.
[110] Engels, F.: Zur Wohnungsfrage. Singen, 1946 (London 1887). Dort heißt es: »Die Wohnungsfrage ist erst dann zu lösen, wenn die Gesellschaft weit genug umgewälzt ist, um die Aufhebung des von der jetzigen kapitalistischen Gesellschaft auf die Spitze getriebenen Gegensatzes von Stadt und Land in Angriff zu nehmen ... nicht die Lösung der Wohnungsfrage löst zugleich die soziale Frage, sondern erst durch die Lösung der sozialen Frage, das heißt Abschaffung der kapitalistischen Produktionsweise, wird zugleich die Lösung der Wohnungsfrage möglich gemacht.« Ebenda, S. 41.
[111] Engels, F.: Die Entwicklung des Sozialismus von der Utopie zur Wissenschaft, a. a. O., S. 43/44.

Kapitalismus zutreffend und hat überhaupt erst den Anstoß zu einem anderen Bewußtsein von Gesellschaft gegeben. Sie ist in der Folgezeit nicht ohne Auswirkungen auf marxistisch orientierte Kritiker des Städtebaus und auf das Verhältnis von Sozial- und Raumplanung überhaupt geblieben. Die Insistenz auf einer Reihenfolge von Veränderungen, zumal wenn eine radikale Änderung der gesamtgesellschaftlichen Verfassung als Voraussetzung »richtiger« Raumplanung angesehen wird, übersieht leicht, daß sich zwar eine solche Reihenfolge für die liberale Phase der kapitalistischen Entwicklung anbot, daß aber die jeweilig mögliche Verschränkung von politisch-sozialer, ökonomischer und städtebaulicher Planung in gewissen geschichtlichen Phasen neu bestimmt werden muß. Für heute wird man dem politischen Bereich eine größere Einwirkungsmöglichkeit auf die sozial-ökonomischen Grundlagen zubilligen müssen[112], so daß auch eine stärkere Verschränkung von Sozial- und Raumplanung nicht nur »naiv utopisch« erscheint, sondern in einer wechselseitigen Beziehung und gegebenenfalls Steigerung gesehen werden muß. Sozialreformerisch bestimmte und utopische städtebauliche Initiativen setzen erst wieder um die Jahrhundertwende mit dem Beginn einer zunehmenden politischen Regulierung des Kapitalismus ein. Auf diesen Zusammenhang aufmerksam zu machen, ist eine Funktion dieses Abschnittes, der sonst nicht näher auf die Marxsche Kritik eingehen kann. Im Hinblick auf unser Vorhaben, Beziehungen zwischen den frühen Stadtutopien und der heutigen Situation herzustellen, ist jedoch die Markierung des Marxschen kritischen Einsatzes als gezielter, gegen die frühen utopischen Versuche gerichteter Eingriff und zugleich als Wendepunkt außerordentlich wichtig. Das will heißen, daß diese frühen Vorschläge heute in einem anderen Licht erscheinen, wenn auch damit die aufgezeigten Verkürzungen jener Initiativen keineswegs unproblematisch werden. Die erklärte Absicht gilt es jedoch festzuhalten, nämlich die Herstellung einer physischen Umwelt für eine neue,

---

[112] Der tatsächliche Grad der politischen Regulierung, der sicher gerade im Bereich der Stadtplanung vorsichtig beurteilt werden muß, kann hier nicht bestimmt werden. Beispielhaft sei hierzu nur ein Hinweis von Habermas angeführt, der die gesellschaftlichen Veränderungen seit Marx mit der Marxschen Lehre vergleicht: »Eine Betrachtungsweise, die die ökonomischen Bewegungsgesetze der Gesellschaft methodisch zunächst einmal isoliert, kann nur solange beanspruchen, schlechthin den Lebenszusammenhang der Gesellschaft in seinen wesentlichen Kategorien zu erfassen, als Politik von der ökonomischen Basis abhängig ist, und diese nicht umgekehrt auch schon als eine Funktion der mit politischem Selbstbewußtsein ausgetragenen Konflikte begriffen werden muß.« Habermas, J.: Zwischen Philosophie und Wissenschaft: Marxismus als Kritik. In: Theorie und Praxis, a. a. O., S. 163.

bessere Gesellschaftsform und eine befriedigende Weise des Zusammenlebens der Menschen, wobei zwar die Umwandlung der Gesellschaft der wesentliche Zug ist, die bauliche Gestaltung aber unabdingbare Voraussetzung der neuen Lebensweise. Für Owen, Fourier oder Cabet – mag ihr Vorgriff auch ungeschichtlich sein – realisierte sich gesellschaftliche Veränderung erst in der Materialisation ihrer Ideen. Die Verbesserung der Umwelt der Menschen war für sie verbunden mit veränderten ökonomischen und sozialen Beziehungen, und umgekehrt. Deshalb glaubten sie, auf die revolutionäre Lösung der politisch-sozialen und ökonomischen Grundprobleme der gesamten Gesellschaft in dieser selbst verzichten zu können und versuchten, durch die unmittelbare Umsetzung ihrer Theorien in die Praxis, durch bauliche Modellexperimente, die Menschen vom Wert und Nutzen einer besseren Gemeinschaft zu überzeugen. Freilich haben sie die Auswirkung solcher baulichen Anordnungen, deren Beitrag zur Lösung der sozialen Probleme der Menschen, überschätzt. Indem sie diese in einem Phalanstère oder einem genossenschaftlichen Rechteck leben lassen, werden noch keine gesellschaftlichen Veränderungen herbeigeführt. Doch antizipierten sie ein Problem, das gerade heute wieder von aktueller Bedeutung ist: die Verbindung von politisch-sozialer und ökonomischer Planung mit Stadtplanung. Dadurch, daß die marxistische Kritik auf der revolutionären Umwandlung der Gesellschaft insgesamt bestand – ehe stadtplanerische Maßnahmen wirksam werden konnten – und sich, wie zum Beispiel Engels, bewußt von Überlegungen dieser Art nicht nur distanzierte, sondern sogar eine Diskussion darüber ablehnte, entglitt dieser Tätigkeitsbereich einer kritischen emanzipatorischen Intention und dem Versuch ihrer Anwendung zu einer Humanisierung der Umwelt. Die Stadtplanung wandte sich von der politischen Diskussion ab und wurde eine rein technische Aufgabe der herrschenden Gruppen, oder sie regelte sich wildwüchsig in der liberal-kapitalistischen Epoche[113] und gewann schließlich, zusammen mit der konser-

---

[113] Damit mag zusammenhängen, daß keine Maßnahmen getroffen wurden für die breiten Massen der Arbeiter und kleinen Angestellten ein adäquates Wohnen zu entwickeln. Das Bauwesen im 19. Jahrhundert war dem freien Spiel von Angebot und Nachfrage überlassen und die Befriedigung der Bedürfnisse – auch der Wohnbedürfnisse – hing vom Einkommen der einzelnen Menschen ab. Somit schien auch das »Wohnelend in den Mietskasernen ... ein persönliches und ökonomisches Problem der Arbeiter zu sein, nicht ein gesellschaftliches und damit auch keines für die Architekten.« Denn als »in den 60er Jahren des 18. Jahrhunderts einer Architektentagung die Aufgabe gestellt wurde, die Form eines Arbeiterwohnhauses zum Wettbewerb auszuschreiben, wies sie dieses Ansinnen zurück mit der bezeichnenden Begründung: ein Arbeiterhaus zu bauen falle nicht in den

vativen Großstadtkritik, ideologische Züge. Insbesondere an den zeitgenössischen Entwürfen wollen wir versuchen zu zeigen, wie sehr diese Abstinenz gegenüber gleichzeitigen sozial- und raumplanerischen Initiativen, also das Bestehen auf dem Vorrang der Veränderung im gesellschaftlichen Bereich, einer vorwiegend technischen Phantasie im Städtebau freien Lauf gelassen hat.

Obwohl die Experimente der utopischen Sozialisten scheiterten, sind ihre Vorstellungen von einem befriedeten und von Nächstenliebe erfüllten, naturnahen Leben als Leitbilder in die Stadtplanung eingegangen und werden besonders zu Ende des 19. Jahrhunderts, als die ungeheure Häßlichkeit und Untauglichkeit der Industriestädte die Menschen zu bedrücken beginnt, ein bestimmendes Element der städtebaulichen Reformbestrebungen, wie sie insbesondere Ebenezer Howard in Angriff nimmt. Diese Reformen enthalten charakteristische Züge der vorangegangenen Utopien: die sich selbst genügende autarke Gemeinde, Aufhebung des Bodeneigentums, eine begrenzte Einwohnerzahl und der Versuch einer Synthese von Stadt und Land, die ganze Anlage in grüne Gärten eingebettet, von denen man sich in allen Stadtutopien seit Morus eine positive, friedliche Wirkung versprach. Zum anderen finden wir in den Idealstadtvorstellungen der utopischen Sozialisten Momente, die auch in der modernen Planung wiederkehren: so die Planung einer Wohn- und Quartiereinheit mit den entsprechenden Versorgungseinrichtungen und einer begrenzten Zahl von Einwohnern. Fouriers Galeriestraße, seine Konzeption der »phalanstères« mit Kollektiveinrichtungen und zentralen Versorgungsstellen erscheint wieder in Le Corbusiers »Wohneinheiten angemessener Größe«, und Frank Lloyd Wright hat für Broadacre City die von Owen vorgesehene Dichte – nämlich ein acre pro Einwohner – übernommen[114].

Damit sind einige Wirkungslinien angedeutet, wie sie sich in den kommenden städtebaulichen Vorstellungen verzweigen und niederschlagen. Diese und überhaupt die Entwicklung im Bereich baulich-utopischen Denkens in der nun folgenden Zeit können nicht mit dem gleichen Nachdruck behandelt werden. Einmal geht es uns mehr um die Querverbindungen zwischen den frühen und den heutigen Stadtutopien, zum anderen beziehen sich die wohl wesentlichsten utopischen Vorschläge um die Jahrhundertwende – etwa der gläsernen Kette oder des Bauhauses – mehr auf architektonische Einzelobjekte, liegen also nicht direkt in unserem Themenbereich.

Aufgabenbereich der Architektur.« Huber, V. A.: Die Wohnungsnot der kleinen Leute in großen Städten, zitiert nach Pfeil, E.: Großstadtforschung. Bremen-Horn, 1950, S. 187.
[114] Vgl. Benevolo, L.: The Origins of Modern Townplanning, a. a. O., S. 84.

Gleichwohl sehen wir jene Phase gleichsam als Verbindung und Scheideweg der verschiedenen geschichtlichen Denkformen über die gesellschaftliche Aufgabe der Architektur und des Städtebaus an und möchten einige für unser Thema bedeutsame Bestrebungen herausgreifen, wenn auch die Betrachtung notwendig kursorisch bleiben muß.

2.4 Stadtentwürfe im Zuge sozialreformerischer Bestrebungen um die Jahrhundertwende - Architektonische Utopien nach dem Ersten Weltkrieg

2.41 Die Gartenstadt und die Cité Industrielle (Ebenezer Howard, Tony Garnier) sowie eine künstlerisch-expressive Variante früher technischer Phantasie (Antonio Sant'Elia)

Der desolate Wildwuchs der Städte und vor allem das in den Massenmiethausbauten herrschende Elend fielen nicht nur als Symptome einer schlechten Gesellschaftsordnung der radikalen Marxschen Kritik anheim, sondern wurden ebenfalls von der sogenannten konservativen Großstadtkritik, allerdings mit anderem Akzent, aufgegriffen.

Ohne näher auf den Stellenwert und die bis weit in das 20. Jahrhundert hereinreichenden Folgen der konservativen Großstadtkritik, die ein Teil einer umfassenden Zivilisationskritik darstellt, eingehen zu können[115], sei lediglich ihre Ambivalenz angedeutet: Soweit sie eine Beschreibung der Zustände der zweiten Hälfte des 19. Jahrhunderts vorlegt, ist sie in manchen Teilen durchaus zutreffend, insbesondere was die schlechten hygienischen Verhältnisse der Wohnviertel angeht. Jedoch leistet diese Kritik weder eine Analyse der Widersprüche der wirtschaftlichen und sozialen Entwicklung in der liberal-kapitalistischen Phase, noch gibt sie andere als reaktionäre Lösungsmöglichkeiten der Konflikte. Jene Kritiker der Großstadt durchschauten nicht, daß die beginnende Technisierung und Industrialisierung mit ihren veränderten Arbeitsbedingungen, daß ein kapitalistisches Wirtschaftssystem, gesteuert lediglich durch

---

[115] Vgl. hierzu Bahrdt, H. P.: Die moderne Großstadt, a. a. O., S. 35 ff., insbesondere auch Oswald, H.: Die überschätzte Stadt, a. a. O. Oswald faßt hier die wichtigsten Argumentationspunkte dieser kulturkritischen Einstellung unter Hinweis auf eine umfängliche Bibliographie sehr gut zusammen: Kapitel II, Die Großstadtkritik als negativer Ausgangspunkt der Nachbarschaftsidee, S. 65–86.

die Maximen des Profits, tief in die Lebensverhältnisse der einzelnen Menschen eingriff und die sozialen Konflikte und Wandlungsprozesse einleitete, von denen insbesondere die Familie betroffen war, sondern sie gaben häufig dem Symptom, der Großstadt als solcher, dem gedrängten, dichten Beieinanderleben vieler Menschen aus verschiedenen Schichten, die Schuld an der Zerstörung der Gesellschaft.

Auf der Linie dieser konservativen Großstadtkritik nun bauen um die Jahrhundertwende im Übergang zum organisierten Kapitalismus eine Reihe von Stadtreformern ihre Vorschläge auf, von denen die »Town-Country« des englischen Parlamentsstenographen Ebenezer Howard am bekanntesten und wohl auch am einflußreichsten geworden ist.

Voraussetzung für die sozialreformerischen städtebaulichen Bemühungen Howards, die als unmittelbar praktisch anwendbare Anleitung zu einer besseren Umwelt verstanden sein wollten, waren gewichtige Wandlungen der gesellschaftlichen, politischen und sozialökonomischen Organisation. Diese liegen insbesondere in einer zunehmenden politischen Regulierung des Wirtschaftsgeschehens und in der Einführung von Reformen, auch im Bereich der Stadtplanung, wo eine Reihe von Gesetzen erlassen werden, wie etwa der Gesundheitsgesetzgebung, die vor allem die Verbesserung der hygienischen Verhältnisse in den Städten bewirken und der öffentlichen Planung größere Handhabung geben sollten[116].

Auf diesem Hintergrund entwickelte 1898 Ebenezer Howard (1850 bis 1928) seine städtebauliche Idee einer Gartenstadt[117], die eine Erneuerung der Städte in der »Vermählung von Stadt und Land«, in der »Town-Country« zum Ziel hat. Ihre Attraktivität gewinnt diese neue Stadt in der Vorstellung Howards einerseits durch einen engen Bezug zur Landschaft, die, in Form eines landschaftlich genutzten Grüngürtels um die Stadt herumgezogen, diese gleichzeitig vor Ausuferung schützt. Andererseits verleiht ihr aber eine ausreichende Versorgung mit allen sozialen, kulturellen und wirtschaftlichen Einrichtungen einen ausgeprägten städtischen Charakter. Sein sozialreformerisches Programm, zu dessen Realisierung die Überführung des Bodens in Gemeineigentum Voraussetzung ist, soll durch die Trennung des Wohnringes vom darum angelagerten Arbeitsgebiet humanere Wohnbedingungen schaffen, die durch die An-

---

[116] Vgl. Benevolo, L.: Geschichte der Architektur des 19. und 20. Jahrhunderts, a. a. O., S. 404.
[117] Howard, E.: Garden Cities of Tomorrow, London, 1897; deutsch: Gartenstädte in Sicht. Jena, 1907; zuletzt: Howard, E.: Gartenstädte von morgen. Das Buch und seine Geschichte. Bauwelt Fundamente, Band 21, Hrsg. Julius Posener, Frankfurt/Main und Berlin, 1968.

lage einer grünen Stadtmitte noch gefördert werden. Damit verbunden ist eine relativ dünne Besiedlungsdichte, die jedoch erheblich dichter ist als die heutigen Vorortsiedlungen[118]. Für etwa 50 % der erwerbstätigen Bevölkerung sollen Arbeitsplätze in dieser Stadt geschaffen werden, während die übrigen in der nahegelegenen Zentralstadt ihren Arbeitsplatz haben. Howard denkt sich sein Konzept in eine weitere Entwicklung eingebunden: über das Land verteilte Gartenstädte sollen sich zusammen mit einer Zentralstadt zu Städtegruppen zusammenschließen, ein Gedanke, der den Vergleich mit Owens über das gesamte Land gestreuten Industriesiedlungen nahelegt.
Bedeutsam für unseren thematischen Zusammenhang ist nun, auf welch vielfältige Weise und in welchen Brechungen sich in den Howardschen Ideen Elemente der frühen Stadtutopien wiederfinden, teils in ihrem sozialen Gehalt reduziert, teils in anderer Weise akzentuiert und auf den »Boden der Tatsachen« gestellt.
Die Art des Zusammenlebens, die Lebensformen selbst wurden – wie es die Utopisten taten – nur in begrenztem Umfang einer Reflexion unterzogen. Nicht zuletzt deshalb konnten auch die Howardschen Intentionen später zum Leitbild des »Einfamilienhauses im Grünen« degenerieren und erneuten Mißständen, so der Zersiedelung und dem Suburbanismus, Vorschub leisten, die heute wiederum Anlaß zu utopischen Entwürfen geben. So sucht Howard in der Tradition vor allem von Robert Owen[119] eine enge Verbindung von Stadt und Land, ohne allerdings die Produktionsformen darauf abzustellen. (Welwyn Garden – eine der Siedlungen, die nach Howards Vorstellungen 1919 in der Nähe von London errichtet wurde – funktionierte dann nur deshalb einigermaßen, weil es durch die Nähe zu London reinen Vorortcharakter erhielt.) Der soziale Stachel ist so gezogen, allerdings sind bessere Realisationsbedingungen in der bestehenden Gesellschaft gegeben. Schließlich finden sich in Howards Konzeption Anklänge an Thomas Morus, insbesondere an die von Morus vorgestellte Verteilung der Städte über das Land. Howard führt jedoch mit der Vorstellung der zugeordneten Zentralstadt eine Hierarchisierung ein, obgleich die einzelnen Gartenstädte relativ selbständig konzipiert sind. R. Hillebrecht betont in einer Würdigung der Howardschen Gedanken gerade diesen Regio-

---

[118] Vgl. Hillebrecht, R.: Von Ebenezer Howard zu Jane Jacobs – oder: war alles falsch? In: Stadtbauwelt, 8, 1965, S. 638.
[119] Vgl. Osborn, F. J.: Green Belt Cities. London, 1946, S. 176; ebenso Benevolo. L.: The Origins of Modern Townplanning, a. a. O. Beide Autoren stellen – allerdings mit einem etwas anderen Akzent – Querverbindungen heraus.

nalaspekt, der das heute aktuelle Konzept der Regionalstadt vorgezeichnet habe[120].

Eine im Vergleich zu Howard grundsätzlich andere Antwort auf die städtebaulichen Probleme um die Jahrhundertwende formulierte der französische Architekt Tony Garnier (1869–1948) in seinem Vorschlag einer »Cité Industrielle[121]«. Während bei Howard das Wohnproblem im Vordergrund steht, liegt der Schwerpunkt der Planung Garniers – erstmalig so dezidiert in der Geschichte der Stadtplanung – auf der Einbeziehung der Industrie und einer entschiedenen Akzentuierung der Rolle der Technik. Garniers Stadtkonzeption gleicht in der Gesamtanlage etwa linearen, erweiterungsfähigen Bandstadtentwürfen. Diese Stadtstruktur paßt er einer spezifischen topographischen Situation an. Das Stadtareal, etwa auf 32 000 Einwohner zugeschnitten, wird in verschiedene voneinander getrennte Einzelbereiche aufgeteilt, die den Funktionen Arbeit, Wohnen, Erholung, Verkehr und öffentliche Einrichtungen zugeordnet sind. Die Industrie ist durch Grün- und Verkehrsanlagen von der übrigen Stadt getrennt. Besonderen Wert legt er auf ausreichende Abstände zwischen den Gebäuden, um vor allem stadthygienischen Forderungen Rechnung zu tragen.

Dadurch, daß Tony Garnier die technischen Dimensionen des Städtebaus und die industrielle Entwicklung in einen in dieser Form erstmaligen modelltheoretischen Entwurf mit einbezieht, nimmt er um die Jahrhundertwende eine Gegenposition ein zu Howards mehr politisch-sozial bestimmten städtebaulichen Intentionen. Beide werden für die zukünftige Entwicklung folgenreich. Obgleich Garnier der Rolle der Technik ein starkes Gewicht beimißt, sind seine Vorschläge durchaus auch von sozialreformerischen Impulsen getragen. Jedoch beziehen sich diese mehr auf die Schaffung von ausreichenden Licht-, Luft- und Besonnungsverhältnissen und die Einbeziehung von Grünanlagen in die Stadt – also auf hygienische Bedingungen des städtischen Lebens. Man wird aber ebensowenig wie Howards Ideen die Entwürfe Garniers als utopisch bezeichnen können. Dazu hält auch er sich viel zu sehr an die bestehenden gesellschaftlichen Bedingungen, die er nicht in Frage stellt. Jedoch scheinen seine Arbeiten in zweifacher Hinsicht für unser Thema bedeutsam:

---

[120] Hillebrecht, R.: Von Ebenezer Howard zu Jane Jacobs, a. a. O., S. 638.
[121] Garnier stellt 1901 einen Generalplan der Cité Industrielle auf und legt 1904 einen detaillierten Entwurf vor. Erst 1917 jedoch erscheinen seine Ideen in Buchform. Vgl. Garnier, T.: Une cité industrielle, étude pour la construction des villes. Paris, 1917. Ebenso: Le Corbusier, Einleitung zur ersten Ausgabe des Oeuvre complète 1910–1929. Zürich, 1930. Nikolaus Pevsner, Wegbereiter moderner Formgebung. Von Morris bis Gropius, rde 33, 1957, S. 104 ff.

Einmal kann man in seinem Beitrag eine im Hinblick auf die zeitgenössischen Stadtutopien vorbereitende Stufe sehen. Ähnlich wie Alberti und Filarete zu ihrer Zeit hat er überhaupt erst den Blick dafür freigemacht, daß man, auf einem gewandelten technisch-ökonomischen Niveau, eine moderne Industriestadt modelltheoretisch konstruieren kann – ein Impuls, der später zum Beispiel von Le Corbusier aufgenommen wird und insbesondere in der technisch-pragmatischen Dimension die Linie zu den heutigen Zukunftsmodellen bahnt. Manche seiner Konzeptionen zur Anlage einer Industriesiedlung, besonders seine Intention der Erbauung »würdiger Behausungen« für die »Werktätigen«, erinnern ein wenig an die Idealstadt Chaux von Ledoux; auch die Konzentration auf Fabrik- und Markthallen, Bahnhofsgebäude oder Kliniken oder öffentliche Gebäude hat eine gewisse Ähnlichkeit – allerdings mit verändertem Akzent – mit Ledoux' verschiedenen »autonomen« Gebäudetypen. In Tony Garniers Oeuvre, das vorwiegend Zeichnungen und Baupläne, weniger schriftliche Überlegungen zur Einrichtung der Stadt enthält, haben wir jedoch keinen Bezug auf Ledoux finden können.

Zum anderen wird Garnier für die zeitgenössischen Utopisten insofern bedeutsam – nun dem Stellenwert Howards in dieser Beziehung ganz ähnlich –, als die von ihm ausgearbeiteten Prinzipien, wie etwa die Trennung der städtischen Funktionen, von Le Corbusier aufgegriffen und zu einer funktionalistischen Theorie der Architektur und Städteplanung verarbeitet werden, wie sie die Charta von Athen formuliert. So trägt auch Garniers Programm, in seiner Intention der funktionsgerechten Erfüllung menschlicher Bedürfnisse gegenüber der vorangegangenen, auf Repräsentation abgestellten Fassadenarchitektur und der Stilmischungen zunächst durchaus progressiv, später – ebenso wie das von Howard – teils in abgesunkenen und verbogenen Formen zu der Verödung der Innenstädte und überhaupt zu jenen Erscheinungen bei, gegen die heute verschiedene – auch utopische – Gegenprogramme vorgelegt werden.

Wahrscheinlich von Garnier beeinflußt[122], entwirft Antonio Sant' Elia (1888–1916) im Rahmen der italienischen futuristischen Bewegung »die erste bauliche Utopie dieses Jahrhunderts[123]«, die die Technik und die Dynamik des städtischen Lebens in den Mittelpunkt stellt. Im »Manifest der futuristischen Architektur[124]« und in Form

---

[122] Pevsner, N.: Wegbereiter moderner Formgebung. Hamburg, 1957, S. 109.
[123] Conrads, U., H. G. Sperlich: Phantastische Architektur. Stuttgart, 1960, S. 20.
[124] Sant'Elia, A., F. T. Marinetti: Futuristische Architektur. In: Conrads, U.: Programme und Manifeste zur Architektur des 20. Jahrhunderts. Gütersloh, 1971. Bauwelt Fundamente, Band 1, S. 30.

von Skizzen (es gibt keinen zusammenhängenden Plan), die sich auf einen großstädtischen Citybereich beziehen, legt er seine Gedanken einer zukünftigen Architektur nieder:»... jedes Bauwerk der Moderne muß wie eine gigantische Maschine sein ... Das Haus aus Zement, Eisen und Glas ohne geschnitztes Ornament ... Ein solches Haus muß sich am Rande eines bewegten Abgrundes erheben; denn die Straße wird ... stockwerktief in die Erde abfallen, sie wird den Verkehr der Großstadt in sich aufnehmen[125]...«
Dieser Protest gegen eine statische Idealstadt und die Rückwärtsgewandtheit der Architekturströmungen um 1900 nimmt seine Kraft vor allem aus der künstlerischen Bewegung des Futurismus. Deshalb wird auch der Großstadtverkehr in den Stadtskizzen weniger als »Verkehrsproblem« bevorzugt behandelt, sondern als Mittel, um der künstlerisch-expressiven Phantasie die nötige Dynamik zu verleihen. In der städtebaulichen Entwicklung bleibt diese Art expressiver, formal eingesetzter Technik im großen und ganzen folgenlos, obwohl Einflüsse von Sant'Elia – und deshalb möchten wir ihn, wenn auch nur kurz, erwähnen – auf das Bauhaus und Le Corbusier feststellbar sind[126] und auch Querverbindungen zu heutigen Stadtutopien gesehen werden können. Insofern bildet diese künstlerisch-expressive Variante der frühen Entwicklung der technischen Dimension der Stadtutopien in diesem Jahrhundert ein bedeutsames Glied.

2.42 Die architektonischen Utopien der »Gläsernen Kette«
(Bruno Taut, Hermann Finsterlin)

Die nach dem Ersten Weltkrieg entstehenden Architekturphantasien und utopischen Entwürfe, die Zielsetzungen des Bauhauses in den Jahren 1919 bis etwa 1923/24 sind in ihrem Ursprung und auch in ihrer weiteren Entwicklung von Ideen zu ausgeführten Bauten eng verknüpft mit der politisch-sozialen und wirtschaftlichen Situation der Weimarer Republik. Die Intentionen, die diese Visionen entstehen lassen, sind eine Art Spiegelbild auch einer emphatischen Grundstimmung, die von den Erfahrungen und Enttäuschungen eines verlore-

---

[125] Sant'Elia, A.: Ausstellungskatalog zur Ausstellung der Gruppe »Nuove Tendenze«, 1914, zitiert nach Schoof, H.: Idealstädte und Stadtmodelle als theoretische Planungskonzepte, a. a. O., S. 111; desgleichen Banham, R.: Die Revolution der Architektur, Theorie und Gestaltung im ersten Maschinenzeitalter. Reinbek bei Hamburg, 1964, rde 209/210, Sant'Elia und die futuristische Architektur, S. 101 ff.
[126] Vgl. hierzu zum Beispiel Schoof, H.: Idealstädte und Stadtmodelle als architektonische Planungskonzepte, a. a. O., S. 112.

nen Krieges einerseits und der Hoffnung auf eine politisch befreite Gesellschaft andererseits ausgelöst und getragen wird. Indessen hatte die Novemberrevolution von 1918 und der politische Machtwechsel wenig durchgreifende gesellschaftliche und wirtschaftliche Veränderungen zu bringen vermocht[127]. Zwar wurden die Sozialgesetzgebung und die Rechtsverhältnisse zwischen Arbeitnehmer und Arbeitgeber weiterentwickelt, die Einflußmöglichkeiten des Staates auf die Wirtschaft verstärkt und die Stellung der Gewerkschaften mehr gesichert, jedoch blieben sowohl die ökonomischen wie auch die eigentlichen obrigkeitlichen Strukturen und Machtpositionen in Staat und Gesellschaft – zum Beispiel die Führungsschichten in Militär und Verwaltung – unangetastet. »Die SPD war 1918/19 nicht in der Lage, die gesellschaftlichen und bewußtseinsmäßigen Grundlagen für den neuen Staat zu schaffen: sie besaß keine alle Bereiche von Staat und Gesellschaft umfassende Konzeption sozialdemokratischer Politik und zeigte sich in vom monarchisch-autoritären Staat geprägten Ordnungsvorstellungen befangen; die Kluft zwischen der großen Utopie einer sozialistischen Zukunftsgesellschaft und der desillusionierenden Wirklichkeit eines geschlagenen, hungernden und zerrissenen Volkes lähmte offenbar jede über die unmittelbaren Anforderungen des Tages hinausgehende Aktivität[128].«

So war die neue Regierung in den ersten Jahren außerordentlich hohen politischen und wirtschaftlichen Belastungen unterworfen, die es auch in der weiteren Entwicklung nicht zu beheben gelang. Der Umfang der Reparationsleistungen und die wirtschaftliche Inflation, von der vor allem der Mittelstand betroffen wurde, brachten 1923/24 den wirtschaftlichen Zusammenbruch. Dieser hatte die politische Radikalisierung gerade jener Mittelschichten zur Folge, die nun die Ursache dieser Misere im sozialdemokratischen Regierungssystem sahen, obwohl die Sozialdemokratische Partei selbst nur relativ kurze Zeit an der Regierung war. Der kurze wirtschaftliche Aufschwung, der technische Fortschritt und der Aufstieg Deutschlands zu einer führenden Position auf dem Weltmarkt, der nach 1924 mit der Regelung der Reparationsleistungen und der Stabilisierung der Währung einsetzte, war jedoch nicht festgefügt genug, um die 1928 beginnende Weltwirtschaftskrise zu überstehen. Die erneute Not, die Massenarbeits-

---

[127] Vgl. zu den folgenden Ausführungen Böhme, H.: Prolegomena zu einer Sozial- und Wirtschaftsgeschichte Deutschlands im 19. und 20. Jahrhundert. Frankfurt/Main, 1968; Lütge, F.: Deutsche Sozial- und Wirtschaftsgeschichte. Ein Überblick. 3. Auflage, Berlin, 1966; Wehler, H. U., (Hrsg.): Moderne deutsche Sozialgeschichte. Köln, 1966.
[128] Grebing, H.: Geschichte der deutschen Arbeiterbewegung. München, 1966, S. 152.

losigkeit, die Vernichtung der Vermögenswerte, die Krisen in der Industrie und im Finanzsystem waren durch staatliche Hilfsmaßnahmen auf breiter Basis nicht zu verringern und führten in ein politisches Dilemma, aus dem schließlich der Nationalsozialismus als der einzige Ausweg erschien.

Die Entwicklung der architektonischen Erneuerungsbestrebungen verlaufen gleichsam parallel zu diesen Wechselfällen des politisch-sozialen Hintergrundes: der Entwurf großer utopischer Zielsetzungen, getragen von einem aus der Revolution entspringenden missionarischen Sendungsbewußtsein, verdünnt sich unter dem Druck politischer und wirtschaftlicher Repressionen und löst sich schließlich durch die Hinwendung zur Realität auf.

Das allgemeine Charakteristikum dieser in den ersten Jahren nach dem Krieg entstehenden Architekturmodelle ist im Gegensatz zu den im vorigen Abschnitt dargestellten Projekten nicht die Erstellung eines mehr oder weniger komplexen Umweltentwurfes, sei es auf utopisch-kommunistischer, sei es auf sozialreformerischer Basis mit recht genau umrissenen gesellschaftlichen und städtebaulichen Zukunftsvorstellungen, sondern hier wird die Konstruktion einer besseren Umwelt versucht im Vertrauen auf die Kraft der Phantasie und der künstlerischen Imagination, die, obwohl in bewußter Abhebung vom realen gesellschaftlichen Hintergrund, dennoch – wie wir meinen – einen sehr wichtigen, in der Architekturgeschichte erstmalig erscheinenden Grundgedanken enthält: den Versuch der Befreiung der Menschen nun nicht durch den Entwurf einer idealen Gemeinde, sondern durch das Material selbst, durch die Schaffung neuer, von jedem Formenkanon gelöster baulicher Gehäuse. Dem liegt eine Vorstellung vom Menschen zugrunde, die ihn vor allem auch als sinnlich und ästhetisch empfindendes Wesen begreift. Angesichts der heute herrschenden Monotonie rein funktionalistischer Zweckbauten kann man diese Bestrebungen, die sensomotorischen Fähigkeiten der Menschen durch visuelle Vielfalt, durch extreme Tastbarkeit oder durch eine wie immer phantasiereiche Gestalthaftigkeit der Umwelt herauszufordern nicht leichtfertig als Phantasmagorien beiseite schieben. Wenn auch das fragwürdige und irrationale Moment einer von den Zwecken und der Nützlichkeit abstrahierenden Architektur hier nicht übersehen wird, gilt es doch, die Reflexion auf eine neue Ästhetik als ein legitimes und praktisches Bedürfnis festzuhalten. Im Hinblick auf diesen wichtigen neuen »Baugedanken«, auf den wir uns beschränken wollen, greifen wir aus der Komplexität der damals entstandenen architektonisch-künstlerischen Werke diejenigen heraus, die für diese kurze Bewegung charakteristisch sind: so einige der sich um Bruno Taut gruppierenden Künstler der »Gläsernen Kette« und einige im Hinblick auf unser Thema bedeutsame Intentionen von

Walter Gropius, wie sie sich in der Gründungskonzeption des Bauhauses niedergeschlagen haben.
Die »Utopie vom Umbau der Erde[129]« beginnt 1918 mit dem Zusammenschluß von Berliner Architekten, Bildhauern, Malern und Schriftstellern im »Arbeitsrat für Kunst«, dessen Konstitutierung unmittelbar mit dem politisch-sozialen Geschehen der Novemberrevolution verknüpft ist. Der Architekt Bruno Taut, Zentralfigur des Arbeitsrates, formuliert ein Architekturprogramm, das die Forderung nach einer neuen, utopischen, aus der »Revolution im Geistigen[130]« hervorgehenden Baukunst enthält. Die Aufgabe der gesamten Menschheit – so fordert Taut – laute nun: »Die Erde eine gute Wohnung[131]!« In diesem Sinn steht an der Spitze des »Arbeitsrates für Kunst« der Leitsatz: »Kunst und Volk müssen eine Einheit bilden, die Kunst soll nicht mehr Genuß weniger, sondern Glück und Leben der Masse sein. Zusammenschluß der Künste unter den Flügeln einer großen Baukunst ist das Ziel[132].«
Diese Aussage kennzeichnet die Position des Arbeitsrates. Die Kunst ist nicht mehr Privileg einer Elite, sondern Angelegenheit des gesamten Volkes. Mit den Mitteln der Kunst und der Architektur soll zur Errichtung der neuen sozialistischen Gesellschaft beigesteuert werden. Taut fordert staatliche Unterstützung zur Finanzierung baulicher Experimente – ein Mitspracherecht staatlicher Institutionen lehnt er jedoch ab –, in denen die Architekten ihre Ideen verwirklichen können und die das Volk mit der neuen Kunst und der neuen Bauweise vertraut machen sollen[133]. Er sieht also eine öffentliche und zu diskutierende Vermittlung neuer Bauformen an das Volk mittels architektonischer Modelle vor, die er als Versuche der Anbahnung einer neuen Kultur – wozu insbesondere die »Volkshäuser« gedacht waren

---

[129] Conrads, U.: Einleitung zu Bruno Taut: Frühlicht, 1920–1922. Eine Folge für die Verwirklichung des neuen Baugedankens. Bauwelt Fundamente, Bd. 8, Berlin, 1963, S. 7.
[130] Taut, Bruno: Ein Architekturprogramm. In: Conrads, U.: Programme und Manifeste, a. a. O., S. 38.
[131] Ebenda, S. 38.
[132] Arbeitsrat für Kunst. In: Conrads, U.: Programme und Manifeste, a. a. O., S. 42.
[133] »Mittel ... zur Anfertigung von Modellen und ... für ein gutgelegenes Experimentiergelände (zum Beispiel in Berlin, Tempelhofer Feld), auf welchem die Architekten große Modelle ihrer Ideen errichten können. Hier sollen auch in naturgroßen vorübergehenden Bauten oder Einzelteilen neue bauliche Wirkungen, etwa des Glases als Baustoff, erprobt, vervollkommnet und der großen Masse gezeigt werden. Der Laie, die Frau und das Kind führen den Architekten weiter als der beklemmte Fachmann.« Taut, B.: Ein Architekturprogramm. In: Conrads, U.: Programme und Manifeste, a. a. O., S. 38.

Wer wollte jetzt Grenzen ziehen!

Welche Gemeinschaft dürfte jetzt sagen: Halt! nicht über diesen Bach oder jenen Berg! Gleichmässig durch Aller Mühe ist die Erde bebaut, soviezelt – überall hingestreut wohnt Ihr – zwischen den Ozeanen von Wasser und Wald – –

Die grossen Spinnen – die Städte – sind nur noch Erinnerungen aus einer Vorzeit, und mit ihnen die Staaten. – Stadt und Staat sind eins mit dem andern gestorben – An Stelle des Vaterlandes ist die Heimat getreten – und sie findet jeder überall, wenn er arbeitet. Es gibt nicht mehr Stadt und Land, und auch nicht mehr Krieg und Frieden.

Man kennt keine Abstraktionen, denen man Macht über Leben, Arbeit, Glück und Gesundheit gibt – Aus der natürlichen Zusammengehörigkeit im Tun und Leben ergeben sich die gemeinsamen Interessen – und sie bilden ihre eigenen Einrichtungen zum Schutz, Austausch, zur Weiterbildung und Entwicklung.

z. B:

VOLKSHAUS

Zusammenkunft der Werktätigen. Austausch der Erfahrungen Prüfung der besten Leistungen Volksfest

Arena für Verjüngerungen – Liberation von den Stockwerken, in denen die Hotels sind – – Ausladendes Plateau für Luftfahrer Arena durchquert ein Kanal – über der Brücke Hebebäume für Transport des Getreides in den Silos (S), als Vorrat für Notjahre

Auf der Spitze des Krans der Redner (Ton-Zeichen- und Signalsprache, Tonverstärker). Ausstellungs- und Versuchsräume und Schulen für Landwirtschaft (L). Ebenso für Gewerbe und Handwerke (M). Belustigungspark Glasbahn vom Zugangsstrasse zum Nahen. Ankunft zu Wasser, Land u. Luft.

13 Die Gläserne Kette – Bruno Taut, Projekt für ein Volkshaus (1920)

– verstanden wissen will (Bild 13). Dieser Gedanke erinnert einerseits ein wenig an Fouriers Konzeption der Phalanstères, die ja auch erst zur eigentlichen Stufe der Kultur in der »universalen Harmonie« führen sollten, andererseits gewinnt Tauts Forderung nach einem »Experimentiergelände« im Hinblick auf heutige Bemühungen nach öffentlicher Diskussion stadtplanerischer Zielsetzung erneut an Bedeutung, wenn auch diese Versuche heute auf einer politischen Ebene einsetzen und gleichzeitig Überlegungen mit einbezogen werden, wie die Urteilskraft und die Einsicht der zukünftigen Bewohner in städtebauliche Probleme ausgebildet werden kann – beides Momente, die bei Taut noch weitgehend vernachlässigt sind.

Gemäß dieser Zielsetzung nun, die Architektur dem Volke näher zu bringen, beginnt man Anfang 1919, jetzt unter Vorsitz von Walter Gropius, mit der Vorbereitung einer Ausstellung utopischer Entwürfe, die als »Ausstellung unbekannter Architekten« später durch die Arbeiterkneipen des Alexanderplatzes in Berlin wandert[134]. Diese Ausstellung, die die weiteren Arbeiten stark beeinflußt, ist kaum an die Möglichkeit baulicher Realisation gebunden und zeigt – was Gropius, Taut und Behne im Prospekt proklamieren – eine Absage an die »nützliche Architektur[135]«.

Auf Vorschlag Bruno Tauts entsteht im Anschluß an diese Ausstellung unter den beteiligten Künstlern 1919–1920 ein Briefwechsel, der später als die »Gläserne Kette« bezeichnet wird. Diese »Gläserne Kette« enthält die Ideen, Vorstellungen und Hoffnungen der Künstler auf eine bessere Welt – festgehalten in visionären Zeichnungen und Entwürfen – in der sie ihre Werke würden verwirklichen können. Einstweilen verstehen sie sich als »imaginäre Architekten«, für die es keine Bauaufgabe gibt und die die Zeit bis zur »Umwälzung« der Gesellschaft zur Entwicklung ihrer Intentionen nutzen[136].

Beeinflußt von dem 1914 erschienenen Buch »Glasarchitektur« des Schriftstellers Paul Scheerbart[137], begeistern sich die Architekten an

[134] Conrads, U., Einleitung zu Bruno Taut: Frühlicht, 1920–1922, a. a. O., S. 8. Max Taut berichtet von dem starken Interesse und der Diskussionsbereitschaft der Besucher dieser kleinen Kneipen. Vgl. Die Gläserne Kette. Visionäre Architekturen aus dem Kreis um Bruno Taut 1919–1920, Ausstellungskatalog der Akademie der Künste, Berlin, 1963, S. 6.
[135] Flugblatt zur »Ausstellung für unbekannte Architekten« (veranstaltet vom Arbeitsrat für Kunst, Berlin, April 1919, im Kabinett J. B. Neumann), zit. nach Conrads, U., H. G. Sperlich: Phantastische Architektur.
[136] Vgl. Bruno Tauts Schreiben an Gropius und Scharoun. In: Taut, B.: Frühlicht, 1920–1922, a. a. O., S. 9.
[137] Paul Scheerbart gibt in diesem Buch eine poetisch-realistische ausführliche Darstellung der ungezählten Möglichkeiten und Vorzüge einer aus Glas gebauten Umwelt, die auch reine Zweckbauten – Flughäfen, Fabrikgelände und dergleichen – erfaßt.

der Erschaffung einer gläsernen Welt,»denn Glas spiegelt den Himmel und die Sonne, es ist wie lichtes Wasser, und es hat einen Reichtum der Möglichkeiten an Farbe, Form und Charakter, der nicht zu erschöpfen ist...[138]« Diese hellen, durchscheinenden, kristallartigen Baugebilde sollten nicht nur – so forderte bereits Paul Scheerbart – die Backsteinarchitektur von der Erdoberfläche verdrängen, sondern vor allem eine Umwandlung des Menschen selbst, seiner Lebens- und Denkgewohnheiten herbeiführen:»Wollen wir unsere Kultur auf ein höheres Niveau bringen, so sind wir wohl oder übel gezwungen, unsere Architektur umzuwandeln. Und dies wird nur möglich sein, wenn wir den Räumen, in denen wir leben, das Geschlossene nehmen. Das aber können wir nur durch die Einführung der Glasarchitektur, die das Sonnenlicht und das Licht des Mondes und der Sterne nicht nur durch ein paar Fenster in die Räume läßt, sondern gleich durch möglichst viele Wände, die ganz aus Glas sind – aus farbigen Gläsern[139].«

Diese Visionen Scheerbarts finden nun in den Skizzen und Projekten der einzelnen Künstler, insbesondere bei Bruno Taut, ihren Niederschlag. Thematisch sind bei Taut, Scharoun und Luckhardt, die wir nur beispielhaft herausgreifen können, Entwürfe zu den im Architekturprogramm Tauts proklamierten Volkshäusern und Kultgebäuden, einem Volkstheater, Musik- und Festspielhäusern, leuchtenden Kristallgebilden und gläsernen Kuppeln und Domen, die neue umfassende Ideale und Kräfte, die Sehnsucht nach einem befriedeten und schönen Leben in den Menschen wecken und ihre Absage an »geistloses Beharren im Gewohnten«, an Komfort, Bequemlichkeit, Zweckmäßigkeit und an Krieg und Zerstörung herbeiführen und die Versöhnung der Menschen mit ihrer Umwelt bringen sollen. Besonders Taut bleibt nicht bei einzelnen Projekten stehen, sondern – sich selbst als »Weltbaumeister« verstehend – entwirft eine Art gläserner »Weltarchitektur«, die, beim Kristallhaus beginnend, über die Alpine Architektur, die Sternenarchitektur und das »Haus des Himmels« schließlich zur Weltraumarchitektur führt (Bilder 14–18). Die großen Städte haben sich aufgelöst, desgleichen die Staaten und Vaterländer, an deren Stelle die Heimat getreten ist, die die Menschen jetzt überall finden können. Die Erde ist zu einer »guten Wohnung« geworden, ein »Produktionsversuch menschlicher Heimat[140]« in großem Umfang.

Den Gegensatz zu diesen kristallinen Lichtvisionen finden wir in der

---

[138] Behne, A.: Glasarchitektur. In: Taut, B.: Frühlicht, 1920–1922, a. a. O., S. 14. Adolf Behne beteiligte sich später nicht am Briefwechsel.
[139] Scheerbart, P.: Glasarchitektur. Berlin, 1914, S. 11.
[140] Bloch, E.: Das Prinzip Hoffnung, a. a. O., S. 871, Band 2.

14 Die Gläserne Kette – Taut, Alpine Architektur

15 Die Gläserne Kette – Taut, Weltraumarchitektur

16 Die Gläserne Kette – Taut, Marmordom

17 Die Gläserne Kette – Hans Scharoun, Volkshausgedanke (1920)

18 Die Gläserne Kette – Wassili Luckhardt, Kristallhaus

Vorstellung eines Gebäudes als Naturhöhle, als erdhafte Urform, wie sie zum Beispiel in den alle festen Raumbegrenzungen aufgebenden und ganz den Tastsinn ansprechenden Behausungen des Malers Hermann Finsterlin erscheinen, die die Vision des Höhlenhaften extrem zum Wohnen in einer Leibeshöhle erweitern (Bilder 19, 20). »Im Innern des Hauses wird man sich nicht nur als Insasse einer märchenhaften Kristalldruse fühlen, sondern als interner Bewohner eines ›fossilen Riesenmutterleibes[141]‹.« Finsterlins organhafte Gebilde zeigen schwellende, weiche, runde, sich verlierende Formen, eine individualistisch introvertierte Architektur voll erotischer Symbolik, die wohl nicht nur entstanden ist aus der Absage an die strenge Geometrie der mit regelmäßigen Wänden umbauten Räume, sondern die den Rückzug aus der Gesellschaft und eine vollkommene Vereinigung mit der Natur anstrebt[142].

[141] Finsterlin, H.: Innenarchitektur. In: Taut, B.: Frühlicht, 1920–1922, a. a. O., S. 107.
[142] Geht man nun davon aus, daß sich – wie Sigmund Freud hervorhebt – in der Phantasie als seelische Fähigkeit, einen hohen Grad an Freiheit vom Realitätsprinzip beizubehalten, auch unbewußte Wünsche und Sehnsüchte ausdrücken können, und betrachtet man manche Entwürfe unter den in der Traumsymbolik der Psychoanalyse entwickelten Kriterien, so zeigt sich besonders in den Höhlenvisionen Hermann Finsterlins, sowohl im Text wie in den Materialisierungen, die unbewußte Tendenz zur Rückkehr in den von Unlustgefühlen freien Urzustand des pränatalen, intrauterinen Lebens. In seinen Texten, die eine mystisch-organhafte, mit erotischen Symbolen durchsetzte Sprache zeigen, taucht immer wieder die Idee des Entrücktseins aus der umgebenden Außenwelt auf, der Wunsch nach Zusammenfallen von Ich und Welt. Berührungen mit der Umwelt bleiben letztlich Sensationen des eigenen Körpers, die keinen Austausch von Erfahrungen des Andersseins von Subjekt und Objekt ermöglichen. – Während die höhlenhaften Vorstellungen eher ein regressives, passives Element enthalten, sie resultieren

Alle diese hier nur flüchtig und ungenügend beschriebenen Skizzen und Entwürfe, die im Rahmen dieser Arbeit – vorwiegend auf städtebauliche Utopien gerichtet – weder vollständig vorgestellt noch in bezug auf ihren vielschichtigen künsterischen Gehalt angemessen behandelt werden können, gelangen nicht zur Ausführung; von dieser Architektengruppe laufen jedoch manche Linien und Anregungen aus, denen wir – meist überraschend – in den verschiedensten Architekturen nach dem Zweiten Weltkrieg, insbesondere in den letzten Jahren, nun freilich einer Metamorphose unterzogen, wieder begegnen[143], als einerseits die bauliche Einfallslosigkeit und visuelle Verödung spürbar zu werden, andererseits der Stand der technischen Materialien eine Verwirklichung jener Ideen zu ermöglichen scheint.

Versucht man nun diese Phantasiearchitekturen auf ihren gesellschaftlichen Gehalt hin zu analysieren – was freilich keine geringen Schwierigkeiten bereitet –, so ist festzuhalten, daß sie progressiv utopische Züge aufweisen im sozialen Widerstand gegen Konventionalis-

ja aus der Sehnsucht der Rückkehr in den Mutterleib, zeigen die dinghaftphallischen, konstruktiven Raumvorstellungen zum Beispiel Bruno Tauts eher eine progressive, zeugende Tendenz. So sind Elemente der Bedeutung des Feuers als Symbol für zeugende Kraft und die Entstehung neuen Lebens sicherlich in der leuchtenden, strahlenden Sternenarchitektur Tauts enthalten. Das Verhältnis der Architektur Tauts zur Umwelt ist ein aktives und beinahe aggressives, und seine Gebäude haben eine gewisse Nähe zum Monumentalen und Dominierenden. Vgl. dazu Freud, S.: Gesammelte Werke, Band VII und XI; Kuhnen, H.: Psychoanalyse und Baukunst. In: Imago, Band X, 1924; Kris, E.: Psychoanalytic Exploration in Art. New York, 1952; Phillips, J. N.: Psychoanalyse und Symbolik. Bern, 1962. Zur Wechselbeziehung von Phantasie, Erlebnis und Umwelterfahrung: Lorenzer, A.: Kritik des pschoanalytischen Symbolbegriffs. Frankfurt/Main 1970.

[143] So zum Beispiel läßt sich wohl die Berliner Philharmonie Hans Scharouns als eine Verwandlung des »Volkshausgedankens« interpretieren. Tauts Visionen einer gläsernen Überspannung der Erde, seine kristalline alpine Architektur, scheinen sich zu verwirklichen in den geodätischen Kuppeln des amerikanischen Architekten Buckminster Fullers, die – aus Stahl und Plexiglas hergestellt – riesige Räume überspannen können, und Tauts Phantasie von immer blühenden Alpentälern gewinnt an Realität in den Seilnetzdächern des Konstrukteurs Frei Otto in dem Versuch der Überdachung ganzer Täler mit licht- und strahlendurchlässigen Häuten. Finsterlins Intentionen der Verschmelzung von menschlichem Körper und Umwelt begegnen wir in den Entwürfen zum »Haus als Naturform« zum Beispiel des Architekten Pascal Hausermann und Sanford Hohauser oder den organischen, voluptuösen Gebilden von Bruce Goff, Pancho Guedes und anderen und schließlich hochtechnisiert im »living-pod« der englischen Architektengruppe Archigram, die wir im letztenTeil dieser Untersuchung besprechen wollen. Vgl. etwa zu den Beziehungen zwischenden Architekten der zwanziger Jahre und heute: Conrads, U., H. G. Sperlich: Phantastische Architektur, a. a. O.

19 Die Gläserne Kette – Finsterlin, Schlafzimmer

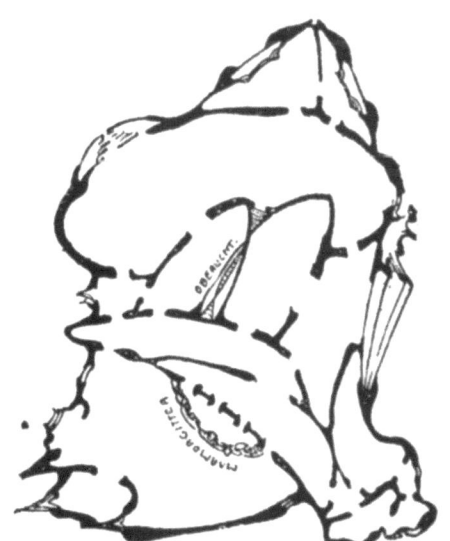

20 Die Gläserne Kette – Hermann Finsterlin, Hausgrundriß

mus, Unproduktivität und Zwanghaftigkeit der gewohnten Lebensweisen und in der Suche nach Verwirklichung einer Welt, die sich zum Besseren wenden und die freie Entäußerung der Individuen gewährleisten könnte. Adorno weist darauf hin, daß in »jenen zwanziger Jahren« die »heroischen Zeiten der Kunst« jedoch bereits vorbei waren. Sie lagen weniger im Städtebau als vielmehr in der bildenden Kunst und der Musik um 1910. »Trotzdem hat die Vorstellung von den zwanziger Jahren als der Welt, in der man ... alles dürfen darf, als einer Utopie, auch ihr Wahres[144].« Diese Utopie der freigesetzten Spontaneität, Ungebundenheit und Subjektivität der Empfindungen setzt sich bis ins Material hinein fort, sie folgt dem tiefen Wunsch der »Versöhnung« der Menschen mit den Objekten, der Vorstellung, »die Menschen müßten dann nicht länger leiden unter dem Dingcharakter der Welt[145]«. Diese Intentionen und Impulse – meinen wir – gelte es als das »Unerledigte«, als das utopische Potential jener Architekten aufzunehmen und weiterzutreiben, doch mit veränderten Vorzeichen, wie eine kritische Betrachtung zeigt.

Zu kritisieren wäre eben – und hier liegt unseres Erachtens auch der entscheidende Grund für die geringen praktischen Auswirkungen der »Gläsernen Kette« – der trotz der Aufnahme sozialistischen Ideengutes mangelnde Bezug zur politischen Realität, wie er sich im Festhalten an der überragenden Rolle der Kunst als entscheidendes Moment zur Einführung humaner Lebensformen äußert. Hinzu kommt das Fehlen einer Reflexion der Bedingungen der eigenen Existenz und die bewußte Ablehnung einer Auseinandersetzung mit den gesellschaftlichen Widersprüchen, die ja das eigentliche Hindernis zur Einrichtung der von den Architekten erträumten Welt darstellen. »Im kommunistischen Ideenkreis, von dem wir getragen werden, heißt die Losung: Freiheit für den Menschen. Die dazu nötige Auflösung ist Übergangsstadium. Deshalb ignorieren wir auch in unserem künstlerischen Streben diesen Zustand und leben uns aus den freiesten Phantasien, um dem kommenden Zeitgeist die Architektur, wenn nicht gar die Kunst überhaupt zu bringen[146].« Doch liegt in dieser scheinbaren Radikalisierung, die gänzlich ins Ästhetische verlagert ist und nicht eingreifen will, keine geschichtliche Kraft. Die scheinbar zum Greifen nahe glückliche Zukunft wird nur ausgemalt und einer Welt

---

[144] Adorno, Th. W.: Jene zwanziger Jahre. In: Eingriffe. Neun kritische Modelle. Frankfurt/Main, 1964, S. 61.
[145] Adorno, Th. W.: Funktionalismus heute. In: Ohne Leitbild. Frankfurt/Main, 1967, S. 123.
[146] Luckhardt, H.: Rundbrief aus dem »Utopischen Briefwechsel« vom 30. 3. 1920. In: Conrads, U.. H. G. Sperlich: Phantastische Architektur, a. a. O., S. 143.

entgegengehalten, die nicht dafür eingerichtet ist. Die Vorstellung einer versöhnten geschichtlichen Endphase, die sich gleichsam entwicklungsautomatisch ohne eigenes Zutun einstellen soll, nimmt etwas Statisches an und stellt Geschichte letztlich still. Die extreme Verneinung der Nützlichkeit des Gebauten, die unbedingte individualistische und voluntaristische Position der Künstler verhindern die Einsicht auch in technische Probleme. Phantasie, die sich gerade auch mit der Durchdringung von Zwecken mit zweckfreien Elementen zu beschäftigen hätte, wird zum Mittel der Realitätsflucht, gewinnt schließlich etwas von »ablenkender Ideologie, vom Trost über die reale Ohnmacht der Subjekte[147]«.

Mit dem Übergang zu systematischen Prinzipien in den nächsten Jahren, der in der baugeschichtlichen Literatur gern als »Hinwendung zur Realität[148]« bezeichnet wird, jedoch eng mit dem eingangs beschriebenen sozialökonomischen Hintergrund verknüpft war, gehen nun gerade die Elemente verloren, die in Auseinandersetzung mit der Gesellschaft und nicht in der Isolation von ihr zu einer besseren Umwelt hätten führen können. Die »Gläserne Kette« verliert 1923 ihren Elan. Aus dem Weltbaumeister Bruno Taut wird der Sozialpraktiker, der in Magdeburg die Kleinsiedlung »Reform« baut[149].

2.43 Utopische Elemente der ersten Phase des Bauhauses

Obwohl auch die Intentionen des Bauhauses[150] stark von der Novemberrevolution und den Ideen des »Arbeitsrates für Kunst« beein-

---

[147] Adorno, Th. W.: Jene zwanziger Jahre. In: Eingriffe, a. a. O., S. 68.
[148] Vgl. Joedicke, J.: Moderne Architektur, Strömungen und Tendenzen. Stuttgart, 1969, S. 12 ff.
[149] Conrads, U., Einleitung zu Taut, B.: Frühlicht, 1920–1922, a. a. O., S. 7.
[150] Die differenzierten und widersprüchlichen Tendenzen im Bauhaus im Hinblick etwa auf seine ästhetisch-ideellen, pädagogischen oder künstlerisch-praktischen Konzeptionen, die teils von einem individualistischen, teils kollektivistischen Standpunkt aus vertreten wurden, desgleichen auf seine historische Bedeutung für die Architekten des 20. Jahrhunderts können hier nicht näher interpretiert werden. Wir folgen in unseren Ausführungen zum Teil der Darstellung und Interpretation der Untersuchung Herbert Hübners über die »Soziale Utopie des Bauhauses«, unseres Wissens die bisher einzige Abhandlung der Bauhaus-Idee in ihrem geschichtlichen Wandel zwischen Gründung und Auflösung unter vorwiegend wissenssoziologischen Gesichtspunkten (Dissertation Universität Münster, 1963). Ferner sei verwiesen auf die Arbeit von Lothar Lang: Das Bauhaus 1919–1933. Idee und Wirklichkeit. Zentralinstitut für Formgestaltung, Berlin, 1965. Bei Lang handelt es sich um eine – wie er selbst es bezeichnet – Untersuchung »ausgerüstet mit der dialektisch-materialistischen Methode«. (Ebenda, S. 9.)

flußt sind[151], verfolgt sein Begründer, Walter Gropius, doch ein anderes gesellschaftliches Ziel. Zwar versteht sich auch das Bauhaus als Vermittlungsstätte der Kunst an das Volk und hält an dem Versuch der Durchdringung und Reformierung aller gesellschaftlichen Bereiche mit den Mitteln der Kunst fest. Doch liegt der Schwerpunkt der Bauhaus-Idee auf der Schaffung des großen einheitlichen Gesamtkunstwerks und der Vereinigung aller Künste zu seiner Errichtung. Nach dieser Idee hat die Architektur den Primat über alle anderen Künste, die sich unter ihr vereinigen. Die Architektur hebt subjektive Willkür und Freiheit der einzelnen Künste im Dienst an einem Einheitskunstwerk auf.

Vorbild ist die mittelalterliche Bauhütte als Lebens- und Künstlergemeinschaft, deren künstlerisches Schaffen sich im gotischen Dom repräsentierte. Das frühe Bauhaus macht die »Zukunftskathedrale« zum Sinnbild der Bautätigkeit. Dahinter steht die Absicht, in einer sich auflösenden Gesellschaft wieder eine Einheit, ein gemeinschaftliches Ziel zu finden, von welchen dann reformierende Kräfte in die Gesellschaft fließen sollen[152].

Die Gesellschaftskritik des Bauhauses bezieht sich insofern nur auf die Entfremdung des Volkes von der Kunst, nicht etwa auf wie immer gesehene gesellschaftliche Zusammenhänge. Demgegenüber formulierten die Architekten um Bruno Taut immerhin einen – wenn auch nicht an der objektiven Basis ansetzenden – Widerstand gegen Konventionalismus und die allgemeine kleinbürgerliche Spießigkeit, die sie hoffen mit ihrer Glasbau-Utopie verändern oder gar ausrotten zu können.

Gropius schwebt eine Art völlig unpolitischer humanitärer, ästhetischer Sozialismus vor, der jedoch nur die Funktion eines Oberbaus ausübt und dessen Ziele und Ausgangsbasis immer verschwommen bleiben. Für Gropius stellen die Künstler eine gewisse gesellschaftliche Elite dar, von denen die normbildenden und gesellschaftlich wirksamen Kräfte ausgehen[153]. Doch lehnt er die expressionistischen Strömungen, die Subjektivität im Ausdruck künstlerischen Schaffens – kennzeichnend für die »Gläserne Kette« – ab, denn die »Grundlage des Werkmäßigen ist unerläßlich für jeden Künstler. Dort ist der Ur-

---

[151] Vgl. Lang, L.: Das Bauhaus 1919–1933, a. a. O., S. 21. Der von Walter Gropius formulierte Text des Gründungsmanifestes, erschienen als Flugblatt am 12. April 1919, das ein detailliertes Programm der zukünftigen Arbeit des »Staatlichen Bauhauses« gibt, enthält im wesentlichen die gleichen Zielvorstellungen, wie sie der »Arbeitsrat« 1919 in seinem Manifest veröffentlichte.
[152] Vgl. Hübner, H.: Die soziale Utopie des Bauhauses, a. a. O., S. 62.
[153] Vgl. Hübner, H.: Die soziale Utopie des Bauhauses, a. a. O., S. 64.

quell schöpferischen Gestaltens[154]«. Die Betonung des Handwerks und die Idee der Wiederaufrichtung der mittelalterlichen Handwerksverfassung sind in dieser sogenannten romantischen Phase des Weimarer Bauhauses verbunden mit einer antitechnischen Einstellung und mit der Ablehnung der Maschinenästhetik und eines funktionalistischen Bauens. Dies muß wohl auch gesehen werden auf dem Hintergrund der Inflationszeit und der außerordentlich schlechten wirtschaftlichen Lage, die Überlegungen zur Industrialisierung des Bauens und zum bewußten Einsatz der Technik kaum nahelegte.
Wie wenig tragfähig diese idealistischen, letzten Endes einem bürgerlich-ästhetischen Bewußtsein verhaftet gebliebenen Intentionen des Gropius-Bauhauses auf Grund der Abstraktion von den objektiven gesellschaftlichen Bedingungen, vor allem der wirklichen Lage des »arbeitenden Volkes« tatsächlich sind, zeigt sich zu Beginn der rein technisch-wissenschaftlichen Phase des 1923 nach Dessau übergesiedelten Bauhauses. Die Idee der künstlerischen Synthese spielte – wie Herbert Hübner zeigt – »nur noch die Rolle des ideologischen Überbaus, weil sich die ganze Aktivität aufs Machen konzentriert hatte ... Das Pathos aus der Gründungszeit war durch die Technik überlagert und im Verlauf der weiteren Entwicklung aufgezehrt worden ... Die Faszination der Technik war zur Eigenthese geworden[155]«. Doch nicht, weil die »Utopie« des Bauhauses, wie Hübner sie interpretiert, nur »wirklichkeitsinadäquat« war, insofern als einfach die Bauhaus-Idee ein gesellschaftlich nicht angepaßtes Modell darstellt, sondern weil die »utopischen« Intentionen selbst – so möchten wir interpretieren im Hinblick auf unseren eingangs entwickelten Begriff der Utopie – im fehlenden Widerstand gegen die gesellschaftlichen Verhältnisse selbst keine verändernde Kraft entfalten können.
Diese Entwicklung hat zur Folge, daß die durchaus gesellschaftsbewußten Absichten des schweizerischen, kommunistisch gesinnten Architekten Hannes Meyer, der 1928 die Leitung des Bauhauses übernimmt und sich gegen die künstlerische Synthese und das Suchen nach reinen Formen wendet, mit der progressiven Forderung der Erfassung der Bedürfnisse der Außenwelt, jedoch der absoluten Absage an künstlerische Momente, die Menschen gleichzeitig zu einem rein biologischen, nur von seinen Zwecken her bestimmten Funktionswesen reduzieren. Die Äußerungen der Kunst betrachtet er als »lebensfremd« und »funktionsfeindlich« und betont die Notwendigkeit der Befriedigung des Volksbedarfs, der Forderungen der Technik, des realen Entwicklungsstandes der Produktivkräfte und die Einbeziehung

---

[154] Ebenda, S. 47. Vgl. hierzu auch die Konzeption der japanischen Metabolisten, Abschnitt 3.1.
[155] Hübner, H.: Die soziale Utopie des Bauhauses, a. a. O., S. 87/88.

ökonomischer Bedingungen. So sei das »Endziel aller Bauhausarbeit die Zusammenfassung aller lebensbildenden Kräfte zur harmonischen Ausgestaltung unserer Gesellschaft[156]«. Hannes Meyer versteht das »neue Haus (als) soziales Werk[157]«, das auf Grund der detaillierten Erforschung des Lebens der zukünftigen Bewohner und der Erkenntnis der Wechselwirkung zwischen Bau und Gesellschaft zu konstruieren ist: »Wir untersuchen den Ablauf des Tageslebens jedes Hausbewohners, und dieses ergibt das Funktionsdiagramm für Vater, Mutter, Kind, Kleinkind, Mitmenschen. Wir erforschen die Beziehungen des Hauses und seiner Insassen zum Fremden: Postbote, Passant, Besucher...[158]«. Da er Bauen als die »überlegte Organisation von Lebensvorgängen« begreift, eine Maxime, die schon von Gropius formuliert worden war, lehrt Hannes Meyer »die Studenten den Zusammenhang zwischen Bau und Gesellschaft, den Weg von der formalen Intuition zur bauwissenschaftlichen Forschung und die Forderung: Volksbedarf statt Luxusbedarf. Zum Bauingenieur gesellte sich der Betriebswissenschaftler. Das Volk schien in unser vornehmes Glashaus einzubrechen. Bedarfswirtschaft war Leitmotiv[159]«.
Das Neue an den Bestrebungen von Hannes Meyer liegt zwar in der Erkenntnis der Wechselwirkung zwischen gebauter Umwelt und Gesellschaft. Das neue Haus sollte genau den Lebensweisen der Menschen entsprechen. Er verkennt jedoch, daß Bedürfnisse – selbst wiederum in hohem Maße gesellschaftlich bedingt – nicht zwingend aus den Lebensvorgängen abgeleitet werden können. Zum anderen entgleiten ihm die Bedürfnisse, die über das rein Zweckmäßige hinausgehen. Dieses zeigt sich zum Beispiel in seinem Bestreben, aus der gebauten Umwelt jede auf affektiven Beziehungen beruhende Ausformung zu verbannen.
Versucht man, die in diesem Abschnitt nur in einer exemplarischen Weise skizzierten Entwürfe zusammenfassend zu interpretieren, so ergibt sich folgendes Bild: während die mehr materielle Utopie der

---

[156] Meyer, H.: Bauhaus und Gesellschaft. In: bauhaus, 1929, Heft I, S. 2, zitiert nach Lang, L.: Das Bauhaus 1919–1933, a. a. O., S. 37.
[157] Meyer, H.: bauen. In: Conrads, U.: Programme und Manifeste, a. a. O., S. 110/111.
[158] Ebenda, S. 110.
[159] Als Beispiel für eine solche Untersuchung des Lebensraumes sozial verschieden gestellter Familien gilt die von Hannes Meyer durchgeführte städtebauliche Analyse der Stadt Dessau, die die Mängel der einzelnen Stadtviertel sichtbar machte: »Die Arbeiterviertel befanden sich ohne Ausnahme durch ihre Nähe zu den Industriegebieten in den ungesunden Zonen und die kulturellen Einrichtungen konzentrierten sich in den durch die wohlhabende Bevölkerung bewohnten Gebieten.« Meyer, H., zitiert nach Lang, L.: Bauhaus zwischen 1919 und 1933, a. a. O., S. 85.

Gläsernen Kette die gesellschaftlichen Widersprüche kaum reflektiert, aber im Moment einer zwar stark subjektiv geprägten, aber antikonventionellen Phantasie neue Bedürfnisse sichtbar macht, versucht die Gründungskonzeption des Bauhauses, der Architektur in der »Sozialisierung der Kunst« wieder eine soziale Aufgabe zu geben, versäumt jedoch, diese an den objektiven Erfordernissen der Gesellschaft festzumachen. Hannes Meyer dann ist sich in seiner mehr »sozialen Utopie« zwar der gesellschaftlichen Bedingungen durchaus bewußt, bleibt aber in der Materialisierung – insbesondere auch wegen der Ablehnung jedes über reine Zweckmäßigkeit hinausgehenden affektiven Bezuges zur Umwelt – hinter seinen Ansprüchen, für eine neue Gesellschaft zu bauen, zurück.

Diese Streiflichter auf die sehr komplexe Gedankenwelt des Bauhauses zeigen, daß sich trotz zunächst utopisch anmutender Impulse relativ schnell eine unkritische Anpassung an bestehende gesellschaftliche Verhältnisse anbahnte. Auch die deutlich marxistisch orientierte Position Meyers, die in dem Versuch, wissenschaftliche Ergebnisse in die Planung einzubauen, gerade für heute interessant ist, vermag nicht, einen verkürzt pragmatischen Standpunkt zu überschreiten. Den sicher in mancher Hinsicht interessanten Zusammenhang des totalitären NS-Staates mit dem Utopieproblem[160] können wir hier nicht diskutieren; wir setzen nach dem zweiten Weltkrieg mit den zeitgenössischen Vorschlägen wieder ein.

---

[160] Vgl. hierzu die in dem Sammelband »Utopie« von A. Neusüss abgedruckten Beiträge von Hans Freyer und Karl R. Popper sowie die kritische Würdigung von A. Neusüss: Schwierigkeiten einer Soziologie des utopischen Denkens. In: derselbe: Utopie, a. a. O., S. 60, S. 96 ff.

3. Zeitgenössische städtebauliche Zukunftsmodelle

Die wichtigsten der nach dem 2. Weltkrieg vorgelegten Zukunftsentwürfe im Städtebau entstehen in den westlichen und westlich orientierten entwickelten Industriegesellschaften, so vor allem in Westeuropa, Japan und teilweise in den USA.
Diese Gesellschaften können insgesamt durch eine ungewöhnliche Steigerung des Produktionsvolumens aufgrund einer weitergehenden Mechanisierung, Rationalisierung und Automatisierung der Produktionstechniken gekennzeichnet werden. Verbunden damit ist meist eine starke Tendenz zur Urbanisierung, ein rasches Wachstum der Bevölkerung und teilweise eine Knappheit an besiedelbaren Bodenflächen. Gleichzeitig fand und findet weiterhin eine weitreichende Umschichtung der einzelnen Wirtschaftssektoren statt, und zwar vergrößert sich der Anteil des tertiären Wirtschaftssektors an der Zahl der Erwerbstätigen und am Bruttoinlandsprodukt erheblich. Demgegenüber weist der primäre Sektor eine rückläufige und der sekundäre eine nur leicht ansteigende bis stagnierende Entwicklungstendenz auf[1]. Im Gegensatz zu der im wesentlichen gleichlaufenden, wenn auch in dem Entwicklungsgrad noch immer unterschiedlichen Entfaltung der technisch-ökonomischen Kapazitäten ist der politisch-soziale Bereich in den genannten Gesellschaften durchaus verschieden strukturiert[2]. Es kann nun hier nicht darum gehen, etwa eine ver-

---

[1] Der primäre Sektor umfaßt vor allem die Landwirtschaft, der sekundäre den größten Teil der gewerblichen Güterproduktion, also Handwerk und Industrie, während der tertiäre Wirtschaftssektor den größten Teil des Handels und der Dienstleistungen aller Art bezeichnet. Vgl. Fourastié, J.: Die große Hoffnung des 20. Jahrhunderts. Köln, 1954. Fourastié hat versucht, den Zusammenhang zwischen der Gesamtentwicklung einer Volkswirtschaft und dem wirtschaftstechnischen Fortschritt herauszuarbeiten. Für den Anteil der Beschäftigten in der Industrie nimmt er einen Höchststand von 65 % an, der dann auf 10 % zurückgehen soll. Am Ende der industriellen Entwicklung sollen rund 10 % der Erwerbstätigen in den beiden ersten Sektoren der Volkswirtschaft ausreichen, um die Gesellschaft mit landwirtschaftlichen und Konsumgütern zu versorgen. Diese Prognose spielt in der allgemeinen Städtebaudiskussion und auch speziell im Hinblick auf die Zukunftsmodelle eine große Rolle. Vgl. z. B. Hillebrecht, R.: Die Stadt der Zukunft. In: Beiheft zu: Der Volkswirt, Nr. 13 vom 29. März 1963, S. 17–19.
[2] Vgl. hierzu zum Beispiel: Autorenkollektiv, Herrschaft, Klassenverhältnis und Schichtung, Manuskript zum Soziologentag 1968 in Frankfurt/Main, S. 1. »Die Erfahrungen der neueren politischen Geschichte scheinen darauf zu verweisen, daß sich die Produktionsorganisation entwickelter kapitalistischer

gleichende Analyse der Gesellschaften zu erarbeiten, denen die utopischen Entwürfe entstammen, sondern wir wollen den gesellschaftlichen Hintergrund nur soweit einbeziehen, als wir zeigen wollen, wo die Analyse der Zukunftsmodelle anzusetzen ist. Daher scheint die Reduktion der Charakterisierung der gesellschaftlichen Ausgangslage nach zwei Richtungen notwendig und sinnvoll: einmal interessieren die Bereiche, die wie der technische Aspekt eng mit der materiell-räumlichen Stadtentwicklung zusammenhängen, dann die praktisch-politischen Handlungsmöglichkeiten sowie psychische Bewußtseinsstrukturen, die gerade in der Nachkriegssituation in ihrer Besonderheit eine große Rolle spielen.

3.1 Das Konzept von Stabilität und Wandel der japanischen Metabolisten und seine städtebauliche Ausprägung in vorwiegend technisch-künstlerisch bestimmten Zukunftsmodellen als Ausdruck der Anpassung an die technisch-ökonomische Entwicklung einer entfalteten Industriegesellschaft (Noburo Kawazoe, Noriaki Kurokawa, Kiyonori Kikutake, Arata Isozaki, Kenzo Tange)

Seit den 50er Jahren zeichnet sich nun in Japan eine solche Aufwärtsentwicklung und Entfaltung des technisch-ökonomischen Potentials ab, wie wir sie soeben beschrieben haben und wie sie fast mit Wachstumsprozessen im Zuge industrieller Revolutionen vergleichbar ist. In einer relativ kurzen Zeit setzen sich ungewöhnliche Steigerungen des Produktionsvolumens und entscheidende Veränderungen der Produktionstechniken durch[3]. Auch die Beschäftigtenstruktur schichtet sich zugunsten der Beschäftigten im Dienstleistungsbereich stark um. Diese technisch-ökonomische Aufstiegsphase nach dem 2. Weltkrieg

Industriegesellschaften mit durchaus verschiedenen Formen politischer Herrschaft verträgt, und dies läßt sich wiederum nicht allein durch den Einfluß je verschiedener geschichtlicher Tradition erklären. In Betracht gezogen werden muß, daß weitgehend übereinstimmende wirtschaftliche und gesellschaftliche Verhältnisse durchaus verschiedene politische Überformungen zulassen.« – Diese Verschiedenheiten übersehen manche utopischen Planer, die ihre Zukunftsvisionen auf dem Boden einer »Weltkultur« errichten.

[3] Die durchschnittliche jährliche Wachstumsrate des Bruttosozialprodukts betrug 1950–1959 in Japan 13,1 %, gegenüber 11 % in der BRD und 6,1 % in den USA für die gleiche Zeit. Vgl. The Oriental Economist (Hrsg.), Japan Economic Yearbook, 1957 ff., besonders 1961, S. 165 und 166. Die Wachstumsrate der industriellen Produktion betrug zwischen 1950 und 1960 in Japan 15,5 %, der BRD 9,6 % und USA 3,8 %. Vgl. Statistisches Jahrbuch für die BRD 961, S. 54 ff.

muß auf dem Hintergrund eines überhaupt verkürzten Industrialisierungsprozesses Japans (gegenüber den westlichen Industrienationen) gesehen werden, der erst 1868 mit der sogenannten Meiji-Zeit einsetzte. Zu dieser Zeit wurde die bestehende Feudalordnung in eine neuzeitliche Gesellschafts- und Wirtschaftsordnung auf der Basis einer modernen Verwaltung mit Berufsbeamtentum und eines Schul- und Erziehungssystems, das alle sozialen Schichten erfaßte, in industrielle Produktionsformen überführt. Mit diesen Veränderungen ging eine dynamische Bevölkerungsentwicklung einher, die gerade in einem flächenmäßig so begrenzten Land wie Japan zu besonderen Problemen führen mußte[4]. Ganz im Gegensatz zum raschen technisch-ökonomischen Aufstieg zeigte der politisch-soziale Bereich deutliche Zeichen der Immobilität. Die notwendige Umformung des politischen Machtgefüges, die Anpassung der Sozialstrukturen an die veränderten gesellschaftlichen Bedingungen sowie die erforderlichen Wandlungen der Familie konnten mit der technisch-ökonomischen Entwicklung nicht Schritt halten, zumindest nicht im Vergleich zu manchen westlichen Industrieländern.

Der Abbau großfamiliärer Strukturen setzte in Japan erst spät ein. 1947 wurde mit einem neuen Familien- und Erbrecht das gesetzliche Haussystem, das als eine Gemeinschaft, die von den Vorfahren gegründet wurde, vom Hausherrn, dem Nachfolger der Vorfahren, geleitet wird und »ewig fortbestehen muß[5]«, formell abgeschafft. Damit war natürlich die Reduktion zur Kleinfamilie, wie wir sie kennen, in der Realität noch nicht vollzogen. Jedenfalls enthalten die neuen gesetzlichen Regelungen keine Bestimmungen mehr über Haus, Hausherr, Hausangehörige usw. Sie beschränken sich auf den Schutz der Minderjährigen und erklären zum Beispiel die Eheschließung zur Sache der Eheleute. Der bis dahin und auch teilweise weiter bestehende hierarchisch gestufte Familienverband übernahm als »Sozialagen-

---

[4] Aufgrund der topographischen Verhältnisse ist in Japan nur etwa ein Sechstel der Gesamtfläche landwirtschaftlich nutzbar. Die Bevölkerungsdichte, bezogen auf den qkm dieser Fläche, beträgt 1540 Personen (gegenüber 392 in der BRD). Vgl. Statistisches Jahrbuch für die BRD 1961, S. 24 bis 28; nach einer Angabe von G. Nitschke soll das Verhältnis von unbebaubarer zu bebaubarer Fläche 7:3 betragen. Vgl. Nitschke, G.: Die Metabolisten Japans. In: Bauwelt 18/19 1964, S. 506. Für die spezifische Ausprägung der Zukunftsentwürfe ist gerade dieser quantitative Hintergrund sehr bedeutsam. Zum Beispiel sind die weiter unten erläuterten Meeresbesiedlungen sowie Versuche zur Schaffung künstlichen Baulandes in der Luft vorwiegend aus dieser Situation zu erklären.

[5] Tappe, F.: Soziologie der japanischen Familie. Münster/Westfalen, 1955, S. 24–25. Vgl. auch Taeuber, I. B.: Family, Migration and Industrialisation in Japan. In: American Sociological Review, Vol. 16, No. 2, 1951, S. 149 ff.

tur« Erziehungsfunktionen[6] und soziale Schutzfunktionen (Unterstützung bei Arbeitslosigkeit, Krankheit und Alter). Erst nach dem zweiten Weltkrieg wurde ein Arbeitsordnungsgesetz mit Vorschriften zur Begrenzung der Arbeitszeit, zum Schutz vor Krankheit und Unfall eingeführt[7]. Zwar wirkt der Staat relativ stark auf das kaptalistisch organisierte Wirtschaftsgeschehen ein, so daß man von einer »geplanten Marktwirtschaft« sprechen kann, aber eben weniger zugunsten einer Verbesserung der sozialen Lage der unteren Schichten. So wurde der Vorwurf des »sozialen Dumpings« erhoben, das heißt »Japans Wettbewerbsfähigkeit beruhe lediglich auf der Ausbeutung seiner Arbeiter und Kleingewerbetreibenden, deren Arbeitsentgelte tief unter denen in anderen Industrieländern lägen[8]«. Die Regierungsgewalt lag seit 1949 in der Hand der konservativen Parteien, die sich 1955 zur liberal-demokratischen Partei vereinigten. Obwohl sich die japanischen Sozialisten nach dem Krieg schnell zu einer wesentlichen Kraft formierten – sie erreichten die Sperrminorität gegen Verfassungsänderungen –, erlangten sie niemals, trotz kurzfristiger Beteiligung an zwei Koalitionsregierungen, die Mehrheit[9].
Auf der Suche nach weiteren Ursachen dieser scharfen Diskrepanz zwischen der expansiven und dynamischen technisch-ökonomischen Entwicklung und der Stagnation des Konservativismus im politisch-sozialen Bereich verweisen manche Autoren, die sich mit Max Webers Thesen über die protestantische Ethik auseinandergesetzt haben, auf die Lehre vom »bushido«, die die Einfachheit der Lebensführung und die Bereitschaft, das eigene Ich für das Wohl des Ganzen zu opfern, fordert[10]. Hinzu kommt sicher das hochentwickelte japanische na-

---

[6] Gerade die Erziehung zur Disziplin und Unterordnung, wie sie in der japanischen Familie vorbereitet wurde, erlaubte unter anderem die kontrollierte rasche technisch-ökonomische Entwicklung, ohne daß eine soziale Mobilisierung in nennenswertem Umfang stattfand, ein Sachverhalt, der bei den Zukunftsentwürfen eine große Rolle spielt. Zumindest in der sozialphilosophischen Begründung der Bauweisen wird ein spezielles Verhältnis von Individuum und Gesellschaft zugrunde gelegt, das zum Teil nur aus der Familientradition zu erklären ist. Manche Entwürfe beziehen allerdings auch – wie wir sehen – ihre Ansatzpunkte aus dem Widerstand gegen diese Familientradition.
[7] Hax, K.: Japan, Wirtschaftsmacht des Fernen Ostens. Köln und Opladen, 1961, S. 472.
[8] Ebenda, S. 604.
[9] Hielscher, G.: Sozialismus in Japan. In: Geist und Tat, Januar/März 1970, Heft 1, S. 9 ff.
[10] Vgl. Hax, K.: Japan, Wirtschaftsmacht des Fernen Ostens, a. a. O., S. 598. Hax verweist auf Yasuma Takata, der den Standpunkt vertritt, »daß der bushido-Geist für die Entwicklung des Kapitalismus in Japan eine ähnliche Bedeutung gehabt habe wie die protestantische Ethik für die Entste-

tionale Selbstbewußtsein, das nach der Kriegsniederlage eine neue Bestätigung suchte.
Diese Hinweise müssen zur Charakterisierung der politischen, wirtschaftlichen und sozialen Situation Japans als Ausgangslage für die nun folgenden städtebaulichen Zukunftsmodelle genügen. Vor allem bleibt festzuhalten, daß auf der einen Seite durch die dynamische Wirtschaftsentwicklung natürlich auch im räumlich-städtebaulichen Bereich ein hoher Veränderungs- und Anpassungsdruck entstand, im politisch-sozialen Bereich jedoch eine relativ große Unbeweglichkeit vorherrschte – eine Kombination, die zusammen mit den objektiven Friktionen in den japanischen Großstädten (zum Beispiel im Verkehrsgefüge, im planlosen Auswuchern der Städte) zu weitreichenden Planungsinitiativen führte, zugleich aber auch einen verschleiernden Überbau, hier in Form einer metabolistischen »Philosophie« als Denkhintergrund, begünstigte und so eine Umwendung der Krisensituation im Städtebau allenfalls auf technischem Gebiet vorantrieb.
Seit etwa einem Jahrzehnt werden in Japan von einer Architekten- und Planergruppe, die sich als »Metabolisten« bezeichnen, architektonische und städtebauliche Entwürfe vorgelegt, die im allgemeinen von Architekturkritikern und -rezensenten als utopisch bezeichnet werden. Zu gleicher Zeit, teilweise etwas früher, entstehen auch in Westeuropa die ersten städtebaulichen Ideen, die ebenfalls als utopische Entwürfe gelten, wie überhaupt die Querverbindungen der japanischen Vorschläge zu den europäischen im Hinblick auf gegenseitige Anregungen und Rückwirkungen sehr zahlreich sind[11]. Die Metabolisten suchen in ihren Programmen und Planungen eine Antwort auf die Probleme zu geben, wie sie für Japan in der Nachkriegszeit charakteristisch waren. So galt es vor allem, den starken Bevölkerungszuwachs, die weiter anhaltenden Tendenzen zur Urbanisierung und die expansive industrielle Entwicklung städtebaulich zu bewältigen, Probleme, die sich gerade in der ins Riesenhafte angewachsenen Metropole Tokio besonders kraß zeigen.

hung des kapitalistischen Geistes in Europa. Vgl. Takata, Y.: Kulturelle und geistige Voraussetzungen für Japans Aufstieg. In: Weltwirtschaftliches Archiv, 46. Band (1937 II), S. 11.
[11] Während die Metabolisten auch formale Elemente wie etwa den »beton brut« von Le Corbusier aus westlichen Ländern übernahmen, ist der japanische Einfluß später nicht nur zum Beispiel im Konzept der Metastadt von Richard Dietrich spürbar. Auch die Betonung des Wandels und der »Planung als Prozeß« dürfte von den japanischen Konzepten beeinflußt sein (vgl. etwa Jochen Brandi: Wohnen als Prozeß, Stadt als Prozeß, Schule als Prozeß. Ausstellungskatalog zur Ausstellung des Siedlungsverbandes Ruhrkohlenbezirk: Experimente, Diskussionsbeitrag 2, 1970). Kürzlich ist von Kurokawa ein Projekt entworfen worden, das Ähnlichkeiten zur Metastadt zeigt.

Die architekturtheoretischen Vorstellungen der Metabolisten haben ihre Wurzeln im Shintoismus, der Urreligion Japans, und beruhen auf der Lehre vom ewigen Wandel der Dinge. In dieser traditionellen japanischen Betrachtungsweise menschlichen Lebens und auch der tierischen und pflanzlichen Existenz gelten alle Daseinsformen als miteinander in Beziehung stehend und voneinander abhängig. Die Bewegung der Dinge in ihrem steten Wechsel, ihre Veränderung, das Eingehen und Lösen von Interaktionen, das Nebeneinander verschiedener Funktionen ist unveränderliches Merkmal aller lebenden Organismen.

Die Metabolisten verstehen sich nun als Architekten und Planer, die ebenso wie alle anderen Lebewesen diesen Prozessen gesellschaftlichen Wandels unterworfen sind. Ihre Aufgabe sehen sie in der Bewältigung der vielschichtigen Probleme einer sich schnell wandelnden Gesellschaft und gleichzeitig in der Gewährleistung von »stabilisiertem« menschlichem Leben. Diese Forderung nach »Stabilität im Wandel« ist der Schlüssel zum Verständnis des Gesellschaftsbildes der Metabolisten. Es ist der Glaube an eine Gesetzmäßigkeit menschlicher Entwicklung zu einem immer idealeren Sein, von einem weniger entwickelten Anfangsstadium zu einem Stadium höchster Vollendung fortschreitend[12].

Einer einigermaßen systematischen Darstellung der wichtigsten Merkmale der japanischen städtebaulichen Zukunftsmodelle, die auf diesem hier nur kurz beschriebenen Hintergrund entstanden sind, stellen sich nicht unerhebliche Schwierigkeiten entgegen. Jeder der Entwerfer hat verschiedene Interessenschwerpunkte und bezieht sich auf unterschiedliche städtische Situationen. Auch die uns zugängliche Dokumentation des Materials ist lückenhaft. Relativ durchgängig ist jedoch die Beschäftigung der Autoren mit neuen urbanen Wohnformen, entweder als isoliertes Problem oder verbunden mit Arbeitsbereichen oder anderen städtischen Funktionen, dann mit gesamtstädtischen Zusammenhängen, wobei auch da wieder bestimmte Teilausschnitte, etwa das Verkehrs- und Kommunikationssystem, unterschiedlich akzentuiert werden.

Noriaki Kurokawa[13] baut seine Vorschläge für neue urbane Wohn-

---

[12] Vgl. Nitschke, G.: Futurismus in Japan. In: Deutsche Bauzeitung, 10/1968, S. 786 ff.
[13] Vgl. zu den folgenden Ausführungen die zusammenfassende Darstellung und Interpretation von Günter Nitschke: Die Metabolisten Japans. In: Bauwelt 18/19, 1964, S. 499 ff., ebenso die allerdings sehr unkritische Dokumentation städtebaulicher Zukunftsmodelle von Michel Ragon: Wo leben wir morgen? Mensch und Umwelt – Die Stadt der Zukunft. München, 1967 (französische Ausgabe 1963).

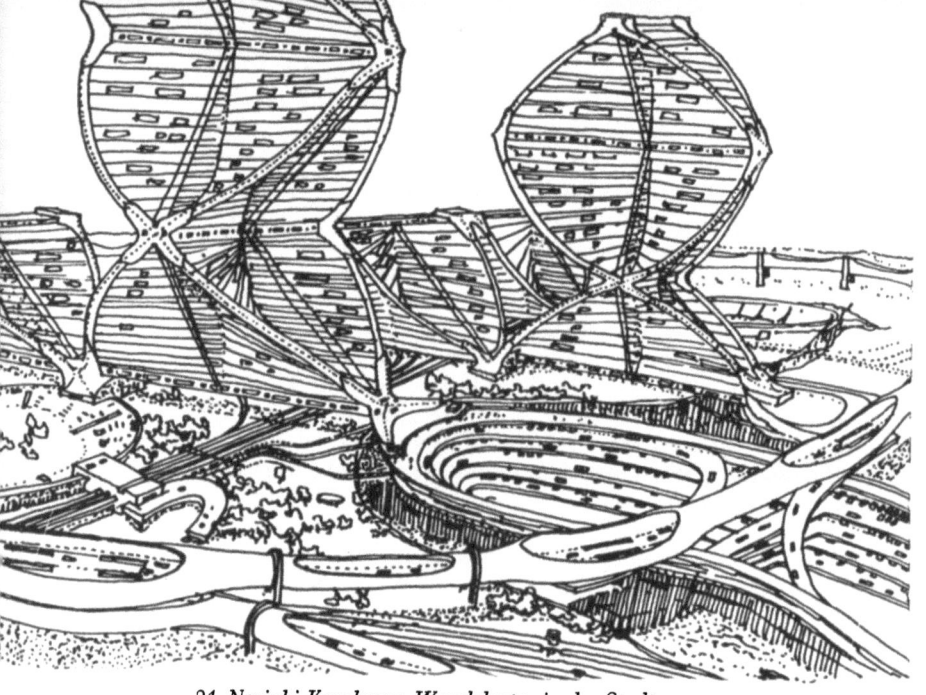

21 Noriaki Kurokawa, Wandcluster in der Stadt

formen auf der Annahme der Reduktion der Familie zur Ein-Generationen-Kleinfamilie und schließlich zur Einpersoneneinheit auf. Auf dieser Grundlage entwirft er mehrere Variationen städtischen Wohnens (Bild 21, 22).

Der 1959 entwickelte »Wand-Cluster[14]« (Bild 21) besteht aus einer geschwungenen, großdimensionalen Wand, die als Träger von Installationen und von Transportbändern für Personen und Lasten den Kern der Anlage bildet. Auf der einen Seite der Wand hängen fixierte und bewegliche Wohneinheiten, auf der anderen Seite – den Wohnungen zugeordnet – die Arbeitsstätten. »... die gesamte Stadt wird sich in eine gigantische, kompakte architektonische Konstruktion verwandeln, in der eine Teilung von fixiertem und beweglichem Wohnraum stattfindet, ersterer der Arbeitsstätte zugeordnet, letzterer dem festen

[14] Der von den Metabolisten häufig verwendete Begriff »Cluster« ist 1956 von der CIAM (Congrès Internationaux d'Architecture Moderne) geprägt worden und wird ziemlich allgemein als eine Art Mehrzweckbegriff für räumliche Zusammenhänge auf unterschiedlichen Maßstabsebenen benutzt, zum Beispiel für Haus, Distrikt, Stadtteil oder Metropolen.

Wohnraum, sozusagen angehängt, aber als ›Wohnwagen‹ verwendbar. Der Träger dieser Einrichtungen ist eine Art Wiedergeburt des mittelalterlichen Walles, eine geschwungene Wand, die sogenannte Installationswand, die sämtliche vertikale und horizontale Kommunikation enthält und an der Wohneinheiten und Arbeitseinheiten zu beiden Seiten sich die Balance halten[15].« Die strenge Zuordnung von Wohnen und Arbeiten wird also etwas durch die Einplanung wohnwagenartiger beweglicher Wohnzellen relativiert, die der Arbeitszeitverkürzung und dem daraus resultierenden Wunsch nach räumlicher Mobilität Rechnung tragen sollen. Am Grundriß fällt die Trennung des Wohnbereiches des Mannes von dem der Frau auf, eine im Hinblick auf das Bedürfnis nach Zurückgezogenheit sicher progressive Lösung. Allerdings fehlen jegliche Angaben über den Bereich der Kinder.

In einem anderen Entwurf faßt Kurokawa – ausgehend von der englischen »neighbourhood«-Idee – die Wohneinheiten mit Schulen und Gemeinschaftseinrichtungen zu einem verdichteten baulichen Bezirk zusammen[16], ein Gedanke, den er im Plan Isogo (1962) als Prototyp eines Wohnensembles mit stark biologistischen Analogien weiter-

[15] Nitschke, G.: Die Metabolisten Japans, a. a. O., S. 502.
[16] Ebenda, S. 500.

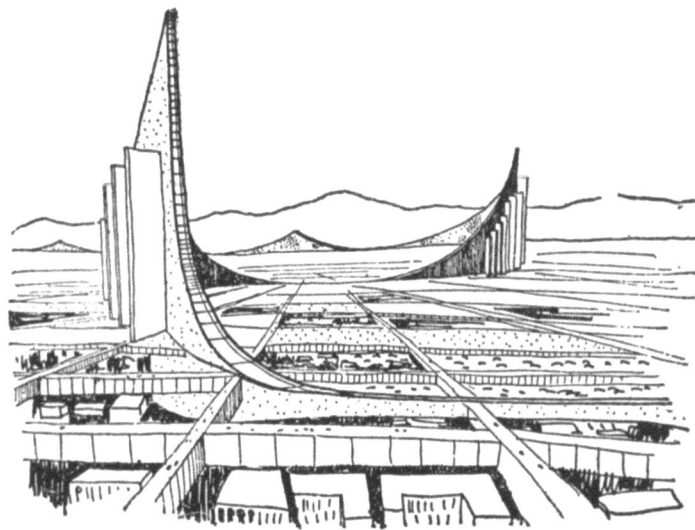

22 Kurokawa, Die Heliocodon Türme

führt[17]. Kurokawa hat in seinem ebenfalls 1959 vorgelegten Vorschlag zur Neuordnung Tokios den Wand-Cluster konstruktiv zu »Heliocoden Türmen« erweitert (Bild 22). Diese Türme erheben sich als überdimensionale Betongebilde schraubenförmig – etwa Wendeltreppen vergleichbar – in die Luft. Sie bestehen aus fächerartigen Ebenen, einer Art künstlich ansteigender Landschaft, auf denen in Leichtbauweise flexible Elementstrukturen, Wohnungen, Geschäfte, Büros, Arbeits- und Vergnügungsstätten angebracht werden können. Die Versorgung mit Wasser und Energie geschieht durch den zentralen Schacht, um den herum sich die städtischen Ebenen in die Höhe winden. Alle zehn Stockwerke sind die Türme durch horizontale Verkehrswege miteinander verbunden, so daß, zusammen mit der vertikalen und horizontalen Erschließung, innerhalb der Türme ein hochkonzentriertes städtisches Kommunikationssystem entsteht[18].

Die »Heliocoden Türme« sind integriert in ein »System metabolischer Zyklen«, ein kreisförmiges Netz von Kommunikations- und Verkehrssystemen, die als strahlenförmig sich ausbreitende Zellen sich über den Raum Tokio bis über Tokio Bay hinaus erstrecken – als eine neue strukturelle Lösung der Organisation städtischer Beziehungen[19].

Genauere Informationen darüber, wie sich Kurokawa den konkreten Ablauf und die Zuordnung der Lebensvorgänge in der gesamten Stadt vorstellt, kann man weniger seinen Gedanken über Tokio, sondern einigen Hinweisen zu dem von ihm entworfenen »Landwirtschafts-Cluster« entnehmen, der den Gegensatz von Dorf und Stadt

---

[17] Kurokawa, Nr.: Deux systèmes de metabolisme. In: L'architecture d'aujourd'hui, No. 139, 1968, S. 18.
[18] Nitschke, G.: Die Metabolisten Japans, a. a. O., S. 504. Vgl. auch Kurokawa, N.: Deux Systèmes de Metabolisme, a. a. O., S. 18. Dort ist eine Variante der »Heliocoden Türme« zu finden, zusammengefaßt im Plan Hélix 1961. Es ist bemerkenswert, welch einfache Mittel Kurokawa kürzlich bei einem Wettbewerbsentwurf für eine Wohnstadt in Lima/Peru benutzte. Aus den Heliocoden Türmen ist eine schlichte Aneinanderreihung von schmalen tiefen Hauseinheiten in Form einer Reihenhaussiedlung geworden. Vgl. Deutsche Bauzeitung, 4/1970, S. 270.
[19] Nitschke, G.: Die Metabolisten Japans, a. a. O., S. 502 ff. Vgl. auch Ragon, M.: Wo leben wir morgen? a. a. O., S. 148 ff. Was allerdings unter dem System »metabolischer Zyklen« genau zu verstehen ist, geht aus den Veröffentlichungen kaum hervor. Es scheint so, daß mit hohem Begriffsaufwand mehr eine allgemeine, dauernde Veränderung suggeriert werden soll. Allenfalls im System »metabolischer Verkehrszyklen« hat Kurokawa seine Vorstellungen etwas konkretisiert. Gerade da wird sichtbar, wie sehr er sich letzten Endes vorgegebenen Entwürfen anpaßt und diese lediglich begrifflich und in seinen Zeichnungen überformt. Es liegt auf der Hand, daß hier Sprache wie Entwurfspraxis mehr in dem eine ideologische Funktion haben, was sie verschweigen oder nicht konkretisieren.

beseitigen soll. Dieser Cluster ist in drei Ebenen geteilt und enthält zu ebener Erde die allen gemeinsamen Werkräume (»Arbeitsebene«), auf der mittleren Ebene spielt sich der Verkehr ab, dort sind auch Schulen und Gemeinschaftseinrichtungen (»gesellschaftliche Ebene«). Darauf aufbauend, schließt sich die Wohnebene (»individuelle Ebene«) an, auf der auch das Recht auf Grund und Boden erworben werden kann[20]. Insgesamt handelt es sich also um eine »vertikale« Trennung der Funktionen.

Kiyonori Kikutake macht stärker als Kurokawa die Lebensphasen der einzelnen Menschen, die Familie und den Rhythmus des Familienwachstums zum Ausgangspunkt seiner Überlegungen für eine wandlungs- und wachstumsfähige Architektur. Auch ist der Gedanke, der Stadt und der Umwelt der Menschen wieder eine einmalige und besondere, überschaubare Form zu geben, ein wichtiges Motiv seiner Entwürfe. Diese Überlegungen führen ihn zum Konzept des Mova-Hauses (Bild 23), eines auswechselbaren, mit den erforderlichen, bei Veraltung ersetzbaren Inneneinrichtungen bereits ausgestatteten Rundhauses, von dem es sieben in bezug auf Größe der Familie und Lebensstandard unterschiedliche Ausführungen gibt. Das Haus ist um eine zentrale Achse nach allen Seiten drehbar und wird – an einen vertikalen Versorgungsschaft geheftet – zu segelförmigen Wohn-Clustern gestapelt, die etwa das Aussehen einer mit einer regelmäßigen Schuppenhaut überzogenen Wand haben. Drei solcher Cluster-Einheiten werden nun an einen riesigen zentralen Mast, der alle Gemeinschaftseinrichtungen enthält, angebunden, mit dem zusammen sie einen Mova-Block bilden (Bild 24). Je nach Höhe dieses Mastes wächst die Anzahl der Bewohner der drei Wohnsegel: bei 100 m Höhe können 10 000, bei 300 m können 30 000 Menschen darin wohnen. Je zwei Mova-Blöcke, die für eine Wohndauer von 100 Jahren konstruiert sind, können zu einem städtebaulichen Element zusammengefügt werden. Diese können um einen zentralen Platz herum gruppiert werden, der kulturelle und öffentliche Einrichtungen wie Theater, Museen, Universitäten usw. aufnimmt.

Kikutake befaßt sich insbesondere mit Vorschlägen zur Schaffung von künstlichem Bauland[21]. Er nimmt eine zukünftige »marine

---

[20] Nitschke, G.: Die Metabolisten Japans, a. a. O., S. 500.
[21] Die Schaffung künstlichen Baulandes in der Luft und zu Wasser spielt bei vielen Autoren eine erhebliche Rolle. So zum Beispiel auch bei Masato Ohtaka, der künstliches Bauland in einer Art hängender Gärten (1963), deren Träger die öffentliche Hand ist, vorschlägt. Auf diesem künstlichen Land soll der einzelne seinen Mitteln entsprechend frei schalten und walten können. Ein Gedanke, der von Roland Frey und Norbert Schmidt-Relenberg für westdeutsche Verhältnisse aufgegriffen wurde. Vgl. Frey, R., N. Schmidt-Relenberg: Totale Wohnung. Stuttgart/Bern, 1967, S. 33 ff.

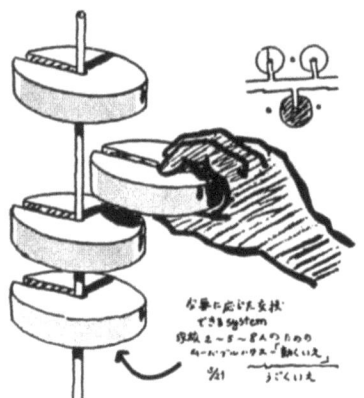
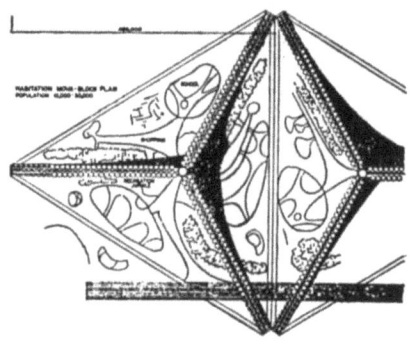

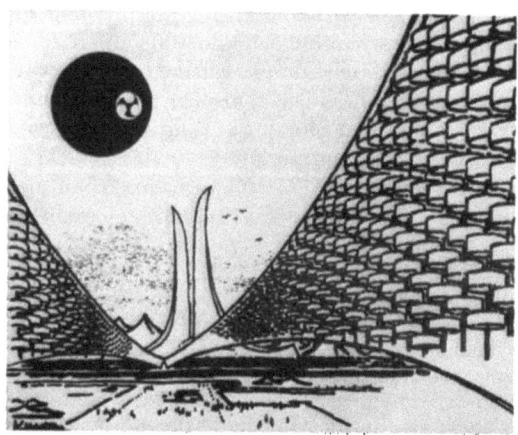

23 Kiyonori Kikutake, Das Mova-Haus: Modell des Mova-Hauses, Aufsicht; Fugen der Einheiten; Mova-Block als städtebauliches Element

24 Kikutake, Wohn-turm-Cluster

25 Kikutake, Unabara

Zivilisation« an – die Knappheit an Bauland und das allen Lebensraum beanspruchende Wachstum Tokios mag Ideen dieser Art begünstigt haben – und entwirft »Wohnturm-Cluster«, runde, mit Wohneinheiten »gespickte« Türme auf inselartigem, miteinander verbundenem künstlichem Land oder auf dem Meer schwimmenden Arbeits- und Produktionsinseln« wie den industriellen Ozean-Cluster »Unabara«. (Bild 25).
Dieser Cluster »Unabara« kann bis zu 500 000 Einwohner aufnehmen. Er besteht aus zwei konzentrischen unregelmäßig ausgebuchteten Ringen, von denen der äußere die Produktion, der innere das Wohnen aufnehmen soll. Das Stadtzentrum liegt in der Mitte und bleibt frei. »Unabara« wird überragt von einem 500 m hohen Kontrollturm, der gleichzeitig als Energiezentrum, Leuchtturm, künstliche Sonne dient und insgesamt als Symbol »Unabaras« gilt. Man erreicht »Unabara« mittels Unterwasserverkehr und taucht in einem kreisförmigen Hafen neben dem Kontrollturm auf. Die Kontrollfähigkeit dieses Turmes ist gleichzeitig der Maßstab für die Größe eines Clusters. Ist sie erreicht, wird neuer Cluster nach dem Prinzip der Zellteilung errichtet. »Unabara« dient insgesamt als Zentrum einer strukturellen Neuordnung Japans. Diese Neuordnung stellt sich Kikutake in Form zweier linearer Verdichtungszonen vor: entlang der Küstenlinie werden alle Produktionszentren zu einem Band zusammengefaßt, auf dem »Rückgrat« Japans verläuft der ›nationale Urlaubsweg« (Bild 26).
Im Vergleich zu den Wohnformen Kikutakes sind die »Cluster in der Luft« von Arata Isozaki eine relativ starke Anlehnung an traditionelle japanische Wohnformen, insbesondere an das Teehaus und die Pagode (Bild 28). Der »Cluster in der Luft« (Bild 27) zeigt eine Konstruktion aus einer starken, tragenden Stütze, an der – analog den weit auskragenden Dachausladungen japanischer Tempel – auf künstlichem Bauland in der Luft die Wohneinheiten sitzen. Bei Isozaki

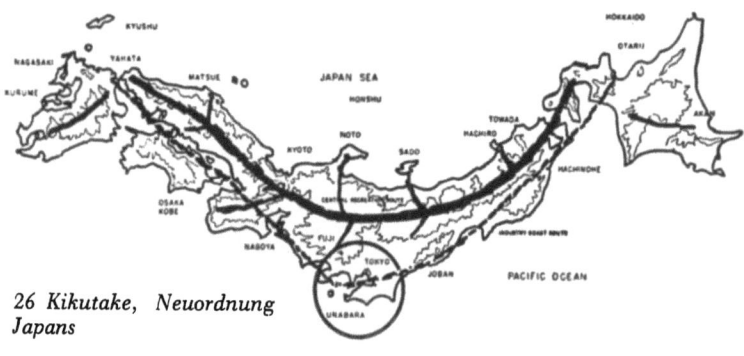

26 Kikutake, Neuordnung Japans

spielt in einem anderen Vorschlag zum städtischen Wohnen ein Konstruktionssystem eine große Rolle, das bei den bisher behandelten Architekten bereits anklang, von Kenzo Tange intensiv ausgearbeitet wurde und bei den westeuropäischen Stadtbausystemen ein Kerngedanke ist: zwischen sehr weitgespannten, langlebigen konstruktiven Festpunkten – den Primär- oder Superstrukturen – werden veränderbare, austauschbare Elementstrukturen, zum Beispiel einzelne Wohneinheiten, eingesetzt. Diese Anordnung – Eingelassenheit veränderlicher Kleinelemente in eine dominierende Baustruktur, ihre Unterordnung unter ein einheitliches gestaltendes Strukturprinzip – soll die Lehre des Shintoismus vom ewigen Wandel der Dinge und der Kontinuität des Ewigen im Vergänglichen symbolisieren.

Die Zukunftsentwürfe nun von Kenzo Tange, insbesondere sein Plan für die strukturelle Neuordnung Tokios, stellen eine Art Zusammenfassung und Systematisierung der Gedanken und Ideen der Metabolisten dar. Seine Stadtmodelle und Entwürfe, insbesondere der Plan für Tokio, sind in der Diskussion um die Stadt der Zukunft sehr bekannt geworden. Daher seien hier nur die wichtigsten Kriterien festgehalten.

Kenzo Tange geht von folgenden für die zukünftige gesellschaftliche Entwicklung charakteristischen Annahmen aus: »Die wirtschaftliche Entwicklung treibt die Bewegung von Mensch und Kapital von der Primärindustrie zur Sekundärindustrie und von der Sekundärindustrie zur Tertiärindustrie. Die Unvermeidbarkeit dieses Prozesses erklärt sich aus dem Unterschied der Produktivität in den verschiedenen Industriezweigen. Mensch und Kapital streben nach Industrien höherer Produktivität[22].« Die heutigen Städte mit 10 Millionen und mehr Einwohnern gelten Kenzo Tange als Ergebnis der zunehmenden Bedeutung der Tertiärindustrie im Zuge der zweiten industriellen Revolution und ihres Einflusses auf die Gestalt und den Charakter der Städte. Als Träger der Tertiärindustrie konzentrieren sich in ihnen die Funktionen von Regierung, Wirtschaft, Verwaltung, Produktion, Verbrauch und kulturellem Leben, die untereinander und mit den Bewohnern in einem ständigen zirkulierenden, austauschbaren Wechselverhältnis stehen. Das Leben der in einer solchen Stadt der 10-Millionen-Klasse wohnenden Menschen, die bis zu 20 Millionen Einwohnern anwachsen wird, ist gekennzeichnet durch eine große Mobilität und die Notwendigkeit, jederzeit jeden beliebigen Ort der Stadt zur Befriedigung der unterschiedlichen individuellen Bedürfnisse aufsuchen zu können. Insofern kommt der Kummunikation bei Tange als Charakteristikum einer offenen Gesellschaft und sogar Mittel zu ihrer Veränderung sehr große Bedeutung zu. Die im Mittelalter entstan-

---

[22] Tange, K. u. a.: Plan für Tokio. In: Bauen + Wohnen 1/1964, S. 3.

denen, auf einen zentralen Punkt konzentrierten radialen Systeme der Stadt, Spiegel einer geschlossenen Gesellschaft, können diesen zukünftigen Anforderungen des Wachstums und der Bewegung nicht mehr genügen. Die falsche bauliche Struktur der bisherigen Städte ist die Ursache für ihre Paralyse, Konfusion, Stagnation und Verkehrsmisere. Erforderlich ist daher eine neue bauliche Struktur, die die menschlichen Bedürfnisse nach Kommunikation, Wachstum, Bewegung gewährleisten und die Einheit zwischen der gesamten Stadt, dem Verkehrssystem und den architektonischen Einzelbauwerken wieder herstellt.

Auf dieser Grundlage entwickeln Tange und sein Team einen großangelegten Sanierungsplan für Tokio. Er überführt zunächst die konzentrische radiale Struktur Tokios, die er ja für die Ursache der Überbevölkerung und der Paralyse des Stadtlebens hält, in eine lineare, »ähnlich der Wirbelsäule im Skelett[23]« (Bild 29). Daraus entsteht die Konzeption einer gegliederten, linearen städtischen Achse, die, nochmals überlagert von einem kreisförmigen Verkehrssystem, sich in die Bucht von Tokio hinein erstreckt, wo auf künstlichem Bauland eine aus terrassenförmigen Großstrukturen bestehende Stadt errichtet werden soll (Bild 30). Das gesamte Verkehrssystem, das in mehreren Ebenen über Hängebrücken und Verkehrsträger geführt werden kann und dem die Anordnung der übrigen Bauten folgen muß, ist hierarchisch von hohen zu niedrigen Fahrtgeschwindigkeiten bis zur Geschwindigkeit des Fußgängers geordnet. Auf diese Weise entsteht für Tange eine »natürliche Ordnung«, die Stadtsystem, Verkehrssystem und architektonisches System miteinander verbindet.

Die zentralen Einrichtungen nun – Geschäftshäuser, Verwaltungseinrichtungen, Vergnügungszentren – sind längs der städtischen Achse nach Funktionen getrennt angeordnet. Diese Achse bezeichnet Tange als ein »riesiges Förderband«, »als Bühne für das städtische Leben und seine Bewegung«, wo die verschiedenen städtischen Funktionen aufgereiht sind und sich die Menschen täglich sammeln, um von hier aus zur Verrichtung ihrer Tätigkeiten an jeden beliebigen Ort gelangen zu können. Die Wohnanlagen dagegen erstrecken sich nach beiden Seiten. Ihre Zugangsstraßen zweigen von dieser zentralen Achse ab. Die Wohntypen selbst gleichen einem riesigen Zelt. An den abschüssigen Zeltwänden liegen die Wohnzellen, im Inneren die Gemeinschaftsanlagen (Bild 31). Die große Gesamtstruktur ist also fixiert, während die Bewohner ihre Häuser auf den in den Zelt-

---

[23] Boyd, R.: Kenzo Tange. New York, 1962, deutsch: Ravensburg, 1963, S. 36. Vgl. auch Tange, K.: De l'architecture à l'urbanisme. In: L'architecture d'aujourd'hui, Nr. 139, 1968, S. 22, 23 ff.

27 *Arata Isozaki, Cluster in der Luft*

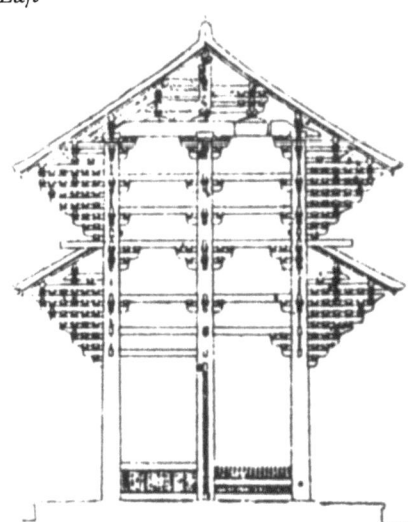

28 *Dachausladung am traditionellen japanischen Tempel*

wänden eingelassenen Terrassen nach eigenem Geschmack und gemäß ihren Vorstellungen aus industriellen Fertigteilen selbst erbauen können. Das künstliche Bauland bleibt in staatlicher Hand. Es ist also an eine an Verhältnisse des europäischen Mittelalters erinnernde Trennung von Ober- und Untereigentum gedacht.
Die hierarchisch gestufte Ordnung, nach der das Verkehrssystem und das gesamte Stadtsystem strukturiert sind, soll nach Kenzo Tanges Vorstellungen auch als bestimmendes Prinzip für den Aufbau der Wohngebiete und ihrer Beziehung zu den öffentlichen Einrichtungen gelten: »Innerhalb der Wohngebiete soll eine fortschreitende Ordnung vom Haus zum Kinderspielplatz, zu einem Ort für ruhige Zusammenkünfte, zu Erholungsgebieten, Sportzentren, vom Kindergarten zur Volksschule, zur Mittelschule, zu weiteren Erziehungs- und sozialen Einrichtungen, vom Parkplatz zum Verkehrsplatz bis zur Schnellstraße wirksam sein. Diese verschiedenen Elemente müssen eine Einheit bilden, die in Beziehung zu den Wohnhäusern steht und Bewegung, Kontinuität, Expansion und Kontraktion ermöglicht. In unserem Plan sind die Wohngebiete, die auf Plattformen über der Bucht stehen, durch eine vertikale Anordnung dieser verschiedenen Räume gekennzeichnet, jedoch weisen die Gebiete, die auf neugewonnenem Land errichtet sind, eine horizontale Anordnung auf[24].« Die Stadtfläche selbst, die eigentliche Erdoberfläche, ist gedacht als Kommunikationsebene für die Fußgänger mit Einkaufsmöglichkeiten, Versammlungsräumen, Auditorien, Erholungs- und kulturellen Einrichtungen. Auf dieser Ebene erheben sich auf Kernstützen in einem Abstand von 200 m die Arbeits- und Wohnstätten. Das bedeutet also: »Privater Raum in der Luft, wo der Mensch lebt und arbeitet, und gemeinsamer Raum zu ebener Erde, wo die der modernen Gesellschaft eigene Interaktion sich frei entfalten kann, sind voneinander getrennt[25].« Insgesamt wird so eine horizontale wie vertikale Trennung der städtischen Funktionen angestrebt.
Auf diese unseres Erachtens charakteristischsten Merkmale der oft sehr heterogenen und schwer zu erschließenden gedanklichen und baulichen Vorschläge der Metabolisten möchten wir uns hier beschränken. Auch in der Interpretation dieser Entwürfe müssen wir uns auf soziologisch besonders relevante Schwerpunkte konzentrieren.
Schon aus der knappen Darstellung des Denkhintergrundes und des Gesellschaftsbildes der metabolistischen Planer und Theoretiker dürfte klar geworden sein, daß hier Vorstellungen, wie etwa die biologisch-organizistischen Analogien, eine Rolle spielen, die in der so-

---

[24] Tange, K.: Plan für Tokio, a. a. O., S. 12.
[25] Nitschke, G.: Die Metabolisten Japans, a. a. O., S. 512.

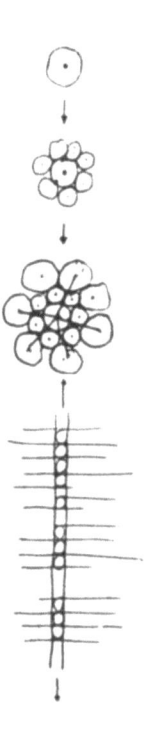

29 (oben links) Kenzo Tange, Von der radialen zur linearen Struktur und mögliche Entwicklung Tokios als lineare Stadtstruktur
30 (oben) Kenzo Tange, Plan für Tokio
31 (links) Kenzo Tange, Blick auf ein Wohngebiet

ziologischen Städtebaukritik nicht unbekannt sind. So kritisiert H. P. Bahrdt städtebauliche Leitbilder, die mit der »biologischen Sphäre« entliehenen Begriffen wie »Wachstum«, »organische Entwicklung[26]« arbeiten, und zeigt die Verbindung solcher Vorstellungen zu konservativen Einstellungsmustern. Während Bahrdt noch Planer im Auge hat, die, wie Bernhard Reichow, fast romantische Anklänge hatten, dehnt H. Berndt die Kritik an einem organizistischen Denken auf die von ihr so bezeichneten »technokratischen Organiker[27]« aus, das heißt Planer, die »die Anpassung der Städte an die gewandelte industrielle Technik (Automation) fordern und doch weiter auf die Erhaltung der organischen Substanz im Städtebau dringen[28]«. Hier nun, bei den Metabolisten, finden wir eine extreme Erweiterung dieser Denkfiguren auf einer technisch hochentwickelten Ebene. Nicht nur die gesamte materiell-räumliche Umwelt als technisches Substrat wird zum »Organ«, das »atmet«, sich ausdehnt, zusammenschrumpft, Substanzen assimiliert und zerfällt[29], gleichermaßen wird die Gesellschaft zu einem ständig sich wandelnden Organismus, deren funktionell voneinander abhängige »Bakterien« nur dazu angehalten sind, sich dauernden strukturellen Wandlungsprozessen, deren Ziele sie nicht kennen und auch nicht selbst bestimmen können, anzupassen. Gerade die Konstellation von Stabilität und Wandel nun, die die Metabolisten vertreten, deutet darauf hin, daß hier weiterhin die Kritik zutrifft, die in der soziologischen Diskussion gegen einen strukturell-funktionalen Ansatz als Gesellschaftstheorie, der bekanntlich organizistisch-biologistische Wurzeln hat[30], erhoben wird[31]. Stabilität und Gleichgewicht als unbefragtes Ziel gesellschaftlicher Wandlungsprozesse übersieht nicht selten bzw. unterdrückt Konfliktzonen, die durch Bestrebungen, eine Ausweitung der Selbstentfaltung und Selbstbestimmung der Individuen herbeizuführen, entstehen. So enthält das Programm der Metabolisten keine Antizipation einer neuen Gesellschaft, auch kaum in Einzelbereichen oder Ansätzen, die etwa aus der Analyse der bestehenden gesellschaftlichen Strukturen entstanden wäre. Die Folge ist, daß auch

---

[26] Bahrdt, H. P.: Die moderne Großstadt, a. a. O., S. 111.
[27] Berndt, H.: Das Gesellschaftsbild bei Stadtplanern, a. a. O., S. 69.
[28] Ebenda, S. 69.
[29] Vgl. Kawazoe, N.: Vom »Metabolismus« zu »Metapolis«. Vorschlag für eine Stadt der Zukunft. In: Bauen + Wohnen 5/1967, S. 189 ff.
[30] Vgl. Malinowski, B.: The Functional Theory. In: A Scientific Theory of Culture, Chapel Hill, 1944; Radcliffe-Brown, A. R.: Structure and Function in Primitive Society. London, 1952.
[31] Vgl. zum Beispiel Lockwood, D.: Some Notes on the Social System. In: The British Journal of Sociology 7/2, 1956; Dahrendorf, R.: Toward a Theory of Social Conflict. In: The Journal of Conflict Resolution, 2 (1958), S. 170–183.

keine daraus abgeleiteten Prämissen für die Stadtplanung, etwa im Hinblick auf die Zuordnung bestimmter städtischer Lebensbereiche, bestehen, die über die vorgefundenen traditionellen Verhaltensmuster hinausführen. Vielmehr überdeckt die Rede vom ewigen Wandel verhärtete gesellschaftliche Strukturen. Die Sprache selbst verschleiert soziale Ungleichheiten und täuscht über die Realität hinweg. Diese Diskrepanzen werden durch die Konfrontation der metabolistischen Konzeption mit der vorangestellten Skizze der objektiven, hierarchisch gestuften, konservativen Gesellschaftsstruktur sichtbar, die in den metabolistischen Programmen mit keinem Wort erwähnt wird. So besteht die Gefahr, daß »Wandel« konkret darauf hinausläuft: die räumliche Umwelt so einzurichten, daß im Rahmen des kapitalistischen Verwertungsprozesses einer wachsenden Wirtschaft die notwendige »schöpferische Zerstörung« (creative distruction[32]) stattfinden kann. Darauf deutet unter anderem eine Anmerkung von Nitschke hin, der im Zusammenhang mit den erwähnten flexiblen Elementstrukturen von einer anwachsenden sogenannten »Wegschmeiß-Kultur« (Throw-away-culture[33]) spricht – Begriffe die nicht so recht in das Bild des philosophischen Überbaues der Metabolisten passen wollen[34]. Stabil bleibt dann in einem so verstandenen Wandel die konservative Sozialstruktur einer rigiden Leistungsgesellschaft mit ihren objektiv aufweisbaren Ungleichheiten, die als natürliche und organische Ordnung angesehen wird.

Die Frage, warum Planer geradezu eine Affinität zu organizistischen Denkmustern zu haben scheinen, kann wohl nur aufgrund empirischer Untersuchungen geklärt werden. Es kann vermutet werden, daß einmal »naturnahe« Philosopheme gerade die ansprechen, die mehr oder weniger autodidaktisch »darauflos philosophieren«. Es kann aber auch sein, daß die Komplexität der Umweltplanung, die ja praktisch alle Lebensvorgänge berücksichtigen muß, zu Ansätzen

---

[32] Schumpeter, W.: Kapitalismus, Sozialismus und Demokratie. 2. Auflage, München, 1950, insbesondere das Kapitel VII.
[33] Nitschke, G.: Die Metabolisten Japans, a. a. O., S. 512.
[34] Wie wenig auch der »Wandel« die tatsächlichen Erfordernisse, die an die Baustruktur gestellt werden, berücksichtigt, zeigt folgender Einwand: »Während das Verkehrssystem und das künstliche Bauland aus Beton bestehen, sind die darauf befindlichen Funktionen des Arbeitens und Wohnens ephemer konzipiert. Das wurde schon früh von einem anderen Japaner – Fumihiko Maki – kritisiert, der sagte, es sei hier das Bleibende, nämlich die menschliche Wohnung vergänglich, das rasch sich Entwickelnde aber, der Verkehr, auf alle Zeiten festgefügt.« Burckhardt, L.: Wert und Sinn städtebaulicher Utopien. In: Das Ende der Städte. R. Schmid (Hrsg.) a. a. O., S. 117. Gegen den Hinweis auf das Unwandelbare an der Wohnung müssen allerdings Einwände erhoben werden.

drängt, die eine Bewältigung einer solchen Komplexität zu versprechen scheinen. Sicher spielt auch eine Rolle, daß bestimmte Gestaltungsprinzipien, die auf »Einheit« und »Abrundung« vieler Teilelemente Wert legen, die Wahl von »einheitsstiftenden« Ansätzen begünstigen.

Besonders deutlich werden die Auswirkungen solcher Einstellungsmuster, wenn man das Verhältnis von Individuum und Gesellschaft betrachtet, wie es die Metabolisten ihren Entwürfen zugrunde legen. Zwar ist es bedenklich, Menschen und Gesellschaften uns fremder Kulturkreise mit Maßstäben zu messen, die nun doch aus der westlichen europäischen Tradition gewonnen sind[35], doch erscheint es sinnvoll, Überlegungen in dieser Richtung anzustellen: einmal, weil von westeuropäischen Architekten sehr viel übernommen wird, zum Beispiel Begriffe und formale Elemente. Dabei wird allerdings der soziale Hintergrund, auf dem diese abgelösten Elemente entstanden sind, oft nicht ausreichend gesehen. Zum anderen muß beachtet werden, daß kulturelle Traditionen nicht verabsolutiert oder nur auf anthropologische und ethnische Konstanten zurückgeführt werden dürfen. Dies gilt insbesondere dann, wenn es, wie hier, um die Chancen der Entfaltung individuellen wie kollektiven Lebens in der Stadt geht. Die zitierten Äußerungen von Kawazoe und Nitschke zeigen, wie sehr die Unterordnung des Individuums unter die Gesellschaft gefordert wird, allerdings unter eine hierarchisch gestufte Gesellschaft. Die Ziele des einzelnen sollen identisch sein mit den Zielen der Gesellschaft, eine Vorstellung, die im Zuge restaurativer Tendenzen nach der Französischen Revolution insbesondere von Comte vertreten wurde und später, allerdings mit anderem Akzent, zum Schlagwort des Faschismus wurde: »Die egoistischen Interessen müssen den

---

[35] So kennt das japanische Denken nicht den Begriff des Individuums, wie er in europäischen Kulturen verwandt wird und der auf die Entwicklung der je besonderen Persönlichkeit eines Menschen abzielt. In der östlichen Denkweise – beeinflußt durch die buddhistische Lehre – bedeutet das Besondere am Menschen, das Erreichen von Vollkommenheit, gerade das sich Lossagen von eigenen Strebungen und das Aufgehen im Nächsten: »Die Figur des Heiligen, des ›Übermenschen‹ der westlichen Kultur ist der Mensch, der sein ›Ego‹ diszipliniert und seine Individualität ausdrückt; die Figur des Weisen, des ›Untermenschen‹ des Ostens, ist ein Mensch, der sich von der Konzeption eines überhaupt existierenden ›Egos befreit und Überindividuelles ausdrückt. Der erstere behält die Illusion eines individuellen ›Ichs‹ als Realität bei und macht dieses Bild zur Grundlage seiner verschiedenen Gesellschaftsformen, die durch den ewigen Konflikt der Interessen der Individuen charakterisiert sind. Der letztere streift die (für ihn) bloße Illusion eines vom Nächsten getrennten ›Ichs‹ ab und ist damit Harmonie mit dem anderen.« Nitschke, G.: Die Metabolisten Japans, a. a. O., S. 515.

›sozialen‹, dem Gemeinnutz, untergeordnet werden, wobei stillschweigend das Individuum zum bloßen Exemplar seiner Gattung reduziert wird, auf das es nicht so ankomme[36].« Natürlich soll damit nicht geleugnet werden, daß sich das Individuum erst in der Wechselwirkung mit der Gesellschaft voll entwickeln kann, allerdings mit einer Gesellschaft, die dem Individuum den Raum zur Selbstentfaltung gibt. Gerade die Weiterführung des Metabolismus zeigt jedoch, in den Worten von Kawazoe, wie die Zurückdrängung des Individuums, für das die bauliche Umwelt eingerichtet wird, hier gemeint ist. Die Metabolistengruppe selbst stellt sich nämlich die Aufgabe, »den Weg in die Zukunft zu weisen[37]«. Es ist fraglich, ob eine solche, von oben gesetzte gleichsam elitäre Planung, die die Menschen in »Massen« und »Intellektuelle« teilt, auch auf dem Hintergrund östlicher Denkweise die tatsächlichen Bedürfnisse der einzelnen Menschen erfassen kann. So kann sich eine relativ hoch entwickelte Technik, die die Machbarkeit der Umwelt gegenüber den historischen Stadtentwürfen aufs Vielfache steigert, ungehindert mit Lebenszusammenhängen verbinden, die in ihren konservativen Zügen nicht ausreichend reflektiert werden. Das muß zu Friktionen und zu einem Übergehen der individuellen und gesellschaftlichen Bedürfnisse führen, denn »auf dem gegenwärtigen Stand der produktiven Kräfte können sich die Beziehungen zwischen technischem Fortschritt und sozialer Lebenswelt nicht mehr wie bisher naturwüchsig einspielen. Jeder neue Schub technischen Könnens, der unkontrolliert in alte Formen der Lebenspraxis einbricht, verschärft den Konflikt zwischen Ergebnissen angespanntester Rationalität und überrollten Traditionen[38]«. Hinzu kommt, daß die Technik, verstanden im Sinne der materiell-räumlichen Objekte, bei den Metabolisten noch nicht so fungibel und wechselnden Gebrauchsmöglichkeiten angemessen ist, wie es bei den weiter unten behandelten westeuropäischen Zukunftsmodellen teilweise der Fall ist. Gerade die massive brutalistische Betonbauweise[39], die mit ausgesprochenen Ge-

---

[36] Institut für Sozialforschung (Hrsg.): Soziologische Exkurse, Frankfurter Beiträge zur Soziologie, Band 4. Frankfurt/Main, 1957, S. 45.
[37] Kawazoe, N.: Vom »Metabolismus« zu »Metapolis«, a. a. O., S. 189.
[38] Habermas, J.: Zur Logik der Sozialwissenschaften, a. a. O., S. 23/24.
[39] Der »Brutalismus« ist eine um 1958 von England ausgehende Bewegung, die sehr heterogene ethisch und ästhetisch bestimmte Elemente umfaßt. Die Architekten dieser Richtung verwenden schwere, rauhe Materialien, die zu ablesbaren und einprägsamen Baukörpern zusammengesetzt werden. Vgl. etwa Banham, R.: The New Brutalism. In: The Architectural Review, 1955. Von dem gleichen Autor: Brutalismus in der Architektur. Ethik oder Ästhetik? Dokumente der Modernen Architektur, Band 5, Stuttgart 1966.

staltungsabsichten eingesetzt wird, verhindert die Einlösung der verbalen Forderung nach Wandel im Material selbst. Die technischen Aggregate präformieren in Wirklichkeit in bestimmter Weise eine ganze Reihe von städtischen Lebensvorgängen, die in ihrer Zuordnung nicht problematisiert werden. Je nach der geplanten Zuordnung oder Trennung von menschlichen Verhaltensweisen, also von sozialen Prozessen, enthüllen sich die sozialen Implikationen der Entwürfe.

Die Konzeption der Wohnung wird von den einzelnen Architekten sehr vielfältig angelegt. Hier konkretisiert sich noch am ehesten ein gewisser Widerstand gegenüber überkommenen Traditionen, obgleich die Reduktion der Familie zur Kleinfamilie und – baulich – zur Wohnzelle, die als Rundelement (Kikutake, Kurokawa) kaum Erweiterungsmöglichkeiten zuläßt, nicht immer zur Erleichterung der familiären Lebensvorgänge beiträgt. Zwar hat Kikutake sieben verschiedene – allerdings nicht näher erläuterte – Wohnungstypen vorgesehen. Es fehlen in den Entwürfen aber allgemein die Überlegungen, wie der Wohnungszuschnitt und die Aufteilung aus den einzelnen Lebensphasen und Bedürfnissen der Familie entwickelt werden können. Mehr von bestimmten konstruktiven Vorstellungen ausgehend, werden die Wohnungen durchgängig als mehr oder weniger große, gegeneinander abschließbare Zellen konzipiert, die natürlich die Möglichkeiten von Familiengemeinschaften ausschließen. Das Verhältnis von Öffentlichkeit und Privatheit wird also – analog der Vorstellung der Metabolisten über die Wechselwirkung von Individuum und Gesellschaft – in Richtung einer immer stärkeren Abkapselung und Atomisierung (Einpersoneneinheit) des Individuums interpretiert, eine Tendenz, die zwar im Hinblick auf die alte japanische Familientradition befreiende Elemente haben mag, auf der anderen Seite aber die Schrumpfung des Individuums als Partikel in der Leistungsgesellschaft fördert.

Betrachtet man nun die Zusammenfassung der Wohnungen zu einzelnen Quartieren, so wird zum Beispiel von Kurokawa der Nachbarschaftsgedanke übernommen, der bekanntlich mit starkem sozial- und stadtplanerischem Optimismus im Hinblick auf die Machbarkeit sozialer Beziehungen durch räumliche Mittel aufgeladen und schon zu dieser Zeit in seinem ideologischen Charakter erkannt war[40]. Mit biologistischen Analogien einer Aneinanderreihung von Zellen versehen werden relativ autonome Quartiere avisiert, die die städtischen Lebensvorgänge auf verhältnismäßig kleinem Raum kon-

---

[40] Vgl. hierzu Klages, H.: Der Nachbarschaftsgedanke und die nachbarschaftliche Wirklichkeit in der Großstadt. Köln und Oplanden, 1958; ebenso König, R.: Die Gemeinde. Grundformen der Gesellschaft. Hamburg, 1958.

zentrieren und gesamtstädtisches, urbanes Leben sowie die Wahlfreiheit einzukaufen, Beziehungen zu knüpfen usw. beeinträchtigen können.

Wird sonst – wir kommen bei der gesamtstädtischen Betrachtung darauf zurück – eher eine Funktionstrennung städtischer Aktivitäten angezielt, so ist auffallend, daß in einem Punkt teilweise eine dezidierte Funktionszuordnung vorgeschlagen wird: im Wandcluster Kurokawas wird der Wohnbereich unmittelbar[41] dem Arbeitsbereich[42] zugeordnet, was bedeutet, daß die Menschen, die auf der einen Seite der »Wand« wohnen, auch auf der anderen arbeiten müssen oder sollten, ein Wechsel des Arbeitsplatzes also erheblich erschwert wäre. Hier schlägt das Arbeitsethos einer Leistungsgesellschaft durch, das voraussetzt, daß der Arbeitnehmer möglichst sein Leben lang in einem Betrieb arbeitet. So kann man sagen, daß die Organisation der räumlichen Umwelt zumindest ein Arbeitsverhalten erschwert, wie es H. P. Bahrdt in einem »Utopischen Ausblick« beschreibt: »Der Charakter der durch rationale und ›rationalisierte‹ Arbeit geschaffenen technischen Umwelt könnte zur Aktivierung von Tugenden führen, die in der jüngeren Geschichte durch das übersteigerte Arbeitsethos verdrängt worden sind. Ein Amts- oder Dienstethos, das nicht zum pausenlosen Abarbeiten eines selbst- oder fremdbestimmten Pensums auffordert, sondern zur distanzierten Bereitschaft, verantwortungsvoll in bestimmten Situationen in ein nicht völlig geregeltes Geschehen einzugreifen, wird den Anforderungen einer technischen Welt vielfach besser gerecht ... Der Berufswechsler gilt nicht als unseriös, sondern als geistig beweglicher Mensch. Wer 25 Jahre in einem Betrieb gearbeitet hat, erhält keine Treueprämie oder eine goldene Uhr aus der Hand des Direktors, sondern wird über die Schulter angesehen, wie ein Ritter im Mittelalter, der sich auf seiner Burg ›verliegt‹[43]«. Die gleiche Verkürzung der möglichen Lebensbereiche akzentuiert Tange in seinem Tokio-Plan, so daß J. Lehmbrock sagen kann: »Zwei Formen, eine fürs Wohnen und eine fürs Arbeiten, können die Mannigfaltigkeit des Lebens nicht treffen[44].« Auch der Konzeption des Ozeanclusters Unabara kann man entnehmen, eine wie zentrale Rolle die Pro-

---

[41] Die Trennung besteht lediglich in einem Kommunikationsband, das nicht etwa einer »Straße« vergleichbar ist, sondern, streng spezialisiert, dem Güter- und Personentransport dient.
[42] An welche Form von Arbeit in dem vorliegenden Entwurf gedacht ist, ist nicht ersichtlich und in der Beschreibung nicht angegeben.
[43] Bahrdt, H. P.: Wurzeln und Widersprüche der Einstellung zur Arbeit in Industriegesellschaften. Hannover, 1968, S. 85–86.
[44] Lehmbrock, J.: Leserbrief. In: Bauen + Wohnen, August 1964, S. VIII, 2.

duktion gegenüber dem von ihr »eingeschlossenen« Wohnen einnimmt. Sonst werden die städtischen Funktionen eher getrennt, vertikal oder horizontal, angelegt, wie die Beispiele des Landwirtschaftsclusters von Kurokawa und des Planes für Tokio von Tange zeigen. Hier trifft voll die soziologische Städtebaukritik zu, wie sie Anfang der 60er Jahre gegen die Auswirkungen der Funktionstrennung erhoben wurde[45]. Allerdings leisten die metabolistischen Entwürfe aufgrund ihrer hohen Dichte nicht einer Zersiedelung Vorschub, wohl aber einer möglichen Verödung durch einseitig strukturierte Viertel. Diese Segregation der Funktionen erscheint wieder – nun auf der umfassendsten Maßstabsebene in Kikutakes Plan der strukturellen Neuordnung Japans. Dabei sind nicht nur die topographischen Gegebenheiten zu beachten, die natürlich eine Besiedelung des Landesinneren problematisch erscheinen lassen und so den »nationalen Urlaubsweg« nahelegen mögen, sondern auch die Tatsache, daß die Küstenlinie für die Industrie den, ökonomisch ausgedrückt, »Kostenminimalpunkt« darstellt. Denkbar wäre nämlich auch, daß die Menschen die von Arbeit freie Zeit auch an der Küste verbringen wollen. Das allerdings schließt dieser Plan möglicherweise aus, da offenbar die Produktion die Priorität in der Standortzuweisung besitzt.

Wir sehen also, daß die Betrachtung der Lebensvorgänge und Handlungschancen in den Zukunftsmodellen, soweit sie aus den vorliegenden Dokumentationen erschlossen werden können, kaum über das Niveau der damaligen Städtebauauffassung hinausreichen. Im Gegenteil kann man feststellen, daß die Zukunftsmodelle soziale Implikationen aufweisen, die zum Teil alles andere als zur räumlichen Vorbereitung menschlicher Entfaltungschancen beitragen können.

Bleibt dieser ganze Bereich also in den Grenzen des gesellschaftlich Sanktionierten, so könnte die Entfaltung der technischen Möglichkeiten, wie sie die Metabolisten betreiben, unter Umständen Folgen nach sich ziehen, die in ihrer Tragweite nicht übersehen, allerdings auch nicht so ohne weiteres nachgewiesen werden können. Die technische Eroberung neuer räumlicher Dimensionen in der Höhe, die Schaffung anderer räumlicher Situationen wie zum Beispiel auf dem Ozean, die technische Realisierung wie etwa wesentlich höherer Wohndichten – alles dies wird unbekümmert eingeführt, ohne die möglichen Auswirkungen auch nur zu diskutieren. Es werden Anpassungsleistungen gefordert, die leicht zu Überlastungen und damit zu Ent-

---

[45] Vgl. insbesondere Jacobs, J.: Tod und Leben großer amerikanischer Städte. Bauwelt Fundamente, Band 4, Gütersloh, 1971 (amerikanische Ausgabe 1961); Bahrdt, H. P.: Die moderne Großstadt, a. a. O.

differenzierungen psychischer Prozesse und zu »Regressionen« führen können[46]. Freilich scheint das Ausmaß der Anpassungsleistungen nicht anthropologisch konstant, sondern von den jeweiligen sozialen und kulturellen Einflüssen abhängig zu sein. So ist denkbar, daß die erwähnten kulturellen Einstellungsmuster zum Beispiel im Hinblick auf das Verhältnis von Individuum und Gesellschaft auch das beeinflussen, was als Wohndichte noch als erträglich angesehen wird. Jedenfalls ist interessant, daß im philosophischen Überbau der Metabolisten der Versuch gemacht wird, ein erhebliches Maß an Anpassungsleistungen zu legitimieren und als moralisch erstrebenswertes Ziel hinzustellen. Dabei wird die Konstellation Individuum – Gesellschaft – technische Umwelt[47] nicht als Problem, sondern als moralisches Postulat gesehen, ohne daß die dahinterstehenden gesellschaftlichen Interessen sichtbar werden.

Fragt man nun nach dem utopischen Gehalt der metabolistischen Zukunftsentwürfe, das heißt danach, inwieweit durch die materiell-räumliche Umwelt vielfältige Chancen zur Entfaltung städtischen Lebens, zu einer Beliebigkeit des menschlichen Verhaltens in der Stadt oder zu Handlungsmöglichkeiten im Raum entstehen können, die über die in der gesellschaftlichen Ordnung vorgefundenen hinausreichen, so haben die angeführten Beispiele gezeigt, wie wenig der politisch-soziale Bereich der gesellschaftlichen Entwicklung in einem kritischen, emanzipatorischen Sinne neu überdacht und zu Prämissen für die Bauplanung umgeformt wurde. Es handelt sich bei den metabolistischen Entwürfen um eine wesentliche und erste, in den Dimensionen fast überwältigende Ausprägung des geschichtlichen Verschiebungsprozesses der Komponenten, die für den Entwurf von Zukunftsmodellen bestimmend werden. Während die politischen und sozialökonomischen Komponenten zurücktreten oder nur in einem philosophischen Überbau erscheinen, jedenfalls kaum als gesellschaftlicher Vorgriff konzipiert werden, schiebt sich die technische Kompo-

---

[46] Mitscherlich, A.: Psychosomatische Anpassungsgefährdungen. In: Das beschädigte Leben, Diagnose und Therapie in einer Welt unabsehbarer Veränderungen. Hrsgg. von Alexander Mitscherlich. München, 1969, S. 37; ders.: Aggression und Anpassung. In: Aggression und Anpassung in der Industriegesellschaft. Frankfurt/Main, 1968, S. 80 ff.
[47] Zu diesem Zusammenhang vgl. Mitscherlich, A.: Psychosomatische Anpassungsgefährdungen. In: Das beschädigte Leben, a. a. O., S. 41: »Wenn wir von psychosomatischen Anpassungsgefährdungen sprechen, so läßt sich zugespitzt sagen, daß die Kranken hier nicht nur als individuell Scheiternde gesehen werden, sondern daß sich in ihnen eine spezifische Form kulturellen Daseins darstellen kann, in dem das Scheitern gerade eine sehr charakteristische Konsequenz ist – aus dem Verhältnis Individuum zu Mitwelt und Individuum zu technischer Umwelt.«

nente in den Vordergrund. Es sind weitgehend technisch bestimmte Anpassungsmodelle an eine dynamische und expansive industrielle, ökonomische und bevölkerungsmäßige Entwicklung, die in ihren Zielen nicht reflektiert, sondern als unhintergehbar und gegeben hingenommen wird. Durch einen in dieser Weise verkürzten Einsatz der Technik entsteht die Gefahr der Präformierung und damit auch der Einschränkung von ganz bestimmten Handlungsweisen im städtischen Raum, so daß die technischen Aggregate, besonders in diesen Dimensionen, totalitäre Züge annehmen. Während die historischen Utopien, sicher mit wechselnden Schwerpunkten und nicht selten fragwürdigen Mitteln – man denke etwa an Campanella – doch eine Verbesserung der gesellschaftlichen Verhältnisse intendierten und eine Verbindung dieser Intentionen mit der räumlichen Planung suchten, werden Interessen dieser Art bei den Metabolisten gleichsam aufgesogen von einem verselbständigten technisch-ökonomischen Entwicklungsprozeß, der, ins Idealistische gewendet, nur noch als immerwährender Wandel ohne konkretes, bestimmbares Ziel begriffen wird. Gemessen also an dem Begriff der Utopie, wie wir ihn im Teil 1 dieser Arbeit dargelegt haben, scheinen die metabolistischen Zukunftsmodelle kaum von einem kritischen Bewußtsein getragen zu sein.

Zwei Momente bedürfen jedoch noch einer besonderen Erwähnung: über die technische Bestimmtheit der Entwürfe hinaus zeigen die metabolistischen Vorschläge eine bemerkenswerte künstlerische Gestaltungskraft, die ihre formal-ästhetischen Prinzipien aus verschiedenen Quellen gewinnt: aus alten japanischen Bautraditionen, die sich mit Strömungen des internationalen Brutalismus verbinden; auch Assoziationen zur Natur – sie sind bereits in anderem Zusammenhang erwähnt worden – klingen in den ästhetischen Ausformungen an. Die Stadt wird selbst teilweise als gebaute künstliche Landschaft aufgefaßt, die sich mit der natürlichen Landschaft verbindet. Hier allerdings muß die Ambivalenz dieser ästhetischen Formkategorien gesehen werden: so sehr der Versuch, eine Verbindung mit der Natur herbeizuführen, dazu beitragen kann, daß die Technik nicht wie eine »Besatzungsarmee im Feindesland[48]« steht, so sehr trifft auch hier die bereits geführte soziologische Kritik an fragwürdigen Organismus- und Naturanalogien zu.

Ein anderes Moment, das nochmals der Hervorhebung bedarf, ist der Sachverhalt, daß die Metabolisten immerhin die baulich-technischen Aggregate mit bestimmten Nutzungen, also Wohn- oder Arbeitsfunktionen usw. verbunden haben; und es bleibt einigermaßen erkennbar, wie sie sich die Lebensvorgänge im städtischen Raum

---

[48] Bloch, E.: Das Prinzip Hoffnung, a. a. O., S. 769.

vorstellen. Die bauliche Umwelt ist noch nicht – völlig abgehoben von der geschichtlichen Entwicklung – zum fungiblen Instrument geworden, das mit beliebigen sozialen Nutzungen »gefüllt« werden kann. So bleibt doch eine Auseinandersetzung zwischen Lebensform und baulicher Umwelt sichtbar, die Verbindung zwischen Lebenszusammenhang und Umweltsystem wird noch nicht gelöst, wenn auch das zyklische Schema der geschichtlichen Prozesse – im Prinzip des ewigen Wandels – nicht zu einer praktischen Lösung bestehender Konflikte beiträgt.

Beide Momente bekommen in den hier folgenden westeuropäischen städtebaulichen Zukunftsmodellen eine andere Wendung, neue Akzente kommen hinzu, obgleich der angedeutete Verschiebungsprozeß insgesamt weiter verschärft wird.

3.2 Die Vorstellung einer »mobilen Freizeitgesellschaft« als Ausgangspunkt zum Entwurf städtebaulicher Zukunftsmodelle

Die im Zusammenhang mit Japan herausgestellten relativ allgemeinen Strukturmerkmale einer entfalteten Industriegesellschaft gelten im wesentlichen gleichermaßen für die westeuropäische Situation. Die spezielle Problematik einer auffallenden Diskrepanz von technisch-ökonomischer und politischer Entwicklung kennzeichnet insbesondere die Bundesrepublik. »Als Deutschland und Japan als ›Nachzügler‹ in das internationale System eintraten, haben sie sich darauf konzentriert, ihre Integration und die Mobilisierung ihrer Ressourcen voranzutreiben, um im internationalen System einen günstigen Platz zu finden: der Preis dafür war die Vernachlässigung ihrer Beteiligungskapazitäten, oder besser, die Unterdrückung der innergesellschaftlichen Tendenzen in Richtung auf eine autonome Kultur und Struktur[49].«

Der technisch-ökonomische Aufstieg in den Nachkriegsjahren – verbunden mit einer erheblichen Bevölkerungsentwicklung in den Städten – führt in der BRD gleichfalls zu einem Grad der Industrialisierung, der sich unter anderem in den bereits erwähnten Verschiebungen der Wirtschaftssektoren äußert und Anfang der 60er Jahre einen Höhepunkt erreicht. Zu dieser Zeit werden in Deutschland und

---

[49] Almond, Gabriel A.: Politische Systeme und politischer Wandel. In: Zapf, W. (Hrsg.): Theorien des sozialen Wandels. Köln/Berlin, 1969, S. 220. Zu der »Nachzüglerrolle« der BRD vergleiche ferner auch Plessner, H.: Die verspätete Nation. Stuttgart, 1959. Claessens, D., u. a.: Sozialkunde der Bundesrepublik Deutschland. Düsseldorf/Köln, 1965, S. 13 ff.

in den Nachbarländern auch die ersten Modelle für eine zukünftige Stadt bekannt. Eine andere entscheidende sozioökonomische Wandlungstendenz der Nachkriegszeit ist die wachsende Ausbildung von Großunternehmungen im Zuge der Kapitalkonzentration und damit einhergehend eine Schwächung der egalisierenden Tendenzen in der Einkommensverteilung[50]. Das Ergebnis dieser ungleichen Einkommensverteilung ist die Konzentration der Vermögensbildung und eben der fortschreitende Prozeß ökonomischer Konzentration im Bereich der Wirtschaft. Der Hinweis auf diese Entwicklung erscheint deshalb in diesem Zusammenhang wichtig, weil die nun folgenden städtebaulichen Zukunftsmodelle nicht ohne die Bedingungen ihrer Realisation gesehen werden können, die offenbar von den einzelnen Architekten – relativ unkritisch – als notwendige Anpassung an diese Prozesse interpretiert werden. So ist kaum vorstellbar, daß Stadtbausysteme der vorgeschlagenen Art anders als durch vorwiegend ökonomisch-monopolistisch organisierte Machtgruppen realisiert werden können. Es sei denn, man faßt eine grundsätzlich andere Wirtschafts- und Sozialverfassung ins Auge, was allerdings aus den Äußerungen der Planer nicht hervorgeht.

Zeigt einerseits der politisch-soziale Bereich eine gewisse Immobilität, so kann man speziell im Zusammenhang mit der Stadtplanung geradezu von einem »allgemeinen Mangel an politischer Kultur«[51] sprechen[52]. H. P. Bahrdt sieht die Fehlhaltungen, die zu dem fragwürdigen Wiederaufbau der Städte nach 1945 geführt haben, vor allem in den Nachwirkungen dreier ideologischer Strömungen[53]. Einmal ist ein restaurativer Liberalismus feststellbar, der vor allem ein Bodenrecht akzeptiert, das weitsichtige Planungen kaum zuläßt.

---

[50] Autorenkollektiv, Herrschaft, Klassenverhältnis und Schichtung. Manuskripte zum Soziologentag in Frankfurt/Main 1968, S. 14. United Nations, Secretariat of the Economic Commission for Europe. Incomes in Post-War-Europe: A Study of Policies, Growth and Distribution. Geneva, 1967, S. 17.
[51] Bahrdt, H. P.: Humaner Städtebau, Überlegungen zur Wohnungspolitik und Stadtplanung für eine nahe Zukunft. Hamburg, 1968, S. 18.
[52] Das bedeutet nicht, daß im Vergleich zur liberal-kapitalistischen Phase in anderen Lebensbereichen nicht eine Zunahme der politischen Regulierungen etwa im Hinblick auf den Wirtschaftsprozeß zu verzeichnen wäre, so daß der Begriff des »politisch regulierten Kapitalismus« geprägt wurde. Allerdings liegen Fragen der Stadt- und Regionalplanung – zumindest um die 60er Jahre – nicht unmittelbar an den gesellschaftlichen Konfliktzonen (wie zum Beispiel die Einkommensverteilung), was relativ geringe politische Einflußmöglichkeiten bedingt. Vgl. hierzu Habermas, J.: Wissenschaft und Technik als Ideologie, a. a. O.
[53] Bahrdt, H. P.: Humaner Städtebau, a. a. O., S. 20 ff.

Gerade dieser Sachverhalt wird zur Beurteilung der städtebaulichen Zukunftsmodelle wichtig, die sich nicht selten vom Boden abheben, um eben die verhärtete Bodenverfassung zu umgehen. Dann wirkt das Erbe der konservativen Großstadtkritik nach, das die Entstehung amorpher Suburbs begünstigt hat, wie sie später dann mit den Termini Zersiedelung, Suburbanismus, Ausuferung der Städte, Entmischung der Funktionen bezeichnet werden[54]. Und schließlich verkennt ein unpolitischer Technizismus in der Planung die Bedingtheit jedes planerischen Handelns, selbst wenn es sich als neutral und »unideologisch« versteht, eine Haltung, die von manchem Verfasser städtebaulicher Zukunftsmodelle eingenommen wird.

Darüber hinaus wird das Auseinandertreten der technisch-ökonomischen Entwicklung und des politischen und sozialen Problembewußtseins durch die besondere psychische Situation, in der sich die Bevölkerung nach dem Kriege befand, nochmals verschärft. Das Mißlingen des Wiederaufbaus, fehlende Konzeptionen zur Erneuerung der Städte, das Festhalten am Bodenbesitz, das Bedürfnis nach Sicherheit und nicht nach Experimenten sieht Alexander Mitscherlich als eine kollektive »Schreckreaktion« auf die »Schrecklähmung« von 1945 an, »als eine peinliche Nachphase der kollektiven Psychose ›Nationalsozialismus‹, hervorgerufen durch den Verlust einer starken Vaterfigur, die im Führer sich symbolisierte, und durch die Nähe der Weltmacht Kommunismus, die man sich zum Staatsfeind gemacht hatte. Schlotternde Angst ging um in Deutschland, das sich zusammen mit seinem Führer ruiniert hatte. Die Stupidität, die es unmöglich machte, daß auch nur eine Stadt sich großzügig wieder herstellte, ist motiviert durch ein panisches Regressionsbedürfnis vom Vater (dem nun alle Schuld zugeschoben wird) weg zur ›Mutter Erde‹, die – hat man ein Stück von ihr – einen nicht verkommen läßt[55]«.

Insgesamt entsteht der Wiederaufbau in der BRD nach dem Krieg bis in die späten 50er Jahre auf einem Boden, der in seinen Widersprüchen und unvermittelten Tendenzen und Strömungen die denkbar ungünstigsten Voraussetzungen für progressive städtebauliche Entwicklungen bietet und Folgen hat, die wiederum als Ausgangslage für städtebauliche Zukunftsmodelle dienen und das Nachdenken über das Schicksal der Städte in Gang setzen.

---

[54] Vgl. zur Kritik dieser Entwicklung insbesondere Bahrdt, H. P.: Die moderne Großstadt, a. a. O.; Jacobs, J.: Tod und Leben großer amerikanischer Städte, a. a. O.; Mitscherlich, A.: Die Unwirtlichkeit unserer Städte, a. a. O.
[55] Mitscherlich, A.: Die Unwirtlichkeit unserer Städte, a. a. O., S. 62, 66. Vgl. auch Mitscherlich, A. und M.: Die Unfähigkeit zu trauern. Grundlagen kollektiven Verhaltens. München, 1967.

So beziehen sich erste Analysen und Modellversuche – ähnlich wie in Japan – vor allem auf die großen Metropolen, in denen die quantitativen Ordnungsprobleme am gravierendsten auftreten. So erstaunt es nicht, daß der zeitlich früheste Vorschlag gerade in Paris erarbeitet wird, einer Stadt, die in besonderem Maße mit städtebaulichen Problemen und Schwierigkeiten zu kämpfen hat[56].

3.21 Die Stadt als »System«
(Yona Friedman, Eckhard Schulze-Fielitz,
Rudolf Doernach, Richard J. Dietrich)

3.211 Die mobile Architektur Yona Friedmans

Der französische Architekt Yona Friedman baut seine städtischen Zukunftsentwürfe auf dem seit 1957 entwickelten Konzept einer »architecture mobile« auf[57]. Diesem Konzept liegen folgende Überlegungen zugrunde:
Die heutige gesellschaftliche Krisensituation resultiert aus einer Diskrepanz zwischen der Unbeweglichkeit gesellschaftlicher Normen einerseits und den raschen Änderungen und Umwälzungen infolge

[56] Der Bevölkerungszuwachs zwischen den Volkszählungen 1954 und 1962 betrug 1,1 Millionen Einwohner, das ist eine Wachstumsrate von 1,8 %, die doppelt so groß wie die Wachstumsrate der Gesamtnation ist. Die Bevölkerungsdichte von Paris betrug 1962 28 200 Menschen/qkm (zum Vergleich London: 10 700 Menschen/qkm im Jahre 1961). Die schlechten Wohnverhältnisse können beispielsweise daran abgelesen werden, daß 80,6 % der Innenstadtwohnungen weder Dusche noch Bad besaßen (Volkszählung 1954). Ferner bestanden in Paris gravierende Verkehrsprobleme. So betrug in den zehn zentralen Arrondissements der Anteil der Beschäftigten, die aus anderen Gebieten kamen, 82 % (1954). Vgl. Hall, P.: Weltstädte. München, 1966, S. 59 ff.
[57] Von Yona Friedman sind zahlreiche Veröffentlichungen zur mobilen Architektur in internationalen Architekturzeitschriften erschienen, die sich aber in ihrem Kern nicht wesentlich unterscheiden. Vgl. insbesondere: Friedman, Y.: L'architecture mobile. Paris, 1958/1962 (hektograph.); Paris Spatial. In: Bauen + Wohnen, 11/1962, S. 38 ff.; Bauwelt, 16 und 52/1957 und 1/1963, Werk, 2/1963 und vor allem die Veröffentlichungen in der französischen Architekturzeitschrift L'architecture d'aujourd'hui, in der seit 1960 viele Dokumentationen erschienen sind. Ebenso: Ragon, M.: Wo leben wir morgen? a. a. O., S. 124 ff., 165 ff. Seminar on Methods for Architects/Planners, gehalten an verschiedenen Universitäten in USA und Kanada zwischen 1964 und 1967. Einzelne Vorträge dieser Seminare hielt Friedman an den Technischen Hochschulen Stuttgart und Braunschweig 1968 und 1970, vgl. Arch +, 2/1968.

des Bevölkerungswachstums, der ständig weiterschreitenden Verstädterung und der wissenschaftlichen Entdeckungen andererseits. Die Bereiche der Arbeit, der technischen und wissenschaftlichen Entwicklung sieht Friedman in einen mehr oder weniger automatischen Prozeß eingebunden, der der Gesellschaft in naher Zukunft die volle Beherrschung der Natur erlaubt und die Freisetzung vom Kampf um die Nahrungsbeschaffung bewirkt. Aus dieser Entwicklung zieht Friedman den Schluß, daß die Menschen künftig von der Notwendigkeit der unmittelbaren Reproduktion ihres Lebens freigesetzt sein werden und daß Spiel und Vergnügen wieder Mittelpunkt unserer Kultur sein können. Um diese neuen Formen gesellschaftlichen Zusammenlebens zu erreichen, bedarf es einer dauernden Änderung und flexibleren Fassung der »normes éternelles«, des normativen Rahmens der Gesellschaft, der die Beziehungen der Menschen untereinander und gleichermaßen ihr Verhältnis zu den Dingen für »Ewigkeiten« nahezu gesetzmäßig festlegt. Friedman schlägt daher – in Anlehnung an verschiedene historische Beispiele[58] – ein System periodischer Erneuerungen vor, das gleichermaßen in der Politik, den gesellschaftlichen Institutionen und dem privaten und öffentlichen Vertragsrecht gilt und die Vertragsdauer beweglicher macht, indem es die Annullierung des Ewigkeitsbegriffes einführt.

All diese Vorgänge – die Änderung der Normen, der technisch-wissenschaftlichen Entwicklung, die Bewegung der Menschen im Raum sowie auch die Veränderbarkeit der baulichen Elemente – faßt Friedman unter den Begriff der Mobilität zusammen, die er als eine der wesentlichsten Kennzeichen einer zukünftigen Gesellschaft ansieht. In einer solchen Gesellschaft wird der einzelne Mensch einen großen Freiheits- und Handlungsspielraum besitzen, in dem er seine individuellen Bedürfnisse befriedigen und gleichermaßen als soziales Wesen aktiv am Leben der Kollektivität teilhaben kann. Nicht zuletzt hat gerade die bauliche unbewegliche Struktur unserer heutigen Städte – so meint Friedman – zur Isolierung des einzelnen Menschen in den Wohnsiedlungen und zur Vereinzelung der Freizeitbeschäftigungen geführt oder gar Asozialität der Jugendlichen hervorgerufen. Ein neues gesellschaftliches Leben, das nicht mehr diese Zwänge auf die Menschen ausübt, kann sich erst in einer »lebendigen«, »beweglichen« Stadt entfalten, die in Form eines flexiblen Rahmens den Menschen die Möglichkeit gibt, die Umwelt wechselnden Gegebenheiten angleichen zu können. Die heutige statische Stadt ist das größte Hindernis für das gesellschaftliche Bedürfnis nach Mobilität, und die

---

[58] So erwähnt Friedman etwa das Halljahr des Mosaischen Gesetzes, das alle sieben Jahre Eigentum, Schuld, Abhängigkeit und Strafe tilgt. Vgl. L'architecture mobile, a. a. O., S. 2.

32 Yona Friedman, Schema der geographischen Situation von Paris, »Paris spatial« über dem schraffierten Bereich um den historischen Stadtkern
33 Friedman, Fotomontage von »Paris spatial«. Das räumliche Tragwerk mit eingefügten Raumelementen spannt sich über die bestehende Stadt
34 Friedman, Eine neue Stadt
35 Friedman, Detailausschnitt. Etwa 50 %/o der durch das Raumnetz überzogenen Fläche wird drei- bis viergeschossig überbaut

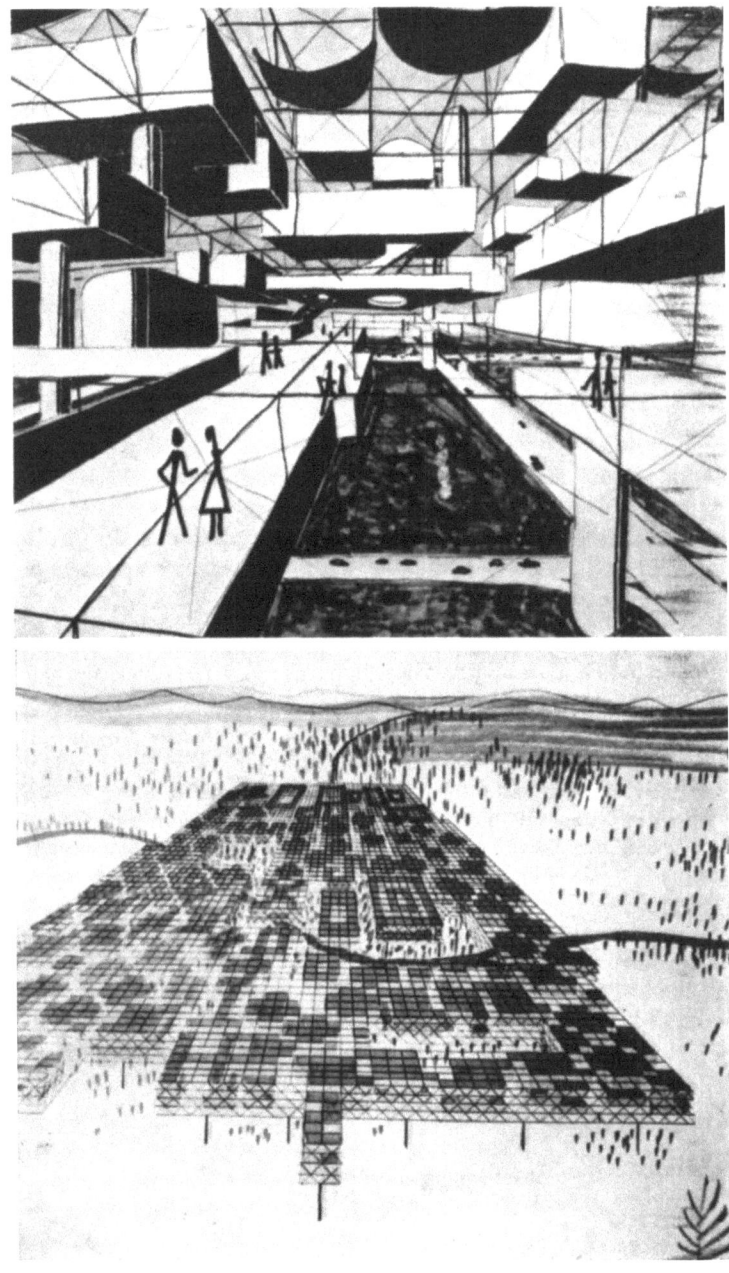

erste Aufgabe der Zukunftsurbanisten⁵⁹ ist daher, die Städte zunächst flexibel zu machen.
Diese Überlegungen führen Friedman nun zu einem Stadtkonzept, das er zuerst im Projekt »Paris Spatial« vorstellt (Bilder 32-35). Er entwickelt die Konstruktion einer Rahmenstruktur, eines Raumgitternetzes, das sich, auf weit auseinanderstehenden Stützen ruhend, über den Erdboden und den alten Baubestand hinwegspannt. Diese Strukturen »bestehen aus einem kontinuierlichen dreidimensionalen Fachwerk (Skelett), dessen Zwischenräume den Nutzraum bilden; diese Strukturen werden Füllstrukturen genannt – zum Unterschied zu einer anderen Konstruktion, die die Plattformen bildet – welche als Unterlage für die Baukörper dienen. Diese letzteren nennen sich Tragstrukturen⁶⁰«. Diese Raumstadt, die »ville spatiale«, die in Paris errichtet werden soll, besteht also aus einem Gerüst mit Leerräumen, das entweder frei bleiben kann zwecks Besonnung für die Raumstadt oder die darunter liegende Landschaft oder alte Stadt, oder in die mit vorgefertigten Elementen Räume für die unterschiedlichsten kollektiven oder individuellen Nutzungen eingebaut werden können. »In diesem System bestimmt der Architekt nicht die einzelnen Wohnungen für den Durchschnittsverbraucher, sondern nur eine Art künstliches Gelände mit mehreren Geschossen, auf dem der Bewohner mit den vorfabrizierten Konstruktionselementen spielen kann, wie es ihm Spaß macht. Das nennt Friedman ›die notwendige Zurückhaltung des Architekten gegenüber dem Bewohner‹⁶¹.« Vorgegeben werden nur noch die großen Achsen zum Beispiel für den Verkehr und verschiedene Ebenen als Fußgängerpromenaden und Erschließungsstraßen, alles andere bleibt dem individuellen Gestaltungswillen der Bewohner und den Anpassungsforderungen an eine sich wandelnde Gesellschaft überlassen. Nicht mehr der Architekt ist der Erbauer dieser Städte, sondern die Ingenieure, Techniker und Urbanisten und schließlich die Benutzer selbst sind es.
Friedman verspricht sich von der Raumstadt nicht nur Vorteile für die Bewahrung der freien Wahl der individuellen Benutzer, sondern vor allem die Entstehung einer neuen städtischen Gesellschaft: die Raumstadt wird als hochverdichtete Struktur ein vielfältiges Wege- und Straßensystem besitzen, darüber hinaus ist es möglich, sie voll zu klimatisieren mit lichtdurchlässigen, plastischen Häuten und Wänden, die ein ganzjähriges Leben auf der Straße ermöglichen, wo

---

[59] Dieser Ausdruck in Anlehnung an Michel Ragon.
[60] Friedman, Yona, zitiert nach Ragon, M.: Wo leben wir morgen, a. a. O., S. 169.
[61] Ragon, M.: Wo leben wir morgen, a. a. O., S. 169.

mannigfaltige Kontakte geknüpft werden können, ein Programm gegen die »Atomisierung« und »Vereinsamung« der Menschen. Zusätzlich hat nach Friedmans Vorstellungen die Raumstadt jedoch auch gesamtgesellschaftliche Auswirkungen. So etwa kann sie zur »Integration« der Landwirtschaft beitragen, denn die auf Stützen stehende Raumstadt stellt ja gleichzeitig beträchtliche Oberflächen zur Verfügung, die landwirtschaftlich genutzt werden können, was nach Ansicht Friedmans zur Sicherstellung der Ernährung der wachsenden Bevölkerung notwendig ist. Gleichzeitig ist damit verbunden eine Aufhebung des Zivilisationsgefälles und sozialer Disparitäten zwischen Stadt und Land, eine Intention, die uns schon aus einigen Programmen des zukünftigen Städtebaus der Metabolisten bekannt ist. Der Landwirt kann in der Raumstadt wohnen und hat alle Möglichkeiten der Teilnahme am Stadtleben und den kulturellen Veranstaltungen. Die Landkinder können sich nun ebenso wie die Stadtkinder eine umfassende Bildung erwerben.

Eine Raumstadt-Einheit könnte etwa 3 Millionen Einwohner beherbergen. Im Prinzip jedoch möchte Friedman sein Programm der »Raumkolonisierung« (colonisation d'espace) auf der gesamten Erde anwenden, zumal er einen weiteren raschen Prozeß der Verstädterung voraussetzt. Die Raumstadt könnte einen unbegrenzten Bevölkerungszuwachs aufnehmen und das Wohnungsproblem auf der Erde insgesamt lösen: »Da ein Zustrom in die Städte vorauszusehen ist, kann man ohne Übertreibung sagen, daß in naher Zukunft die Städte 80–85 % der Menschheit enthalten werden (statt, wie zur Zeit, 50 %). So wird also die aus sozialen (Zerstreuungen) und technischen (Verkehr, Klimaanlage) Gründen bevorzugte große Siedlung den Sieg über andere Siedlungstypen davontragen. Es ist nicht allzu sehr übertrieben, wenn man sich vorstellt, daß, wenn Frankreich in 10–12 Städten 3 Millionen Einwohner beherbergte, ganz Europa in 100–120 Städten, ganz China in 200 Städten und die ganze Welt in 1000 großen Städten untergebracht werden könnten[62].«

Yona Friedman hat im Rahmen der Studiengruppe »Paris Spatial« seine Konstruktionen weiter entwickelt. Wie Joachim Kannegießer in der Rezension des Projektes »Paris Spatial« ausführt, sind bereits zwei Studien »unter Verwendung des Raumstadtsystems verwirklicht worden, eine für die Stadt Tunis und eine für die Stadt Abidjan im jungen afrikanischen Staat Elfenbeinküste (beide von Friedman – Aujame). Paris Spatial wird aber nicht nur die auffallendste

---

[62] Friedman, Y.: Die 10 Prinzipien des Raumstadtbaus. In: Conrads, U. (Hrsg.): Programme und Manifeste zur Architektur des 20. Jahrhunderts. Bauwelt Fundamente, Bd. 1. Gütersloh, 1971, S. 176.

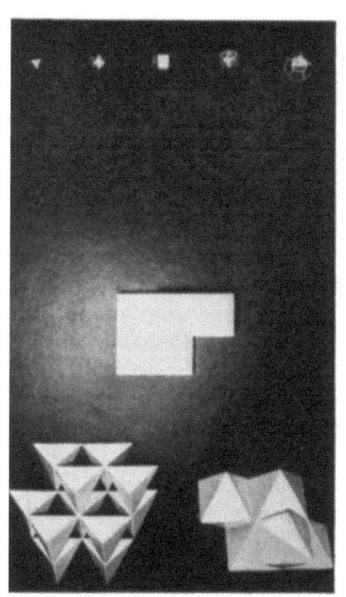

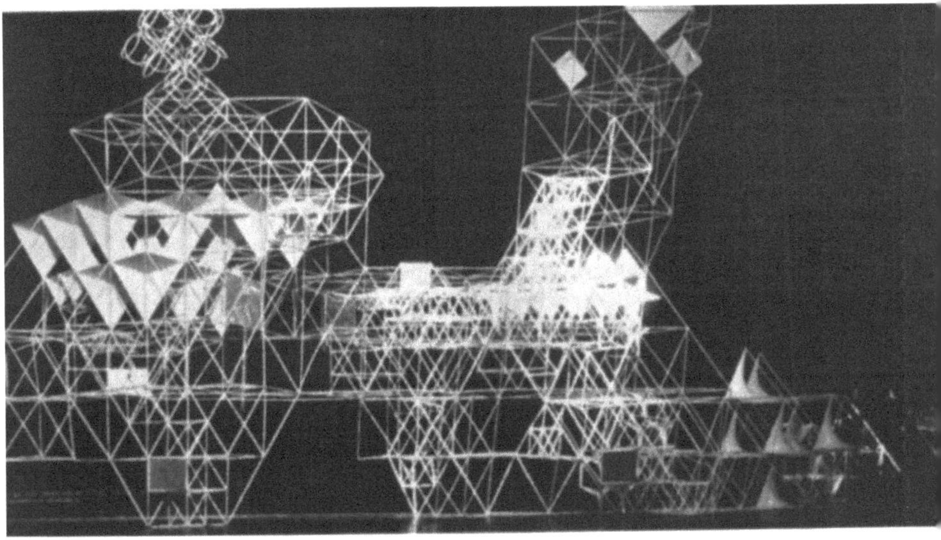

36 (linke Seite oben) Eckhard Schulze-Fielitz, zur Raumtheorie: Die platonischen Körper als Grundlage der Raumorganisation
37 (linke Seite unten) Schulze-Fielitz, beliebige, ständig veränderbare Ausfüllung der Neutralstruktur mit Raumelementen
38 (oben) Schulze-Fielitz, Abstraktion und Suggestion einer Raumstadt
39 (unten) Schulze-Fielitz, die Raumstadt; Kombination einer weitgespannten Neutralstruktur mit variierbaren Ausfüllungen

und größte, sondern zugleich die aktuellste und notwendigste Verwirklichung dieser Idee werden, die beispielhaft für die Welt von morgen werden kann[63]«. Seine Theorie der mobilen Architektur hat Friedman während der letzten Jahre zu einer bestimmten Methode der Umweltplanung überhaupt systematisiert, wie seine Seminare über dieses Thema an verschiedenen in- und ausländischen Hochschulen zeigen[64]. Diese Methode ist eigentlich vorwiegend der Versuch der vollkommenen Mathematisierung des Raumes. Architektur und Planung werden als Ordnen des Raumes verstanden. Friedman unternimmt hier den Versuch, sein Konzept der »Ville Spatiale« mit der Entwicklung von räumlichen Gesetzmäßigkeiten, die wiederum auf einer »Axiomatik des Sozialverhaltens« beruhen, zu untermauern und als alleinige Lösung städtebaulicher Probleme darzustellen[65].

3.212 Die Raumstadt von Eckhard Schulze-Fielitz

Eckhard Schulze-Fielitz geht von sehr ähnlichen Überlegungen wie Friedman aus, wenn auch in seinen ersten Arbeiten eine »Theorie des Raumes« in Verbindung mit ästhetischen Vorstellungen im Vordergrund steht (Bild 36)[66]. Später jedoch begründet er die Notwendigkeit und Richtigkeit seiner raumtheoretischen Arbeiten mit Entwicklungstrends wie einer auch weiterhin zu erwartenden

---

[63] Friedman, Y.: Paris Spatial, a. a. O., S. 38 ff.
[64] Zum Beispiel: Seminar an der Technischen Universität Braunschweig, Februar 1970.
[65] Vgl. Friedman, Y.: Seminar on Methods for Architects/Planners. In: Arch +, 2/1968, S. 27 ff. Diese »Axiomatik des Sozialverhaltens« zeigt einen hohen Grad der ungeschichtlichen Formalisierung, der Setzung ungeprüfter anthropologischer Konstanten und eine unbeschreibliche Leerformelhaftigkeit.
[66] Schulze-Fielitz, E.: Raumstrukturen. In: Bauwelt, 10/1961, S. 263 ff. Weitere Ausführungen von Schulze-Fielitz sind zu finden in: L'architecture d'aujourd'hui, No. 102, 33. Jg., Juni/Juli 1962, Sonderheft »Architectures fantastiques«; Bauwelt, 29/1963; Bauen + Wohnen, 5/1967; 1/1968. Ferner die Aufsätze und Vorträge: 1948 X 1984, Teilthérapie, Integraltherapie, Utopie, Referat zur Eröffnung der DEUBAU 1966 in Essen am 17. September 1966. In: Bauwelt, 42/1966, ebenso abgedruckt in: Der Architekt, 10/1966. Stadtbau und Gesellschaft, Vortrag im Rahmen eines Symposions am 16. 12. 1967 im Republikanischen Club e. V., Berlin (maschinenschriftl. Manuskript). Die Zukunft der menschlichen Umwelt. In: Reinhard Schmid (Hrsg.): Das Ende der Städte? a. a. O., S. 96 ff. Diese Überlegungen von Schulze-Fielitz zur Raumstadt weichen jedoch wenig voneinander ab trotz der Vielzahl der Veröffentlichungen. Am besten informiert der zuletzt genannte Artikel: Die Zukunft der menschlichen Umwelt.

Bevölkerungsexplosion, einer totalen Urbanisation und der zunehmenden Freisetzung der Menschen von Arbeit durch Industrialisierung und Automation. Die Folge dieser Trends ist für Schulze-Fielitz die Freizeitgesellschaft mit dem Charakteristikum einer hohen Mobilität. Diese Wandlungsprozesse bedürfen nun einer völlig veränderten Raumplanung, die er zunächst – und hier weicht er in der Begründung etwas von Friedman ab – unter dem Gesichtspunkt des Strukturwandels durch die Veränderung der Anteile der Wirtschaftssektoren sieht: der Bedarf an landwirtschaftlich genutzter Fläche wird sinken, der Bedarf an industrieller Produktionsfläche steigt nur langsam, während der Bedarf an Freizeit- und Verkehrsraum extrem ansteigen wird. Die Stadt nun ist »durch die Unzahl sich gegenseitig mehr oder weniger konditionierender Teile und Prozesse ein äußerst komplexes System«. Diese »Systeme müssen Wachstum, Regression und Verlagerungen von Nutzungsarten oder Nutzungsbereichen ermöglichen[67]«.

Als konkretes Modell schlägt Schulze-Fielitz ein verdichtetes Stadtbausystem – die sogenannte Raumstadt – vor, das dem von Friedman ähnelt, wenn auch manche Einzelheiten in anderer Weise gelöst werden (Bilder 37–39). So unterscheidet auch er zwischen Primär- und Sekundärsystemen. Die Primär- oder auch Neutralsysteme, die sich in bezug auf jede Nutzung neutral verhalten, sind Bausysteme in Form weitgespannter, festgelegter Tragkonstruktionen als »technisch aufbereiteter menschlicher Lebensraum, der die Möglichkeit beliebiger Nutzung an beliebiger Stelle bietet[68]«. Dieser objektive Teil der Stadt, der Rahmen, das Obersystem, wird nun ergänzt durch sogenannte Sekundärsysteme, das heißt veränderbare, den jeweiligen Nutzungen angepaßte Ausbausysteme. Dieser »zur Füllung und Nutzung freie Raum ist der Spielraum der Freizeitgesellschaft[69]«. Kriterien zur Festlegung des Primärsystems gibt es kaum, wenn man den Hinweis auf ein »optimal« zu erstellendes Primärsystem nicht als solches anerkennt. Aus- und Umbau des Sekundärsystems stellt er in das Belieben des Benutzers: »Freie Ausfüllung heißt Aktivität, Selbstausdruck, Indentifikation[70].«

3.213 Die Biotektur Rudolf Doernachs

Rudolf Doernach baut in seinen theoretischen Äußerungen den Systemansatz weiter aus, verbindet ihn mit stark biologistischen

---

[67] Schulze-Fielitz, E.: Die Zukunft der menschlichen Umwelt. In: Schmid, R. (Hrsg.): Das Ende der Städte, a. a. O., S. 104.
[68] Ebenda, S. 105.
[69] Ebenda, S. 105.
[70] Ebenda, S. 105.

40 Rudolf Doernach, Stadtsystem; a (oben): Kombinationsmöglichkeiten, b (unten): Modellbild

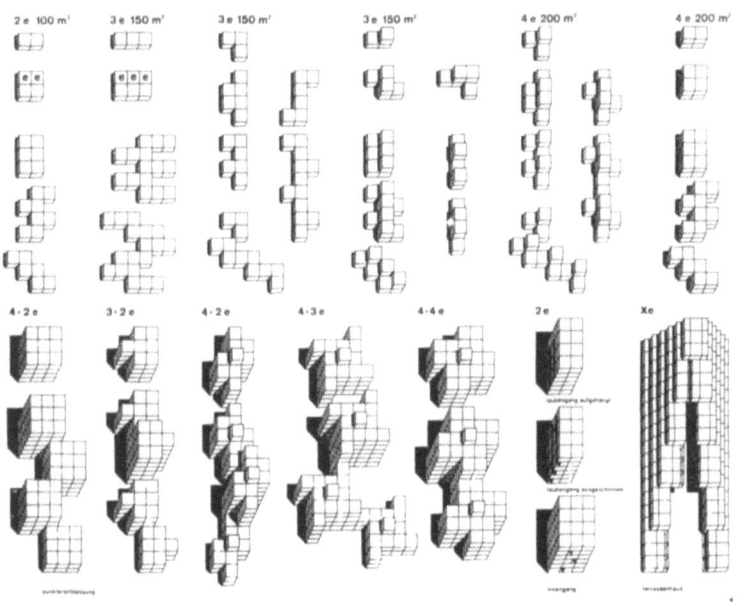

41 Doernach, Mobilopolis

Vorstellungen und sieht in einem weitgehend technisch fungiblen, regenerablen und anpassungsfähigen Umweltsystem ein Mittel zur Verbesserung der Gesellschaft. Etwas im Mißverhältnis zu dem großen theoretischen Aufwand stehen seine Vorschläge für Stadtsysteme, die meist eine Addition einzelner industriell herstellbarer Raumzellen darstellen. Einige nicht weiter konkretisierte Skizzen einer »regenerativen, selbstwachsenden Stadt« deuten jedoch an, wie er sich seine weitergehenden Überlegungen vorstellt (Bild 40a und b).
Doernach ordnet Systeme[71] nach dem Grad ihrer »Offenheit[72]«. In Erweiterung physikalischer Modelle skizziert oder suggeriert er – vieles ist nicht nachvollziehbar dargestellt – eine Systematik, die »dem komplexen, dynamischen Prozeß ›Leben‹ gerecht wird[73]«. Diese Systematik kann als Ausgangspunkt für Umweltsysteme gelten, denn »wenn biologische Systeme (gemeint sind hier die Menschen, Anm. d. Verf.) sich zu immer größerer Freiheit entwickeln,

---

[71] Doernach versteht unter System: »Einheit aus zusammenwirkenden Teilen. Systeme sind Teile von anderen Systemen und enthalten selbst wieder (Unter-)Systeme.« Doernach, R.: Über offene Systeme: Biotektur. Einige Hypothesen zur Planung von Experimenten. In: Schmid, R. (Hrsg.): Das Ende der Städte? a. a. O., S. 91.
[72] Offenheit bemißt sich bei Doernach nach dem Grad der Variabilität und Regenerationsfähigkeit von Systemen.
[73] Doernach, R.: Über offene Systeme: Biotektur. In: Schmid, R. (Hrsg.): Das Ende der Städte? a. a. O., S. 84.

müssen sie auch in (quasi-) biologischer Umwelt leben, müssen Wohnung, Haus und Stadt strukturelles und funktionelles ›Ebenbild‹ des Menschen sein[74]«.

So geht Doernach unter Aufgabe jeder formal architektonischen Erwägung dazu über, die Umwelt als Werkzeug, als externe Organik zur Erhaltung der internen Organik aufzufassen (Bild 41). Die Umwelt wird durch vollkommene Anpassung an den Menschen zur »Biotektur«, »die Zusammenwirkung menschlicher und technischer, interner und externer Organik bestimmt den Freiheitsgrad der Gesellschaft«.... »Morgen lebt der Mensch mit einer großen Familie von ›Werkzeugen‹, die sich zu einer externen Organik, zu einem integralen System entwickeln, das automatisch funktioniert, automatisch herstellbar und regenerabel ist: ›Freizeitgesellschaft‹ in beweglichen und veränderlichen ›Wohnwerkzeugen‹ entsteht.« ... »Eine starre Umwelt erzeugt starre Menschen und eine starre Gesellschaft. Lebendige, anpassungsfähige und wirtschaftliche Stadtsysteme lösen die gesellschaftliche Verkrampfung[75].« Das Stadtsystem nun, wie Doernach es sich vorstellt, ist »differenziert nach Skelett, Organ und Steuerung – wie der Mensch selbst: ›Habitainer‹ verschiedenster Größe sitzen in ›Raumparzellen‹, die mit allem Notwendigen versorgt sind. Die einzelne Einheit kann mit modularen Elementen wachsen oder schrumpfen, kann ihre Position im System ändern, muß es aber nicht, wie das bei Veränderungen in der alten Stadt oft erzwungen wird. ›Gewachsene‹ soziale Gewebe müssen

---

[74] Ebenda, S. 85.
[75] Doernach, R., ebenda, S. 85/86. Zur weiteren Information sei auf folgende Aufsätze verwiesen: Doernach, R.: Eine Theorie für das Bauen, in: Bauwelt, Heft 44/45, 1963. Doernach, R., R. Dietrich: Mensch und System. In: Der Architekt, 10/1966; Doernach/Autenrieth/Dorn: Bau- und Raumteile aus Kunststoff. In: Fertigteilbau, 2/1967, S. 13–28; Doernach, R., H. J. Lenz, E. Schulze-Fielitz: Stadtbausysteme. Gesellschaft für Forschung und Entwicklung mbH. In: Bauen + Wohnen, 5/1967; Doernach, R.: Stadtbausysteme. Vortrag im Rahmen eines Symposions, Republikanischer Club e. V., Berlin, 16. 12. 1967 (maschinenschriftl. Manuskript); ferner ist nicht uninteressant ein Leserbrief von Doernach, in dem er zu einem in der Bauwelt erschienenen Artikel über »Versprochene Paradiese« Stellung nimmt und ausdrücklich darlegt, daß nicht politisch-soziale Revolutionen oder menschliche Erkenntnisse eine humanere Umwelt oder »die längst ersehnte Freiheit des Individuums von repetitiver Arbeit bringen« werden – worüber in dem erwähnten Artikel reflektiert wird –, sondern eine neue Gesellschaft und neue »Umweltfreiheit« wird in Zukunft ausschließlich und sehr einfach mittels technisch-physikalisch-energetischer Systeme »produziert« werden. Vgl. Doernach, R.: Leserbrief: Versprochene Paradiese, in: Bauwelt, 6/1968, S. 133 und 138.

also nicht zerrissen werden ... Die Stadt aus ›Knochen und Zellen‹ kann – wie ein lebendes System – ständig regenerieren[76].«

3.214 Die Metastadt Richard Dietrichs

Im Jahre 1969 hat Richard Dietrich mit dem Konzept der »Metastadt«[77] den wohl aktuellsten Beitrag zu der Entwicklungslinie der räumlichen Stadtsysteme, die wir von Friedman bis Doernach verfolgt haben, gebracht. Einmal arbeitet er den Systemansatz stärker heraus, setzt auf einer noch globaleren Ebene an und scheint gleichzeitig der Realisierung näher zu rücken.
Dietrich entwickelt in einer begrifflichen Vorstrukturierung des Gegenstandsbereiches, die stark an Doernach anknüpft, seinen Begriff eines »Mensch–Umwelt-Systems«. Er faßt den »Menschen als biologischen Organismus mit seinen sozialen und technischen Systemen ... zu einem Gesamtsystem[78] zusammen, das als äußerst »komplexes und indeterminiertes System zu gelten hat. Dieses System befindet sich in dauernder Entwicklung[79]«. Um den »Optimalzustand« des Systems, der immer nur auf einen Entwicklungszeitpunkt bezogen werden kann, zu bestimmen, führt Dietrich fünf Entwicklungsparameter ein:
»1. der Differenzierungsgrad als das Maß der Verschiedenartigkeit, Spezialisiertheit, Individualität der Elemente im System;
2. der Variabilitätsgrad als das Maß der Veränderlichkeit, Regenerations- und Anpassungsfähigkeit (= Flexibilität) der Elemente im System;
3. der Kommunikationsgrad als das Maß der Intensität der Wechselwirkungen, des materiellen und informationellen Austauschs zwischen den Elementen im System;
4. der Komplexitätsgrad als das Maß der Vernetzung, Dichte, Abhängigkeit, Sozietät der Elemente im System;
5. der Organisationsgrad als das Maß der Organisiertheit der Elemente im System[80].«

[76] Doernach, R.: Über offene Systeme: Biotektur. In: Schmid, R. (Hrsg.): Das Ende der Städte? a. a. O., S. 93.
[77] Dietrich, Richard J.: Metastadt, ein Versuch zur Theorie und Technik des Mensch–Umwelt-Systems. In: Deutsche Bauzeitung, 1/1969, S. 4 ff. Vgl. auch: Dietrich, R.: Pueblo, Aspekte kommunitärer sozio-technischer Systeme. In: Deutsche Bauzeitung, 6/1969, S. 402 ff.
[78] Dietrich, R. J.: Metastadt, a. a. O., S. 6.
[79] Unter Entwicklung versteht Dietrich »durch Steuerung oder Selbstregelung zielgerichtete Wandlungs- oder Transformationsprozesse«. Ebenda, S. 6.
[80] Dietrich, R. J.: Metastadt, a. a. O., S. 8.

Nun können – so Dietrich – Aussagen über Zustand und Tendenz eines solchen indeterminierten Systems nur auf einer sehr generellen Ebene gemacht werden, da konkrete Teilaussagen immer unzuverlässiger und kurzfristiger werden. Auf dieser allgemeinen Ebene kann nun ein Optimalzustand ermittelt werden, den Dietrich »Integralzustand« nennt. Dieser ist erreicht, wenn sich alle Zustandsparameter im gleichen Verhältnis erhöht haben, also im Gleichgewicht sind. Der Entwicklungsprozeß läuft nun so, daß sich desintegrale Zwischenzustände und Integralphasen abwechseln.

Mit diesem Instrumentarium versucht Dietrich, die bisherige Entwicklung der Zivilisation zu messen[81], den heutigen Zustand zu bestimmen und die zukünftige Entwicklung abzuschätzen. Die bisherige Entwicklung der Organisation der menschlichen Gesellschaft durchlief nach Dietrich die »Naturintegralphase«, »Hausintegralphase«, »Dorfintegralphase«, »Stadtintegralphase« und »Staatsintegralphase[82]«. Die heutige Situation ist nun von einer schweren und ständig sich verschärfenden Krise gekennzeichnet, da »die jüngsten technischen Entwicklungen ... einen hohen Kommunikationsüberdruck[83]« verursachen. Im Hinblick auf diesen Kommunikationsüberdruck »genügt die Variabilität anderer Teile in keiner Weise, um Schritt zu halten, auszugleichen, sich anzupassen, wodurch das ganze inneren Spannungen ausgesetzt ist, die eine Optimierung immer schwieriger machen«. ... »Die sozialen Systeme verharren weiter in ihrem individual- und national-egoistischen Separatismus auf der Basis rückwärtsorientierter Emotionen, Ideologien und Traditionen[84].« Es bedarf also – um es in den eingeführten Parametern auszudrücken – einer Anhebung des Variabilitätsgrades zur Erreichung der kommenden »Welturbanintegralphase«. Hier liegt nun der Einsatzpunkt für Dietrichs Stadtkonzept: das »Generalziel der Entwicklung zu einem Integralzustand höherer Ordnung ... Freiheit, Beschleunigung, Dynamik, Variabilität, werden mittels einer effektiveren, das heißt auf einer höheren Stufe errichteten, integrierten Umwelttechnik verwirklicht[85]«. Diese Umwelt ist durch Leistungssteigerung, Aufwandminimierung, Entstofflichung bestimmt, und aus diesem Grunde sollen nach Dietrichs Vorstellung alles Schwere, Starre, Hemmende aus dem »soziotechnischen System« eliminiert und anpassungsfähige »prozeßprogrammierte« Stadtbausysteme entwickelt werden. Dietrich sieht »Ansätze einer völligen

[81] Ebenda, S. 11, Tabelle 15 »Die Entwicklung der Zivilisation. Schematische Darstellung der Zustandsmessungen«.
[82] Ebenda, S. 11.
[83] Ebenda, S. 10.
[84] Ebenda, S. 10.
[85] Ebenda, S. 15.

Befreiung des Individuums[86]« bei gleichzeitiger zunehmender Abhängigkeit aller von allen. »Das Wort von der ›Freiheit durch Bindung‹ wird belegbar. Privatheit und Öffentlichkeit müssen in eine immer intensivere Beziehung treten[87].« Schließlich deutet Dietrich in Analogie zu mythisch spekulativen Vorstellungen »die Möglichkeit eines Übergangs in einen paradiesischen Integralzustand« an, der »als ein Vorgang der Entstofflichung, der Loslösung von aller Schwere der ›Vergeistigung‹, der Freisetzung aus einem sichtbaren in einen unsichtbaren Energiezustand gesehen wird[88]«.

Das vorgestellte Stadtsystem nun, die »Metastadt« (Bild 42), ist weit weniger anspruchsvoll als der eben skizzierte gedankliche und begriffliche Aufwand. In grundsätzlicher Fortführung des »mobilen Stadtbaues« läßt er jedoch das Prinzip der getrennten baulichen Primär- und Sekundärstrukturen fallen wegen der »etwa 50prozentigen Vor- und Mehrleistung an konstruktivem Aufwand[89]« und verzichtet auf die Verwendung diagonal versteifter Raumfachwerke, da durch die Diagonalen eine optimale Nutzung des Strukturinnenraumes erschwert sei. Vielmehr verwendet er geschoßhohe, standardisierte Rahmenfertigelemente mit biegesteifen Ecken, die – auch nachträglich – verschiedenen statischen Beanspruchungen angepaßt werden können: »Ohne größere Vorausinvestitionen kann das Stadtbausystem mit allen seinen Trag- und Ausbauelementen in einem organismenhaft zellularen Wachstumsprozeß aufgebaut, immer mehr verdichtet, auf wechselnde Anforderungen eingestellt und schließlich ständig regeneriert werden[90].«

Zu den einzelnen Funktionen und den Nutzungszuweisungen im städtischen Raum äußert er sich nur allgemein im Sinne einer Verdichtung und Verflechtung der einzelnen Funktionen. Gegen das Prinzip der Charta von Athen mit der »desintegrierenden Tendenz des heutigen Städtebaus zum antikommunitären, diskontinuierlichen System der isolierten Einzelfunktionen und Einzelinteressen« setzt er das Prinzip der Metastadt mit der »integrierende(n) Tendenz eines neuen Stadtbaus zum kommunitären, hochverdichteten, multifunktionalen Großsystem eines neuen welturbanen demokratischen Sozialbewußtseins[91]«.

Zur Entwicklung eines Wohnhaus-Prototyps zum Metastadt-Projekt 1 sind einige Wohnungsgrundrisse auf einem Konstruktions-

---

[86] Ebenda, S. 12.
[87] Ebenda, S. 12.
[88] Ebenda, S. 15.
[89] Dietrich, R.: Metastadtprojekt 1, 1965–66, a. a. O., S. 18.
[90] Ebenda, S. 19.
[91] Dietrich, R. J., Pueblo, a. a. O., S. 412.

42 Richard J. Dietrich, Metastadtprojekt 1

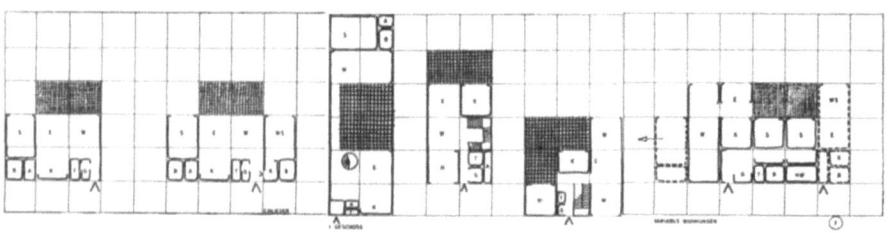

43 Dietrich, Wohnhausprototypen

44 Dietrich, Vorschlag einer Stadtsanierung

raster von 3,60 m in drei Dimensionen erarbeitet worden, deren Grundrißaufteilungen jedoch nicht erkennbar von den gängigen Wohnungstypen abweichen. Die Kriterien des speziellen Zuschnitts, die Koordination der Wohnungen im städtebaulichen Gefüge sowie ihre Erschließung sind aus der Veröffentlichung nicht ersichtlich[92] (Bild 43).

Die Auffassungen der genannten Planer und Architekten über die gegenwärtige und zukünftige Gesellschaft machen deutlich, daß es viele Querverbindungen und Ähnlichkeiten zu den japanischen Metabolisten gibt. Nicht nur die Vorstellung von der objektiven Situation einer entfalteten Industriegesellschaft (zum Beispiel Urbanisierungstendenzen, Desorganisation der städtischen Umwelt) unterscheidet sich – zumindest in den äußerlich sichtbaren Symptomen – wenig von denen der Metabolisten. Auch generelle begriffliche Orientierungen, wie die Vorstellung der Gesellschaft als Organismus, als sich schnell wandelnder interdependenter Zusammenhang einzelner Teilprozesse, sowie gleiche räumlich-städtebauliche Vorschläge, wie die Trennung von Trimär- und Sekundärstrukturen, sind hier wie da, sicher jeweils modifiziert, anzutreffen.

In nicht unwesentlichen Punkten jedoch sind Unterschiede feststellbar. So gewinnt die Vorstellung von »Gesellschaft als System« stärker an Bedeutung, seien nun damit Teilbereiche der Gesellschaft, die Gesellschaft als Ganzes oder soziale und technische Elemente in ihren

[92] Herzog, Th.: Metastadt-Grundrisse. In: Deutsche Bauzeitung, 1/1969, S. 39.

Wechselwirkungen gemeint. Das teilweise religiös unterbaute Konzept des Wandels bei den Metabolisten ist ersetzt durch die Vorstellung dauernd sich verändernder gesellschaftlicher Systemzustände. Der Zusammenhang von technisch-wissenschaftlicher Entwicklung und gesellschaftlichen Normen wird stärker gesehen, obgleich nicht durchschaut. Dann liegt ein bedeutsamer Unterschied darin, daß die Metabolisten den Arbeits- und Produktionsbereich mehr in ihre Entwürfe einbeziehen, während in der »Raumstadt« die »mobile Freizeitgesellschaft« im Vordergrund steht. Auch die Technik im Sinne einer rationellen Herstellung und einer den Nutzungen angemessenen Ausbildung der technischen Gegenstände bekommt einen anderen Stellenwert, während künstlerisch-ästhetische Momente teilweise weit in den Hintergrund treten.

Die eben berührten sehr umfangreichen Komplexe können nun nicht in der Breite der soziologischen Diskussion behandelt werden. Was die sehr differenzierte Problematik solcher Bereiche wie die soziologische Systemtheorie, Mobilität, Freizeit, Technik und Kunst anbetrifft, so kann es hier nur darum gehen, diese in ihrer stadtsoziologischen Dimension aufzusuchen und auf die vorliegenden Entwürfe zu beziehen. Man könnte nun die einzelnen Gesellschaftsbilder der Architekten im Zusammenhang mit dem jeweiligen Systembegriff vergleichen, kritisieren und die jeweils utopischen und die nicht- oder gegenutopischen Momente herausarbeiten. Ein Anknüpfungspunkt wäre die soziologische Auseinandersetzung um das »social system«. Nun wird man aber bedenken müssen, daß es sich hier um Architekten handelt, für die nicht selten soziologische Überlegungen zur Überformung und Rechtfertigung ihrer Entwürfe dienen. Gleichwohl ist auch in den oft bruchstückhaften Aussagen Richtiges und Zukunftsweisendes enthalten. Es wird also nicht so sehr darauf ankommen, die jeweilige Gesellschaftsvorstellung der Verfasser im einzelnen genau zu untersuchen, als gelte es, eine von Soziologen vorgetragene Stellungnahme zu gesellschaftlichen Prozessen zu behandeln. Vielmehr wird man fragen müssen, welche Funktionen hat zum Beispiel der Systemansatz im Hinblick auf die Einstellung der Autoren und die spezifische Ausprägung ihrer Projekte, inwieweit ist er irreführend oder täuscht er über konkrete Problemlagen hinweg.

Zunächst ist auffallend, daß alle Autoren die Zwänge einer schlecht organisierten und dem Chaos nahen städtischen Umwelt zum Ausgangspunkt ihrer Überlegungen machen. Diese gelten ihnen als »exogene« Entwicklungsschübe und katastrophenähnliche Engpässe, als eine Art »Überdruck«, der unvermeidlich und zwangsläufig auf die Gesellschaft zukommt, hierin ganz der Argumentation der Gegenutopien des 19. Jahrhunderts verwandt. Daß die Desorganisation der Umwelt nicht zuletzt auch ein Ergebnis eines privatkapitalistisch organisierten Gesellschaftssystems ist – und gerade hier setzt die Systembetrachtung aus –, wird nicht gesehen[93].

Eine weitere wichtige Ursache der Friktionen im städtischen Bereich ist die Bodenverfassung, die den Grundwiderspruch des kapitalistischen Systems zwischen gesellschaftlicher Produktions- und privater Aneignungsweise in sich trägt[94]. Die privatwirtschaftliche Verfügung über den Boden einschließlich der damit verbundenen Bodenspekulation kollidiert mit der Forderung nach gesamtstädtischen, den Interessen der Stadtbewohner entsprechenden komplexen Planungen. Eben nicht nur diese Widersprüche, sondern auch der Einspruch, der nicht auf den Kern der Diskrepanz abzielt, verhindert Änderungen. Sich in die Luft erheben und die durch das bestehende System abgesunkenen Quartiere »absterben« zu lassen, wie die »Systemplaner« (Friedman, Schulze-Fielitz) es vorhaben, kompensiert allenfalls, aber löst nicht die Probleme. Dieser Gedanke zeugt auch schon deshalb von einer erheblichen Naivität gegenüber gesellschaftlichen Problemen, weil er rechtlich und politisch wahrscheinlich noch sehr viel schwieriger durchzuführen ist als eine milde Sozialisierung des Bodens, die dann wesentlich einfachere technische Lösungen zulassen könnte.

Ein anderes Datum wird als zwingend unterstellt: die Notwendigkeit, für eine explosionsartig sich vermehrende Bevölkerung Wohnraum schaffen zu müssen. Diese Voraussetzung scheint jedoch auf einer völlig ungeschichtlichen Betrachtung der Bevölkerungsentwicklung zu beruhen. Nun verzeichnet die Geschichte der Weltbevölkerung tatsächlich eine sich potenzierende Zunahme, jedoch geschieht diese nicht naturgesetzlich, sondern ergibt sich aus den Verhaltens-

---

[93] Es spielen hier natürlich auch andere, nicht speziell kapitalistische, obschon gesellschaftliche Momente bei den erwähnten Engpässen eine Rolle, so etwa die starke Nachfrage nach Wohnungen im Zuge der immer noch anhaltenden Zuwanderung in die Städte, veraltete Verwaltungsmethoden bürokratischen Typs, vor allem überholte Verwaltungsgrenzen, die oft die gemeinsame Regelung überregionaler Probleme durch die Länder unmöglich machen. Hinzu kommen sicher auch mangelnde wissenschaftliche Kenntnisse und Forschungen auf dem Gebiet der Stadtentwicklung und Landesplanung – so etwa zu den dringenden Fragen der Sanierung – wie überhaupt das Fehlen von Vorstellungen über die anzustrebenden gesellschaftlichen und, als Folge davon, baulichen Zielkonstellationen.

[94] Die Stellungnahmen zu diesem Thema und die Darstellung der Folgen der Bodenordnung auf den Städtebau sind sehr zahlreich. Vgl. etwa Schreiber, F. (Hrsg.): Bodenordnung? Vorschlag zur Verbesserung der Sozialfunktion des Bodeneigentums. Beiträge zur Umweltplanung, Stuttgart, 1969. Hierin ist insbesondere der Beitrag von Werner Hofmann, Bodeneigentum und Gesellschaft – Theorie und Wirklichkeit, aus soziologischer Sicht bemerkenswert.

weisen, Normen- und Wertsystemen der Menschen und besonderen geschichtlichen Entwicklungsphasen eines Landes[95]. So weisen zwar die außereuropäischen Länder, bedingt durch das Sinken der Sterblichkeitsrate infolge umfangreicher medizinischer Maßnahmen und die beginnende Industrialisierung oder auf Grund ideologischer Vorstellungen (China), eine explosionsartige Zunahme an Menschen auf, für Westeuropa aber ist diese Entwicklung etwa seit 1900 beendet, wie sich an Hand der Statistik nachweisen läßt[96]. Im Hinblick auf die Entwicklung in Westeuropa und in den USA hat die OECD im Jahre 1961 eine Vorausberechnung der Bevölkerungsentwicklung vorgelegt. Nach diesen Berechnungen, die möglicherweise etwas zu tief angesetzt sind, wird lediglich ein Wachstum von 7,2 % bis 1980 und 19,3 % bis 2000 auf der Basis von 1965 angenommen[97], also ein stetiges, keineswegs explosionsartiges Wachstum. Die errechneten Werte sind jedoch Durchschnittswerte für die Länder insgesamt. So kann zum Beispiel das Wachstum in Deutschland auf Grund seiner besonderen Alterszusammensetzung erheblich hiervon abweichen. Darüber hinaus ist es auch nicht unwahrscheinlich, daß, je weiter die Industrialisierung auch die Dritte Welt erfaßt und je mehr diesen Völkern eine Erhöhung des Bildungsniveaus und des Lebensstandards gelingt, auch dort eine Geburtenplanung sich durchsetzt und das Wachstum der Bevölkerung stark zurückgehen läßt. Die Forderung nach der Schaffung von »elastischen« Städten steht vielmehr in engem Bezug zu den Erfordernissen der Industrie; sie scheinen abgestellt auf die Effizienz eines spezifischen Wirtschaftssystems. »Unsere Industrie ist gezwungen, neue Märkte zu entwickeln. Wohnung und Haus und Stadtsystem werden auf diese Weise bewegliche, international transportfähige Exportgüter. Sie erlauben der Industrie die dringende Diversifikation und erreichen einen der stabilsten Märkte der nächsten Jahrzehnte.«... »Nach ›Life‹ schätzt Indien den Bedarf bis zum Jahr 2000 auf 200 Millionen Wohnungen[98].«

---

[95] Vgl. zum Beispiel Bolte, K. M., D. Kappe: Struktur und Entwicklung der Bevölkerung. 2. Auflage, Opladen, 1965.
[96] Kirst, E., E. W. Buchholz, W. Kollmann: Raum und Bevölkerung in der Weltgeschichte. Würzburg, 1955, S. 276, Band 2.
[97] Claessens, D., u. a.: Sozialkunde der Bundesrepublik Deutschland, a. a. O., S. 157/158. Auch die im Gordon-Helmer-Report befragten Wissenschaftler nehmen ein Abflachen der Vermehrungskurve der Weltbevölkerung aufgrund verschiedener anderer Entwicklungen und politischer und sozialer Maßnahmen an. Vgl. Helmer, O.: 50 Jahre Zukunft. Bericht über die Langfrist-Vorhersage für die Welt der nächsten fünf Jahrzehnte. Hamburg, 1966, S. 49 ff.
[98] Schulze-Fielitz, E.: Die Zukunft der menschlichen Umwelt. In: Schmid, R. (Hrsg.): Das Ende der Städte? a. a. O., S. 107.

Wenn nun auch im Rahmen der Entwicklungshilfe der europäischen Länder, etwa für Indien, die Notwendigkeit von Maßnahmen zur Linderung eben der Wohnungsnot grundsätzlich außer Zweifel stehen, so entsteht doch die sehr wichtige Frage nach der Geeignetheit dieser Systeme für die indische Lebensweise. Die in vieler Hinsicht mißlungene neue Stadt Chandigarh von Le Corbusier, bei deren Planung zum Beispiel das sich auch in der städtischen Ordnung ausprägende indische Kastensystem und anderes mehr nicht genügend berücksichtigt wurde, ist dafür ein Beispiel[99].

Auch ist zu bedenken, daß der Grad der technischen Kompliziertheit von Bausystemen mit dem Industrialisierungsgrad des betreffenden Entwicklungslandes einigermaßen übereinstimmen muß. Sonst besteht die Notwendigkeit des sehr unökonomischen Transportes von relativ schweren Konsumgütern über große Entfernungen.

Aus diesen Hinweisen zu den Ausgangsüberlegungen der »Systemplaner« geht hervor, wie wenig sie, gegenüber manchen »klassischen« Utopisten, ihre Vorschläge durch eine bis auf die Ursachen der Mißverhältnisse durchdringende Kritik gewinnen. Sie fragen nicht nach dem Warum und Wie von gesellschaftlichen Zuständen, sondern beziehen – ungeschichtlich – »Gegebenheiten« systemadäquat und funktional aufeinander[100]. Wenn Kritik geübt wird, so trägt sie

[99] Mies, M.: Das indische Dilemma: Neo-Hinduismus, Modernismus und die Probleme der wirtschaftlichen Entwicklung. In: Kölner Zeitschrift für Soziologie und Sozialpsychologie, Sonderheft 13/1969, S. 163 ff. M. Mies weist vor allem darauf hin, daß alle von außen herangetragenen Entwicklungsimpulse letzten Endes steril bleiben, wenn es nicht gelingt, die Voraussetzungen des indischen Kulturhorizontes miteinzubeziehen und die kreative Mobilisierung der psychischen Energien zu bewirken.
Vgl. ferner im städtebaulichen Bereich Moos, St. von: Augenschein in Chandigarh. In: Bauwelt, 30/1968, S. 931 ff. In diesem Aufsatz gibt Moos einen ersten Erfahrungsbericht über das Leben in der von Le Corbusier geplanten indischen Stadt Chandigarh, die nach den städtebaulichen Prinzipien gebaut wurde, wie sie Le Corbusier seit den zwanziger Jahren verfochten hat. Insbesondere das Prinzip einer weitgehenden Entmischung der städtischen Funktionen ist hier verwirklicht worden. So ist das »City Center« wegen seiner Weiträumigkeit kaum von Leben erfüllt, und auch die Erholungsflächen werden wenig genutzt, da die indische Lebensweise eine Trennung der Funktionen, wie Le Corbusier sie sich vorstellt, nicht kennt.
[100] Auf diese Einstellung scheint sehr genau die Kritik zuzutreffen, die zu dem gleichen Aspekt in der soziologischen Diskussion gegen den Funktionalismus erhoben wird. Vgl. z. B. Homans, G. C.: Funktionalismus, Verhaltenstheorie und sozialer Wandel. In: Zapf, W. (Hrsg.): Theorien des sozialen Wandels. Köln/Berlin, 1969, S. 95 f. »Ohne Geschichte kann der Sozialwissenschaftler die gegenwärtigen Zusammenhänge von Institutionen feststellen, aber er wird schwerlich erklären können, warum die Zusammenhänge so sein müssen, wie sie sind.«

meist einen kulturkritischen Akzent. Die vielleicht berechtigte Klage über die »Unbeweglichkeit« oder »Immobilität« der Menschen und der Normen, die sich technischen Neuerungen gegenüber verschließen, vermag kaum zur Überwindung der Mißstände im Städtebau beizutragen. Der geringe Grad der Reflexion der eingeführten Prämissen in bezug auf objektive gesellschaftliche Erfordernisse, die Nichtbeachtung der Verflechtung von sozialen und technischen Entwicklungen, die einseitig als »Sachzwänge« interpretiert werden, sowie das kaum vorhandene politisch-soziale Problembewußtsein prägen in nicht geringem Umfang ihre gesellschaftlichen Zukunftsvorstellungen.

Die zukünftige Gesellschaft, für die eine adäquate städtische Umwelt entworfen werden soll, sehen die Systemplaner, in einem Stichwort zusammengefaßt, als »mobile Freizeitgesellschaft«.

Was ist nun zutreffend an dieser Gesellschaftsvorstellung, welche Momente sind überzeichnet oder falsch gesehen und verbergen möglicherweise bisher unerkannte Probleme, und wie wirkt sich ein solches Gesellschaftsbild auf die Planung der Zukunftsmodelle selbst aus?

Zunächst steht außer Zweifel, daß Arbeitszeitverkürzungen im Zuge technischer Fortschritte eingetreten sind und daß dadurch die von Erwerbsarbeit freie Zeit zugenommen hat. Auch ist es richtig, daß sich Stadtplaner Gedanken darüber machen müssen, wie die Umweltplanung diesen Veränderungen Rechnung tragen soll. Und weiter ist es legitim, bei Planungen, gerade bei Entwürfen mit utopischem Charakter, nicht den heutigen Zustand zugrunde zu legen, sondern einen antizipierten neuen. Doch abgesehen von der Un-

---

[101] Der Begriff »Freizeit« überdeckt oft die häufig sehr differenzierten Tätigkeiten außerhalb der von Erwerbsarbeit freien Zeit, etwa reproduktive Tätigkeiten wie Schlafen, Essen und Körperpflege sowie Tätigkeiten oder Besorgungen, die fast Arbeitscharakter tragen, aber nicht zur Erwerbsarbeit gehören. Die eigentliche verhaltensbeliebige Zeit ist meist nur ein Bruchteil der freien Zeit. Auch andere Differenzierungen, wie sie sich zum Beispiel aus dem Zusammenhang der je spezifischen Weise der Gestaltung der freien Zeit mit der Arbeitssituation der Menschen in der industriellen Gesellschaft ergeben – der Zusammenhang von sportlicher Betätigung und bestimmten Formen industrieller Arbeit etwa –, werden oft durch eine nicht ausreichende Reflexion dessen, was Freizeit überhaupt meint, überdeckt. Das mangelnde begriffliche Unterscheidungsvermögen hat bei den Zukunftsplanern zur Folge, daß unter Freizeit offenbar nur die beliebig verwendbare Zeit aller Menschen ohne schichten- und arbeitsspezifische Konkretion gemeint wird. Dies ist aber, wie verschiedene Untersuchungen nachweisen, in dieser Allgemeinheit keineswegs zutreffend. Über diesen Sachverhalt versucht seit wenigen Jahren die Zeitbudgetforschung durch die Analyse von Tagesläu-

schärfe des Begriffs »Freizeit« selbst[101] wird oft übersehen, daß nicht nur der objektive Anteil an der arbeitsfreien Zeit der einzelnen gesellschaftlichen Gruppen sowohl alters- wie schichtenspezifisch erheblich voneinander abweicht, sondern auch ebenso unterschiedlich verbracht wird und auch im Hinblick auf einzelne Lebensphasen stark differiert.

Eine Verkürzung der Arbeitszeit ist vor allem mit der offiziellen Einführung der 40-Stunden-Woche bei den Arbeitern und unteren Angestellten eingetreten. Die Gruppe der selbständig Tätigen, höheren Beamten und gehobenen Angestellten ist kaum von Veränderungen der Arbeitszeit betroffen. Gerade aber die ökonomisch schwächeren unteren Schichten, auf die die Freisetzung von Arbeit zunächst zuzutreffen scheint, sind darauf angewiesen, außerhalb der normalen Berufsarbeit verschiedene Tätigkeiten durchzuführen, wie häusliche Reparaturarbeiten, Aushilfsarbeiten, Arbeiten zur Erlangung eines Zusatzverdienstes usw. So besteht heute ein Freizeitproblem eigentlich nur für bestimmte Gruppen, die aus dem Arbeitsprozeß, oft viel zu abrupt und unnötigerweise, ausgegliedert sind, wie etwa Pensionäre oder Hausfrauen mit erwachsenen Kindern[102]. Ähnliches trifft zum Beispiel auch für die Jugendlichen, insbesondere die jungen Arbeiter und wohl auch für solche jüngeren ledigen Leute zu, die aufgrund ungenügender Bildung und falscher Erziehung oder auch wegen des Mangels an entsprechenden Einrichtungen (Sportanlagen, Bibliotheken, Beatkeller usw.) keine Gelegenheit haben, ihre Neigungen und Fähigkeiten zu einer befriedigenden Tätigkeit, einem »hobby«, zu entdecken und zu fördern. Zum anderen wären Überlegungen in bezug auf bauliche Ausführungen angebracht, die es den einzelnen Familienangehörigen beliebig erlauben würden, ihre »freie Zeit« zu einem »gemeinsamen Unternehmen« zu kombinieren. Das ist keineswegs immer so selbstverständlich möglich, wie meist angenommen wird. Vor allem – und dies weisen häufig die Untersuchungen zum Freizeitproblem nach – ist das Auseinanderklaffen der freien Zeit zum Beispiel zwischen Männern und Frauen nicht nur ganz erheblich, sondern läßt auch eine wachsende Mehrbelastung der Frauen im Vergleich zu den Männern erkennen. Inso-

---

fen und Tätigkeitensystemen Aufschluß zu gewinnen. Ein erster Zwischenbericht über ein internationales Forschungsprojekt dieser Art mit einer sehr informativen Bibliographie gibt Bernhard von Rosenblatt: Tagesläufe und Tätigkeitssysteme. Zur Analyse der Daten des Internationalen Zeitbudget-Projekts. In: Soziale Welt, Jg. 20, 1969, H. 1, S. 49 ff.
[102] Doch ist diese Problematik nicht nur eine Frage der Freizeitgestaltung, sondern auch der Bewältigung der psychischen Konflikte, die mit dem Übergang von einer Lebensphase in die andere verbunden sind.

fern käme es also gerade auch auf freie Zeit schaffende Einrichtungen an[103].

Selbst wenn man aber eine Arbeitszeitverkürzung nicht unterstellt, so zeigt diese knappe Skizze, wie wenig ein Bausystem, das ein Gerüst errichtet und die »Füllung« den individuellen Möglichkeiten der Bewohner frei überläßt, den wirklichen Bedürfnissen einer »Freizeitgesellschaft« – sollte es so etwas in absehbarer Zeit tatsächlich geben und wenn, überhaupt wünschenswert sein – entsprechen kann. Denn es kommt ja gerade darauf an, im Stadtraum auch für sozial schwächere und in spezifischen Lebensphasen befindliche Gruppen Bereiche freizuhalten, die auch meistens einer speziellen Zuordnung bedürfen, etwa für ältere Leute und Kinder entsprechende Wegentfernungen oder für bestimmte Tätigkeiten entsprechende Raumqualitäten. Das Abstrahieren von jeglichen Nutzungen, Nutzungszuweisungen und Nutzungszuordnungen und die Vorstellung, daß sich das Stadtmodell schon von selber einräume, wenn nur jeder nach seinem Belieben – und, was dahinter steht, nach seinen ökonomischen Möglichkeiten – sich ausbreiten könne, abstrahiert von den gesellschaftlichen Verhältnissen. Hier wird das ideologische Moment sichtbar, das im Begriff der »Freizeitgesellschaft«, wie er in Verbindung mit den Stadtsystemen gebraucht wird, liegt. Eine bloße, den individuellen Wünschen überlassene Raumnutzung heißt hier nichts anderes als die Wiedereinführung oder die Stärkung der ja immer noch in hohem Maße vorhandenen marktwirtschaftlichen Elemente im Städtebau nun als Freizeitmarkt. In der bestehenden Wirtschafts- und Sozialverfassung – und das Gesellschaftsbild der Planer orientiert sich grundsätzlich eindeutig daran – bedeutet eine solche städtebauliche Organisation erhebliche Restriktionen gegenüber ökonomisch schwächeren Gruppen und Menschen in besonderen Lebensphasen. Paradoxerweise sind es gerade diejenigen Gruppen, für die

---

[103] Diese differenzierten Aspekte der Freizeitproblematik können wir hier nicht näher vertiefen. Vgl. zu den eben angeführten Problemen zum Beispiel folgende Untersuchungen: Rosenbladt, B. von: Tagesläufe und Tätigkeitensysteme, a. a. O., insbesondere Tabelle 5 und 7, S. 74 und 77 ff. Blücher, Viggo Graf: Freizeit in der industriellen Gesellschaft. Stuttgart, 1956; Kieslich, G.: Freizeitgestaltung in einer Industriestadt. Dortmund-Lütgendortmund, 1956; Rosenmayer, L.: Familienbeziehungen und Freizeitgestaltung jugendlicher Arbeiter. Wien, 1963; Strzelewicz, W.: Jugend in ihrer freien Zeit. München, 1966. Repräsentativbefragungen zur Freizeit 1952–1964, Institut für Demoskopie, Allensbach. Für fast alle dieser Untersuchungen gilt jedoch, daß sie »Freizeit« als komplementär zur Arbeit betrachten und dementsprechend als isoliertes Phänomen untersuchen, ohne es auf die je besondere Arbeitssituation in einer hochentwickelten industriellen Gesellschaft zu beziehen.

sich im oben dargestellten Sinne im Augenblick überhaupt Freizeitprobleme stellen. Diese werden aber in ihrem städtisch-räumlichen Aspekt mit den Vorschlägen der Systembauer nicht gelöst, sondern eher verschärft. Der Einwand, man könne ja aufgrund der Flexibilität des Bausystems und der Beliebigkeit der Nutzung auch diese Bedürfnisse berücksichtigen, würde die Projekte ihres Gehaltes, um derentwillen sie vorgetragen werden, berauben. Dann würden sich ja gerade wiederum die gleichen Probleme ergeben, welche die Stadtplanung heute und in Zukunft so sehr erschweren, welche jedoch – da sie soziale und ökonomische Konsequenzen haben – nicht einfach zu umgehen sind: nämlich die einzelnen Nutzungsbereiche so aufeinander abzustimmen, daß zumindest die allgemeinsten und selbstverständlichsten Raumansprüche der Stadtbürger gegenüber privatwirtschaftlicher Nutzung sichergestellt werden können (zum Beispiel Bildungs- und Erholungseinrichtungen, Spielplätze, städtische Freiräume ganz allgemein). Dies macht aber eine begrenzte Fixierung unumgänglich. Da die Ausweisung solcher Raumbereiche auch von Raumqualitäten, das heißt von der Beschaffenheit der Raumsituationen (etwa in ihrem Verhältnis zu Licht und Luft oder zu Installationssträngen) abhängt und so auch Sache von Raumplanern ist, bedürfen diese Probleme nach wie vor der Reflexion und können nicht einer »automatischen« und deshalb unkoordinierten und für bestimmte Gruppen restriktiven »Füllung« von Rahmensystemen überlassen werden. Manche Äußerungen der Planer lassen darauf schließen, daß sie diese ganz konkreten Fragen nicht mehr als »ihre Sache« betrachten, diese sei vielmehr das Zur-Verfügung-Stellen neutraler Gerüste, wie es ganz besonders von Friedman betont wird. Trotzdem entwerfen sie auf der anderen Seite globale gesellschaftliche Entwicklungsperspektiven – eben wie die der »Freizeitgesellschaft«. Die zwischen diesen Extremen verkümmerte politische und soziale Sensibilität, die die konkrete soziale Nutzung der technischen Aggregate nicht mehr reflektiert, mündet in einen unpolitischen Technizismus, der wie hier die politisch-soziale Dimension des Städtebaus nicht nur verhüllt, sondern ganz konkrete, aber unerkannte Folgen haben kann.
Auch ist in diesem Zusammenhang bemerkenswert, mit welch geringer wissenschaftlicher Gründlichkeit die Voraussetzungen der Zukunftsplanungen bedacht werden[104]. Damit ist nicht gesagt, daß Utopien im strengen Sinne wissenschaftlich sein müssen oder in ihrer Qualität am Grad der Wissenschaftlichkeit gemessen werden können. Erstaunlich ist nur, daß sie – etwa im Vergleich zu früheren

---

[104] Vgl. insbesondere das scheinbar »verhaltenswissenschaftlich« orientierte Schema von Yona Friedman: Seminar on Methods for Architects/Planners. In: Arch+, 2/1968, S. 48.

Utopien und vielen Science Fictions auch der »zweiten Garnitur« – so wenig auf der Höhe der Zeit sind. Die Ursachen dieser unwissenschaftlichen, oft mit Schlagworten operierenden Einstellungen sind sicher zunächst in der Planerausbildung zu suchen, die bisher, soweit sie nicht überhaupt autodidaktisch erfolgte, zwischen künstlerischen und technischen Bereichen angesiedelt war. Erst in jüngster Zeit ist eine Orientierung der Ausbildung auch an sozialwissenschaftlichen Disziplinen zu bemerken. Wissenssoziologisch deutet die Struktur der Ausbildung darauf hin, wie sehr man die Umweltplanung als Gestaltungsaufgabe – zumindest im Hinblick auf die »höher« eingestuften Umweltgebiete (wie städtische Zentren, öffentliche Bauten, besondere Privatbauten) – betrachtet und von den sozialen Implikationen des Gebauten abstrahiert hat.

Ein anderer Schlüsselbegriff der Systemplaner ist der der Mobilität – die »Freizeitgesellschaft« soll »mobil« sein. Dieser Begriff nimmt bei den einzelnen Planern eine verwirrende Vielfalt an Bedeutungen an, bezeichnet unterschiedliche Sachbezüge und wird auf wechselnden Ebenen – auf makroskopischen und mikroskopischen – angewandt. In gesamtgesellschaftlicher Sicht ist meist die schnelle Veränderung der gesamten Gesellschaft oder einzelner gesellschaftlicher Bereiche gemeint. So sieht Friedman – durchaus zutreffend – eine disproportionale Entwicklung gesellschaftlicher Normsysteme und technischer Innovationsschübe. Die Lösung jedoch, die ihm vorschwebt, ein System automatischer periodischer »Annullierung« von Normensystemen, ist nicht nur technizistisch naiv, sondern übersieht die Schutzfunktionen, die Normen, etwa im Bereich der Sozialversorgung, auch haben können. Das »freie Spiel« des dauernden Wandels kann hier gleichermaßen zu erheblichen Restriktionen bestimmter Gruppen führen, dürfte also in einer entfalteten Industriegesellschaft wegen der Vielzahl der sozialen Interdependenzen, die nicht immer wieder neu geordnet und aufeinander abgestimmt werden können, nicht funktionieren. Friedman orientiert sich hier auch am Modell einer traditionellen überschaubaren Gesellschaft, wie sein Hinweis auf das Halljahr des mosaischen Gesetzes zeigt.

Dietrich gewinnt die Planungsziele zwar auch aus »Entwicklungsrückständen« einzelner gesellschaftlicher Bereiche, verfährt dabei aber in der Einführung verschiedener Entwicklungsparameter differenzierter. Allerdings bleiben seine Aussagen abstrakt, mehrdeutig und formalistisch. So gibt er keine empirisch unterbaute Abgrenzung dessen, was er Mensch-Umwelt-System nennt, so daß nur der Hinweis auf die hohe Komplexität von Interdependenzen nicht definierter Systemelemente bleibt. Demzufolge bleibt unklar, auf welch konkrete Vorgänge sich die Meßvariablen beziehen und aufgrund welcher empirischen Befunde der Entwicklungszustand gemessen wird.

Schließlich bleibt offen, was unter dem Zustand des Gleichgewichts, dem »optimalen Integralzustand« verstanden wird, vor allem auf welchem Bewertungshorizont ein solcher Zustand gesehen wird. »Erst wenn es gelänge, in den Wertsystemen die utopischen, die unter pragmatischen Gesichtspunkten zweckrationalen und die ideologischen Gehalte zu trennen, könnten wir für ein gegebenes System die objektiv möglichen Bedingungen eines Gleichgewichts angeben ... Ein Zustand des Gleichgewichts würde sich, anhand solcher Kriterien, danach bestimmen, ob das Herrschaftssystem einer Gesellschaft die utopischen Gehalte in dem Maße auflöst, in dem der gegebene Stand der Produktivkräfte und des technischen Fortschritts es objektiv gestatten[105].« Einen so gesehenen Gleichgewichtszustand scheint Dietrich allerdings nicht im Auge zu haben, da seinen Ausführungen keine Hinweise auf die damit zusammenhängenden Probleme der Machtverteilung und der Legitimation von Herrschaftspositionen zu entnehmen sind.

Definierbare und angebbare Ziele gesellschaftlicher Wandlungsprozesse, die als Prämissen in die Raumplanung einfließen könnten, werden – wie bei den Metabolisten – nicht reflektiert. Es genügt den Systemplanern, die auf dieser allgemeinen Ebene gewonnene »Einsicht« in die »Mobilität« der Gesellschaft unmittelbar auf mikroskopischer Ebene, im Bausystem selbst, zu realisieren, es als unabdingbare und oft einzige Forderung für ein »optimales« Bausystem, natürlich das jeweilige selbst entworfene, aufzustellen. Nun wird niemand etwas dagegen einwenden, wenn die technischen Elemente einer Stadt möglichst »mobil«, also flexibel, austauschbar, erweiterungsfähig, überhaupt veränderbar und anpassungsfähig sind. Tatsächlich dürften auch die vorliegenden Entwürfe gegenüber den Vorschlägen der Metabolisten in ihren technischen Objekten eine andere – höhere – Stufe der Fungibilität und Anpaßbarkeit besitzen, eine Entwicklung, die bei der weiter unten behandelten Archigram-Gruppe eine noch stärkere Ausprägung erfährt. Um so bedenklicher ist aber der technizistische Optimismus, der in dieser Entwicklung automatisch eine Reorganisation der sozialen Beziehungen sieht.

Die Ausblendung der konkreten sozialen Nutzung der technischen Objekte, die hier schon vollzogene Umkehrung des Zusammenhangs von Technik und sozialer Nutzung führt auch im Hinblick auf die Mobilitätsphänomene zu einer abstrakten Sichtweise; so zum Beispiel wird der Zusammenhang von Schichtzugehörigkeit und räumlicher Mobilität nicht gesehen. Die sozialen Beziehungen der Unterschichten sind stärker räumlich orientiert als die der höheren Schichten[106].

---

[105] Habermas, J.: Zur Logik der Sozialwissenschaften, a. a. O., S. 92/93.
[106] Vgl. z. B. Mann, P. H.: An Approach to Urban Sociology. London, 1965.

Wenn Unterschichten räumlich beweglich erscheinen, so handelt es sich oft um eine erzwungene Mobilität aufgrund eines ökonomischen Druckes[107]. Unterstellt wird nicht selten die räumliche Beweglichkeit, die die soziale Gruppe, der die Planer angehören, durchaus besitzen mag. Ökonomisch schwächere Schichten sind aber auf bestimmte räumliche Angebote in der Nahwelt angewiesen. Überlegungen, wie solche Bereiche zusammengesetzt und aufeinander bezogen werden können, werden durch die Versicherung, es sei ja alles mobil, zumindest nicht gefördert. Das heißt nicht, daß nicht eine weitgehende überlokale Verflechtung der Sozialbeziehungen und eine höhere räumliche Mobilität im Vergleich zu früheren historischen Phasen tatsächlich aufweisbar wären[108]. Jedoch kann dieser Sachverhalt nicht generell unterstellt werden. Genauso wie die eben erwähnte schichtenspezifische Differenzierung der räumlichen Mobilität bei der Planung beachtet werden muß, bedürfen die altersspezifischen Unterschiede der räumlichen Beweglichkeit der Erwähnung. Gerade für Kinder – man denke an die Nachteile eines häufigen Schulwechsels – und alte Menschen ist räumliche Mobilität keineswegs immer wünschenswert.

Die Erörterung konkreter städtischer Zusammenhänge, wie etwa die Bestimmung des geschichtlich sich verändernden Verhältnisses von privaten und öffentlichen Bereichen oder die Verflechtung aufeinander bezogener und sich gegenseitig ergänzender städtischer Funktionen fällt zwischen den extremen Betrachtungsebenen – der gesamtgesellschaftlichen Makro- und der technischen Mikroebene – hindurch. An seine Stelle tritt die Suggestion einer grenzenlosen Mobilität.

Jedoch, wie »mobil« sind die technischen Strukturen nun tatsächlich? Friedman schlägt ein Raumgitternetz vor, »das aus einer Vielzahl von Triedern gebildet wird, die – bei einer Seitenlänge und Höhe von rund 2,6 m – zu je vier in Kreuzform jeweils so miteinander verschweißt werden, daß vier solcher ›Pakete‹ einen kubischen, vorerst leeren Raum von 5,20 m Seitenlänge und 2,60 m Höhe umschließen und gleichzeitig die ›Ecken‹ für insgesamt acht an diesen Raum angrenzende (leere) Räume bilden[109].« Es liegt auf der Hand, daß Räume dieser Größenordnung nur ganz bestimmte und nicht allzu

---

[107] Fried, M.: Grieving for a Lost Home. In: Duhl, L. Y. (Hrsg.): The Urban Condition: New York, 1963, S. 151 ff.
[108] Vgl. Oswald, H.: Die überschätzte Stadt, a. a. O., insbesondere Kapitel 3: Die moderne Großstadt – überlokale Verflechtung, lokale Filterwirkung, S. 90 ff.
[109] Vgl. die Rezension von Kannegießer, J., zu: Friedman, Y.: Paris Spatial. In: Bauen / Wohnen, 11/1962, S. 36–43.

große Nutzungschancen haben. Die Beliebigkeit liegt hier nur an der Möglichkeit, eine Leerzelle zu füllen oder nicht zu füllen, nicht etwa in der Zuordnung von Versammlungsgroßräumen zu Wohn- oder Arbeitsbereichen. Weitere Nutzungsbeschränkungen bringen die Diagonalverstrebungen mit sich, die insbesondere Schulze-Fielitz aus seiner Raumtheorie ableitet und nicht aus Überlegungen, wie sich Menschen in der Stadt bewegen und verhalten. Ferner bleibt offen, nach welchen Prinzipien die Primärstruktur (bei Friedman und Schulze-Fielitz) erstellt wird, die wiederum eine ganze Reihe von Festlegungen – und Vorausinvestitionen – mit sich bringt. Da diese Primärstruktur als »Raumkontinuum« vorgestellt wird, bringt eine solche Struktur zum Beispiel den Ausschluß städtischer Grünanlagen, kleiner Parks und Erholungsgrünzonen mit sich beziehungsweise die Grünzonen werden in die Null-Ebene unter das Kontinuum verbannt. Wenn auch Grünanlagen in der Stadt nicht selten mit fragwürdigen Absichten geplant werden – etwa zu Repräsentationszwecken oder der »organischen Einbettung« einer Stadt[110] –, so bedeutet doch ein extremer Ausschluß von auf vielfältige Nutzung bezogenen Grünanlagen und Schaffung einer extremen Polarität von Natur und Stadt eine gravierende Beschneidung der Handlungschancen in der Stadt. Man ist gezwungen sehr weit zu fahren, um Grünzonen zu erreichen, was für weniger bewegliche Gruppen, etwa alte oder gebrechliche Menschen, kaum möglich ist, für die anderen eine Zwangsmobilität darstellt.
Schließlich ist noch die Beschränkung der Anmutungsqualitäten der Umwelt durch die einförmige Vergitterung und Vernetzung zu erwähnen, gleichfalls eine Festsetzung, die undiskutiert eingeführt wird. Obwohl nur sehr wenige wissenschaftliche Untersuchungen zur Auswirkung bestimmter räumlicher Anordnungen, der »Gestaltqualitäten« der baulichen Umwelt auf den Wahrnehmungsvorgang und das entsprechende emotionale Verhalten vorliegen, zeigt doch unter anderen die gestaltpsychologisch orientierte Untersuchung von Kevin Lynch recht deutlich, daß ausdrucksarme und wenig einprägsame bauliche Strukturen bei den Stadtbewohnern meist negative Gefühle wie Orientierungslosigkeit, Mißfallen und mangelndes Unterscheidungsvermögen in bezug auf die einzelnen städtischen Situationen hervorrufen[111]. Auch der amerikanische Verhaltensforscher und Sozialpsychologe A. E. Parr versucht den empirischen Nachweis zu

---

[110] Vgl. Berndt, H.: Das Gesellschaftsbild bei Stadtplanern, a. a. O., insbesondere den Exkurs: Über die verschiedenen Aspekte des Grüns in der Stadtplanung, S. 75 ff.
[111] Lynch, K.: Das Bild der Stadt. Bauwelt Fundamente, Bd. 16, Gütersloh, 1971.

führen zwischen der Qualität der wahrgenommenen Umwelt einerseits und emotionalem Verhalten und Entwicklung geistiger Fähigkeiten andererseits. In seinen Untersuchungen weist er zum Beispiel Einflüsse einer monotonen Umwelt auf das Spielverhalten von Kindern oder das motorische Verhalten von Fußgängern nach. Er bezieht sich außerdem auf eine Forschergruppe, die sich ebenfalls mit diesem Problem befaßt: »Donald W. Fiske, Salvatore R. Maddi und ihre vielen Mitarbeiter haben in ihrem Buch ›Functions of Varied Experience‹ eine Menge stichhaltiger Beweise zusammengetragen und zusammengefaßt, einschließlich der Ergebnisse ihrer eigenen Untersuchung. Sie folgern, ›daß es zweifellos Beweise dafür gibt, daß es von zwei verschiedenen Umwelten für die ersten Altersstufen jeweils die abwechslungsreichere ist, die einen ausgewachsenen Organismus hervorbringen kann, der, perzeptionell und psychologisch gesehen, wachsamer, anpassungsfähiger und in der Lage ist, es mit Veränderung aufzunehmen‹. D. C. Hebb drückt das sogar noch bündiger aus, wenn er erklärt, ›Wahrnehmungseinschränkungen in der Kindheit erzeugen mit Sicherheit ein niedriges Intelligenzniveau[112]‹.«

Von psychoanalytischer Seite wird ebenfalls darauf hingewiesen, daß gelungene zwischenmenschliche Kontakte auch immer in gewisser Weise die räumlichen Gegebenheiten miteinbeziehen und nicht als ein von diesen Beziehungen völlig isoliertes Geschehen betrachtet werden können. Dieser Sachverhalt berührt die Frage, inwieweit räumliche Objekte in Form eines »Symbols« verhaltenswirksam werden können, eine Problematik, über die noch wenige sichere Aussagen vorliegen[113]. Ob nun Raumprogramme von der Beschaffenheit kontinuierlicher dreidimensionaler Supergerüste, die die Stadt gleichsam in ein einziges, hin und wieder unterbrochenes Gehäuse packen, diesen Anspruch an gestalterische und symbolbildende Eigenschaften der Architektur – wenn hiermit auch keineswegs eine »architecture parlante« im Sinne Ledoux' gemeint ist – erfüllen können, ist zumindest außerordentlich zweifelhaft. Eine andere Frage ist die nach der Bereitschaft der Stadtbewohner, bei wachsendem Lebensstandard und infolgedessen auch höheren Ansprüchen an den »Wohnwert« ihrer

---

[112] Parr, A. E.: Psychological Aspects of Urbanology. In: Ekistics 136, März, 1967. Ders.: Über die Konsequenzen der Monotonie. In: Bauwelt 20, Berlin, 1966, S. 572.
[113] Mitscherlich, A.: Unwirtlichkeit der Städte, a. a. O., insbesondere Abschnitt Konfession zur Nahwelt, S. 123 ff.; desgl. Lorenzer, A.: Städtebau: Funktionalismus und Sozialmontage? Zur sozialpsychologischen Funktion der Architektur. In: Berndt, H. A. Lorenzer, K. Horn: Architektur als Ideologie, a. a. O., S. 51 ff.

privaten Sphäre in den angebotenen »Zellen« überhaupt wohnen zu wollen[114].
Zusammenfassend wird man gegenüber der Gruppe der Metabolisten zwei wesentliche Verschiebungen feststellen können: Einmal wird die Technik, hier also die technischen Gegenstände und Bauelemente einer Stadt, tatsächlich anpassungsfähiger, fungibler und durchaus als Hilfsinstrument menschlicher Lebensvorgänge vielseitiger. Dies bringt sicher potentielle Chancen zur Erleichterung des Lebens in der Stadt mit sich. Zugleich wird aber die Einfügung einer solchen Technik in menschliche Lebenszusammenhänge noch irrationaler, weil sie schwerer zu durchschauen ist. Die scheinbar mögliche Freisetzung der technischen Objekte von Nutzungsüberlegungen, die Überformung und Rechtfertigung dieses Ausblendens der sozialen Nutzung durch die Suggestion einer »mobilen Freizeitgesellschaft« klammert konkrete Problemstellungen aus. So besteht die Gefahr, daß die Stadtentwicklung letzten Endes gesellschaftlichen Kräften und Interessengruppen überlassen bleibt, denen solche Ideologeme nur gelegen sein können. Der Mangel an Einsicht in die Notwendigkeit politisch vermittelter Koordination städtischer Lebensbereiche verführt dazu, einer »technischen Vernunft« zu vertrauen. So werden die politisch-sozialen Implikationen dieser Stadtsysteme – wie gezeigt – kaum mehr sichtbar. Die Komponenten einer humanen Umweltplanung – die politisch-sozialen, wirtschaftlichen, technischen und künstlerischen Aspekte – fallen weiter auseinander. Während trotz des vielfach benutzten Begriffes der Mobilität die politisch-soziale Dimension der Projekte eher Züge eines konservativen Immobilismus trägt, der überhaupt für die Nachkriegssituation typisch ist, wird die technische Seite stark vorangetrieben, ohne daß durch eine Koordination der Komponenten Chancen einer emanzipatorischen Nutzung der Technik in ausreichendem Maße wahrgenommen würden. Die Technik gewinnt bei der Archigramgruppe, mit der wir uns im folgenden beschäftigen, eine noch höhere Entwicklungsstufe, während die Akzente in anderen Bereichen – insbesondere auch in den gestalterisch-künstlerischen – in etwas unterschiedlicher Weise gelagert sind.

---

[114] Vgl. auch Burckhardt, L.: Wert und Sinn städtebaulicher Utopien. In: Schmid, R. (Hrsg.): Das Ende der Städte?, a. a. O., S. 111 ff.; ebenso Posener, J.: Einleitung zu Howard, E.: Gartenstädte von morgen, a. a. O., S. 48.

3.22 Die Stadt als »Ereignis« (Archigram)

An den Architekturschulen in England erscheinen seit etwa 1960 kleine, an Comic-Strips erinnernde Magazine, entstanden aus einem spontanen Zusammenschluß einiger Studentengruppen gegen die herrschende Architektur- und Ausbildungspraxis, Protestblätter auf der Suche nach Ideen und Vorschlägen für völlig neue Umweltformen. Von diesen englischen Architekturmagazinen – Megascope[115], erschienen 1964, Clip-kit [116], erschienen 1966 – ist Archigram[117], bereits seit 1961, am bekanntesten geworden; seine Ideen haben ein internationale Verbreitung gefunden[118], nicht zuletzt auf Grund der unkonventionellen Lösungen, die dem breiten Bedürfnis der Städteplaner und Architekten nach Bewältigung der mit der »Massengesellschaft« und »Massenkultur« verbundenen Probleme entgegenkommen.

Das Programm der Archigram-Gruppe, dessen theoretische Grundlagen Peter Cook in seinem Buch »Architecture: action and plan« formuliert hat, ist eine Absage an die gegenwärtige Architektur sowohl in bezug auf ihre ästhetische und formale Beschaffenheit als auch auf ihre Fähigkeit, eine den sich ständig verändernden menschlichen Bedürfnissen und Lebensweisen entsprechende Umwelt gestalten zu können. Eindimensionalität und Monofunktionalität der baulichen Umwelt, traditionelle Konzepte des Materials und der Technologie verhindern – so Archigram – die Emanzipation der Menschen von ihrer Umgebung und ein produktives Verhältnis zu ihr. Zukünftige Architektur muß als soziale Kunst eine Umwelt schaffen, die unmittelbar auf die menschlichen Lebensbereiche bezogen ist und der Erfahrung der Menschen neue Dimensionen eröffnet, will

---

[115] Megascope, ed. by Noel Roberts und Amund Sinding-Larsen. Bristol, 1964.
[116] Clip-kit. Studies in Environmental Design, ed. by Peter Murray, England.
[117] Archigram, ed. by Peter Cook, London. Seit 1961 sind 8 Ausgaben erschienen, von denen nur Archigram 8 zur Zeit der Anfertigung dieser Untersuchung erhältlich war. Die anderen Nummern sind selbst beim Herausgeber restlos vergriffen. Jedoch ist ein großer Teil der Arbeiten der Archigram-Guppe verstreut in zahlreichen Zeitschriften und einzelnen Buchpublikationen veröffentlicht worden. Vgl. Cook, P.: Architecture: action and plan. Studio Vista, London und New York, 1967. Archigram 1961–1967, Faber & Faber, London, 1968. Seit 1963 sind laufend von der Architekturzeitschrift »Architectural Design« Entwürfe und Ideen von Archigram veröffentlicht worden.
[118] Vgl. Joedicke, J.: Stadtplanung – Experimente und Utopien. In: Bauen + Wohnen, Heft 5, 1967, S. 163 ff.

sie nicht hinter den anderen, die Freiheit einer Gesellschaft begründenden Einrichtungen zurückbleiben. Cook versteht Architektur daher als »Ereignis«: Architektur soll den Menschen nicht mehr ein fremdes Gegenüber sein, sondern die Menschen einbeziehen, zu vielfältigen Tätigkeiten anregen und neue Sinneseindrücke vermitteln. Hier zieht Cook nun einen überraschenden geschichtlichen Vergleich zu den frühen utopischen Stadtvorstellungen. Für Cook entwerfen zum Beispiel Ledoux, die Frühsozialisten, die Architekten der 20er Jahre bereits schon eine »Ereignisse« antizipierende Architektur[119]. Während jedoch die klassischen Utopisten nach Cooks Auffassung weitgehend an die physische Umwelt gebunden blieben und – mit Ausnahme der Utopisten der 20er Jahre – keine in ihrer Gestalthaftigkeit neue Umwelt hervorbrachten, will Cook gerade dieser – wie er sagt – »Crux der Utopie« nicht erliegen, sondern mittels einer Vielzahl an Materialien und durch den unbegrenzten Einsatz der Technik ein vollkommen anderes neues »Image« für die Städte schaffen – eine extreme Gegenposition zu der Auffassung, die eine Bilderlosigkeit der Utopie fordert.

Darüber hinaus bedeutet Architektur für Cook nicht nur eine Hülle für wie immer wechselnde, durch Anpassung an akzeptierte Normen entstandene soziale Ideale, sondern ein architektonisches Gebilde gilt ihm als natürliches Produkt des Bedürfnisses nach Ausdehnung und Erweiterung des menschlichen Körpers.

Dieser Gedanke, dem wir bereits in der »Biotektur« Rudolf Doernachs begegnet sind und der auch in den Entwürfen der Architekten der 20er Jahre, insbesondere in den Werken Hermann Finsterlins, schon vorgestellt ist, verfolgt die Intention, den Menschen mit der ihn umgebenden festen materiellen Struktur eins werden zu lassen. Der zentrale Gedanke der Archigram-Gruppe, der alle ihre Entwürfe bestimmt, ist die Einrichtung der Umwelt als Mensch-Maschinen System im Sinne lernender Maschinen unter fortschreitender Substitution der menschlichen Organe. Formal bedeutet das die Einheit von Innen- und Außenarchitektur und den Entwurf einer alle gegenständlich bedingten Differenzen aufhebenden einzigen Umwelt, die die Menschen, nicht mehr länger abhängig von einer starren Architektur, selbst bestimmen und aktiv ihren spontanen, vielfältigen Bedürfnissen anpassen können.

Diese neue Wohnwelt, die Stadt der Zukunft, deren kleinste Einheit bei Archigram wie auch bei den Metabolisten die Wohnzelle – der »living-pod« – ist, besteht konstruktiv aus einem diagonal oder gitterartig verlaufenden Gerüst, in das die verschiedensten Elemente eingehängt, gesteckt, gestapelt oder mittels riesiger Kräne an ihren

---

[119] Cook, P.: Architecture: action and plan, a. a. O., S. 17.

Platz gestellt werden können. In diesem »cage-and-box-system« sieht Cook ein durch die Geschichte hindurchlaufendes Prinzip der Strukturbildung, das bei allen Gebilden auftritt und das auch in der Stadtgestaltung schon früh zu finden ist. Dieses Prinzip wird bei Archigram nicht so eng gefaßt wie bei den Systembauern, die ja ein ähnliches Konzept der Primär- und Sekundärstrukturen vertreten. Bei einer Stadt ist unter »cage« das Straßennetz, die Erschließung, die Flüsse und Bahnlinien usw. zu verstehen. Es umfaßt also die gesamte Umwelt und Landschaft, nicht nur eine Tragstruktur für städtische Aktivitäten. Die »boxes« sind die Häuserblöcke, die individuellen Gebäude, oder auch eine einzelne Wohnzelle.

Bei den »boxes«, den einhängbaren Wohnzellen, die als das Haus der Zukunft gedacht sind, ist der Gedanke der Aufhebung fester Beziehungen von Einrichtung und Raum sowie der einzelnen Räume zueinander tragend. Die Funktionen innerhalb einer solchen Wohneinheit lassen sich bestimmen nach den Anforderungen der täglichen Lebensweisen und müssen so eingerichtet sein, daß verschiedene Tätigkeiten ineinander ohne Störung aufgehen können. Die Entwürfe für eine solche Wohneinheit der Zukunft, den »living-pod 1990«, orientieren sich zunächst an der Wohnwagenplanung, die Cook zugleich ein hohes Maß an Zweckmäßigkeit wie auch an Bequemlichkeit zu versprechen scheint.

Diese Grundvorstellungen werden nun von der Archigram-Gruppe in ihren Vorschlägen für »Living 1990[120]« umgesetzt in eine Wohneinheit, die demonstrieren soll, in welcher Weise in Zukunft Elektronik und Computertechnik und die Entwicklung neuer Materialien die Form des zukünftigen Hauses bestimmen. Dieser Wohnraum, der in einem Raumtragwerk liegen oder auch an einer zugbeanspruchten Konstruktion aufgehängt sein kann[121], wird umhüllt von Häuten und synthetischem Material, das beliebig formbar ist und elektronisch zusammengefügt wird. Im Inneren dieser Kapseln entsteht nun eine Wohnfläche, die nicht mehr in verschiedene Räume mit festgelegten Nutzungen (Schlafen, Wohnen) aufgeteilt ist, sondern der gesamte Wohnraum kann über die volle Tageszeit hinweg vielfältig und in stets neuen Kombinationen mittels elektronisch gesteuerter Raumteile, Lichtwänden oder ähnlichem genutzt werden. Auch Boden und Decke können nach Bedarf verändert und »an bestimmten Stellen als Ruhezone oder zum Schlafen aufgeblasen wer-

---

[120] »Living 1990« wurde im Frühjahr 1967 in einer Ausstellung in Harrods/Knightsbridge in England gezeigt. Vgl. dazu die Anmerkungen von Warren Chalk, in: Bauen + Wohnen, Heft 5, 1967, S. 174 ff.

[121] Die unterschiedlichen Möglichkeiten, diese Zellen unterzubringen, lassen andere Stadtformen entstehen als zum Beispiel bei Yona Friedman u. a.

den[122]«. Die Wohnung paßt sich ganz den individuellen Tätigkeiten an, erhält mehrmals am Tage ein anderes »Gesicht«, wird zum »Ereignis« (Bilder 45, 46). Behilflich sind den Bewohnern dabei die Roboter »Fred« und »James«, die »mittels regulierbarer Zwischenwände kleinere Bereiche innerhalb des großen Volumens festlegen, in denen man völlig abgeschlossen sein kann – eingehüllt in ein Ereignis, das durch die Projektion von Filmen, durch Licht, Ton oder Gerüche erzeugt wird. Der Druck auf einen Knopf, ein gesprochener Befehl oder ein Augenzwinkern setzen diese Transformationen in Bewegung – sie liefern einem was man will, wo und wann man es benötigt. Jedes Familienmitglied kann wählen, was es will – die Form und den Grundriß seiner Räume, seiner Aktivitäten oder was immer es wünscht. Die schwebenden Stühle[123] stellen eine Schnellverbindung zur Stadt oder unter Umständen auch zum nächsten Fernverkehrsknotenpunkt dar – ein vollintegriertes System für häusliches Glück[124]«.

Auf diese Weise entsteht – wie die Abbildungen der Ausstellung zeigen – ein Innenraum, dessen »image« natürlich nichts mehr mit unseren gewohnten Wohnweisen gemein hat, sondern viel eher einem hochtechnisierten Labor oder einem mit Kleinstcomputern ausgestatteten Kontrollraum eines Industriekonzerns gleicht. Doch hat sich dieses technische Image nicht zufällig ergeben, sondern die Archigram-Gruppe übernimmt bewußt Elemente hochtechnisierter Zonen[125], wie etwa der großen Industriegebiete oder Ölraffinerien Amerikas oder der Raketenwelt auf Cape Kennedy[126] (Bild 47). Dies wird besonders deutlich an den Vorschlägen für die »Visionen der Stadt der Zukunft«, der »Plug-in-City« (Bilder 48, 50), der »Computerstadt«, der »Stadt von der Stange«, der sich völlig »verbrauchenden Stadt« oder der sich »bewegenden Stadt[127]« (Bild 49).

[122] »Living 1990«, a. a. O., S. 174.
[123] Auch das Auto ist gedacht als eine Art Satellit der Wohnung, eine ähnliche Vorstellung wie bei den festen und beweglichen Wohnteilen des Wand-Clusters des Architekten Kurokawa aus der japanischen Metabolisten-Gruppe (vgl. S. 194). Archigram-Group, Control- and Choice-Living. In: Ekistics, Juni 1966, No. 127, Vol. 21; Architectural Design, 10/1967, Vol. 37, S. 476–479.
[124] »Living 1990«, a. a. O., S. 174.
[125] Hier sind die russischen Konstruktivisten Vorläufer gewesen. Vgl. insbesondere die Entwürfe Jakov Chernikows oder El Lissitzkys, auf die sich Cook mehrfach bezieht.
[126] Vgl. Peter Cooks Turm »Images«: Der von ihm entworfene Ausstellungsturm für Montreal 1963 gleicht den Fördertürmen der Ölraffinerien. Siehe auch die Zeichnung des »Rocket erection building« von Cape Kennedy. In: Cook, P.: Architecture: action and plan, a. a. O., S. 44 und 61.
[127] Vgl. Archigram 4, London, 1964.

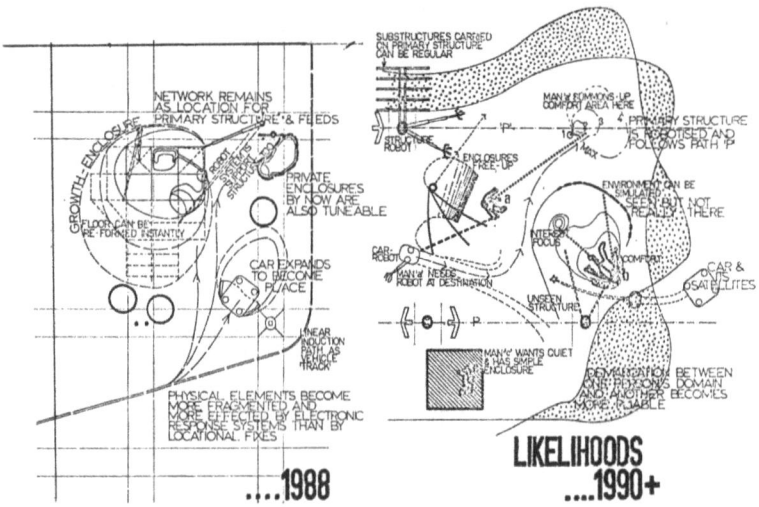

45 Archigram-Wohnwelt: Peter Cook, Projekt einer Wohnung aus der Serie »Control and Choice«; die physischen Elemente werden zunehmend fragmentarischer, die elektronischen Hilfssysteme erweitert

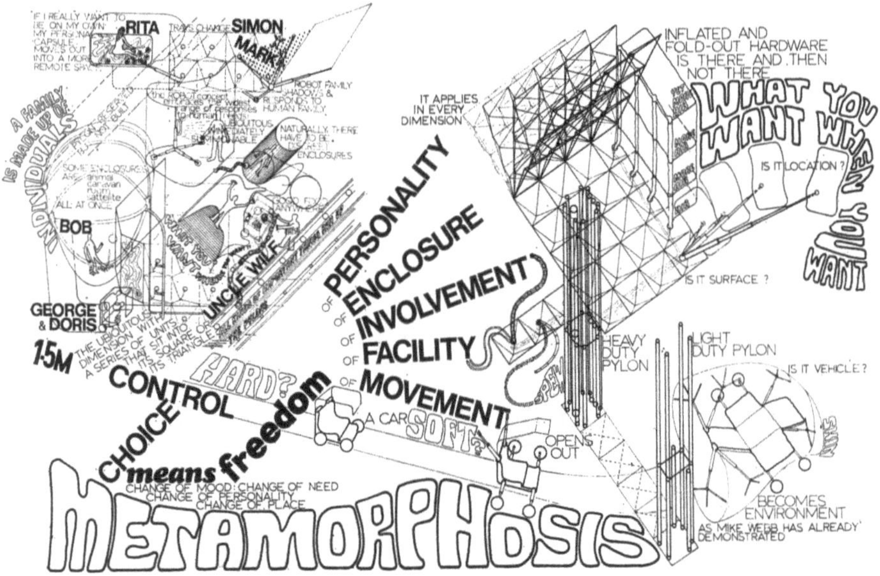

46 Archigram-Wohnwelt: Skizze aus der Serie »Control and Choice«, Darstellung eines Wohn-Environments

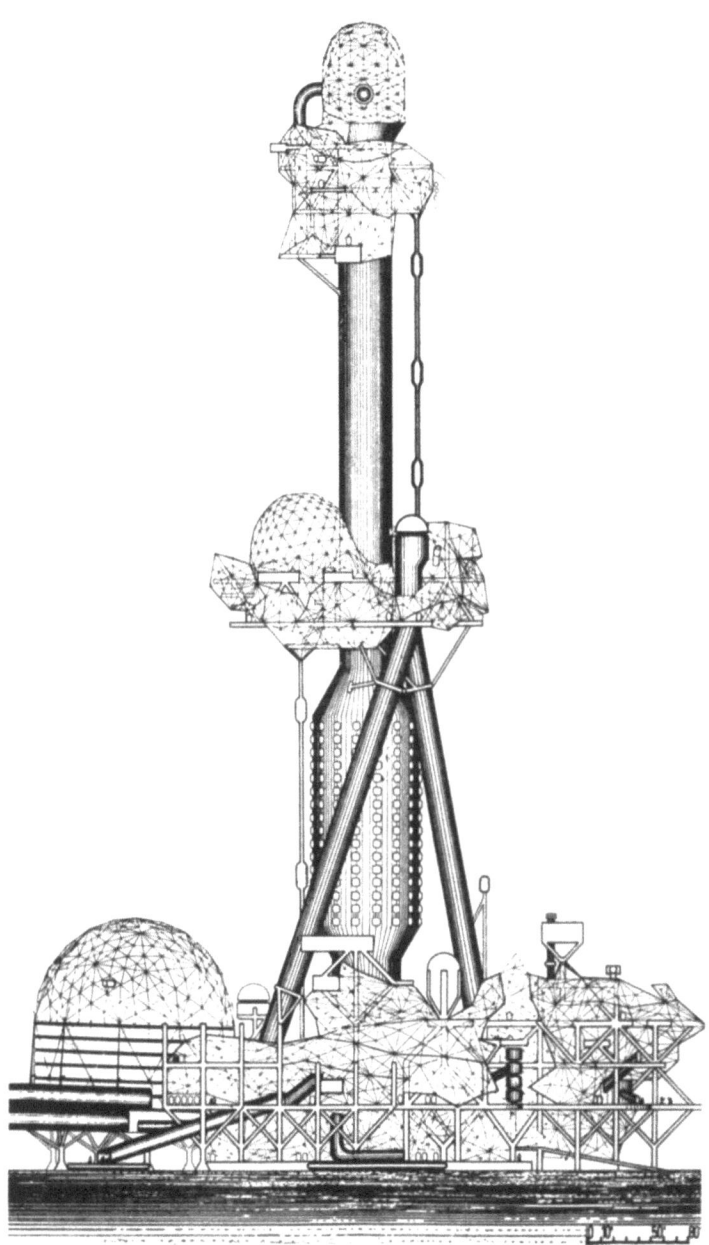

47 Archigram: Peter Cook, Ausstellungsturm für Montreal, 1963; eine vertikale Stadt mit drei Ebenen und verschieden nutzbaren Substrukturen

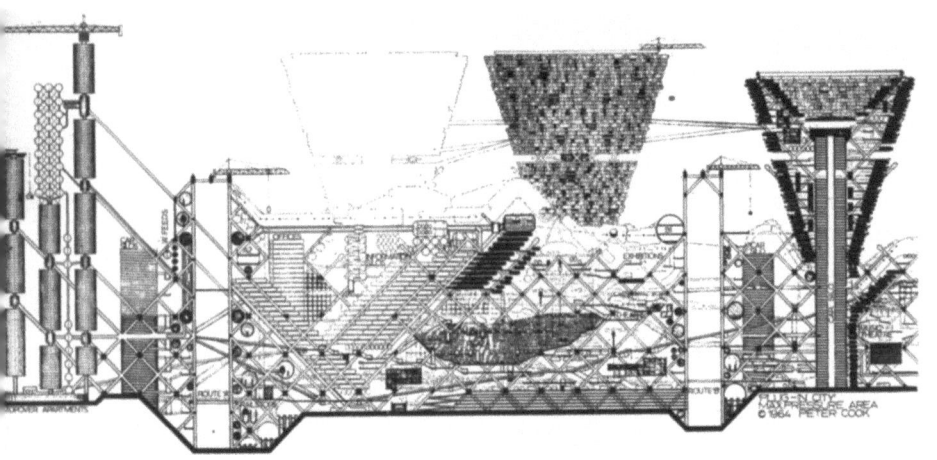

48 Archigram: Plug-in City; Schnitt durch eine Zone höchster Dichte

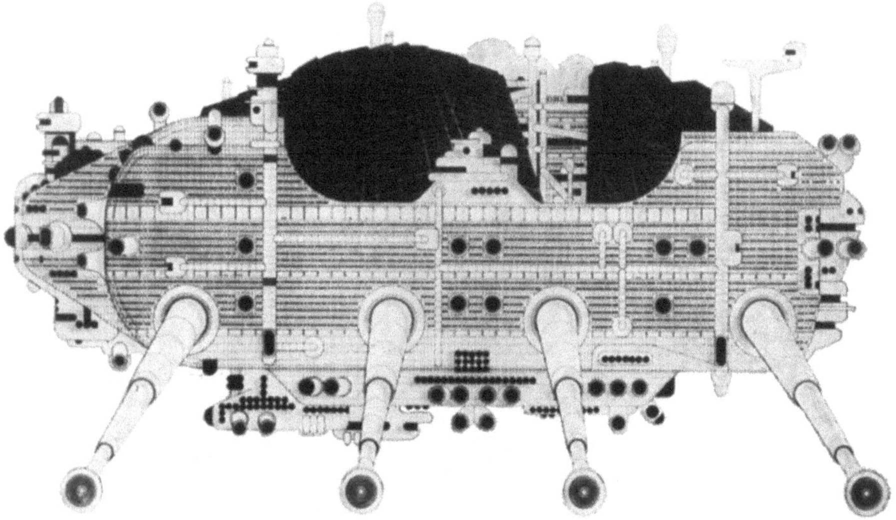

49 Archigram: Ron Herron, fahrbare Stadt. Die Städte können sich zu Zwecken der Kommunikation gruppenweise versammeln

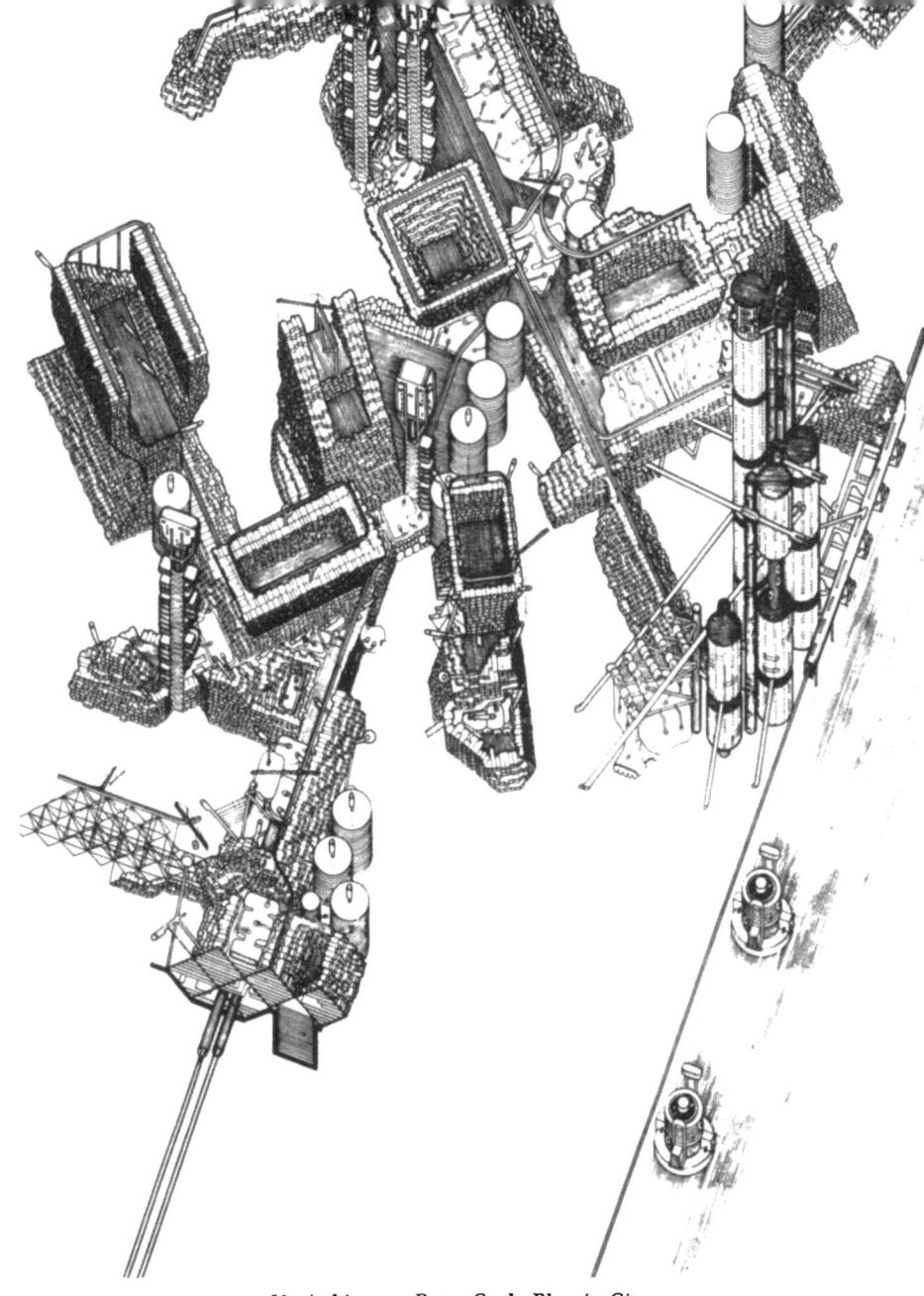

50 Archigram: Peter Cook, Plug-in City

Diese Vorschläge wurden zum ersten Mal in Archigram 4/1964 veröffentlicht und machten die Gruppe international bekannt. Gerade solche Motive und Phänomene greifen sie auf, die nicht als Architektur im herkömmlichen Sinn betrachtet werden, wie etwa Raumkapseln, Flugzeugträger, Fördertürme und natürlich Autos[128]. Die amerikanische industrielle Landschaft bestimmt ganz das Image der Zukunftsstädte Archigrams, die eigentlich, wie die oben beschriebenen Wohnkapseln, kaum noch etwas mit der mehr oder weniger konventionellen Architektur, dem Formenkanon, den Gesetzen und dem Material unserer heutigen Städte gemeinsam haben. Sie sind in gewissem Sinn totale Räume, wo es keine besonders definierten Zonen mehr gibt. Die in diesen Städten lebenden Menschen sollen völlig mit den sie umgebenden Strukturen »eins« werden[129]. So kann sich die Plug-in-City infolge hoher technischer Ausstattung und extremer Beweglichkeit einer ständigen Metamorphose unterziehen und wechselnde Gestalt annehmen. Mittels Computertechnik und elektronischer Hilfssysteme werden statische Elemente nun fast vollständig eliminiert und durch die eingebauten Möglichkeiten der Expansion, Kontraktion und Adaption der absoluten technischen Verfügung zugänglich gemacht. Die völlig instrumentalisierte, variable Umwelt wird als festes begrenztes Objekt zum Verschwinden gebracht. Nicht mehr scheint die Frage der Anpassung des Menschen an die technisierte Umwelt ein Problem zu sein, sondern bei Archigram übernimmt jetzt ein perfektes technisches Kontroll- und Verfügungssystem die Anpassung der Umwelt an die menschlichen Bedürfnisse und hebt so den prägenden und bestimmenden Charakter

---

[128] Brown, D. S.: Little Magazines in Architecture and Urbanism. In: Journal of the American Institute of Planners, Vol. XXXIV, Juli 1968, No. 4.
[129] Die weiter oben dargestellte Intention Hermann Finsterlins der Verschmelzung der Menschen mit dem Wohnraum ist hier in einer Art gigantischer »Mutterleibsvision« auf die gesamte Umwelt ausgedehnt. Doch haben hier die Bürogroßräume als zusammenhängende Funktionsfläche großer Flexibilität Pate gestanden (zum Beispiel Skidmore, Owings & Merrill): »The ›Bürolandschaft‹ implies a much higher degree of organisational freedom, and this way is somewhat analogous to the cities of the future which will almost certainly be in the form of a single environmental enclosure that eliminate the problems of climate; the ›buildings‹ will then be free to organise themselves rather as the departments of an office or areas within a single building do now.« Cook, P.: Architecture: action and plan, a. a. O. S. 56.
[130] Archigram 8, London, 1968, zeigt folgerichtig überhaupt keine Gebäude mehr, sondern in städtischer Metamorphose befindliche skurrile Gebilde, sogenannte »paks«, die verschiedene Funktionen aufnehmen können. So gibt es ein »moment-village«, »suburb-pak«, »popular-pak«, »think-pak«, »instant-oasis«, »underwater-pak« usw.

der Umwelt auf[130]. Eine solche Umwelt kann nicht mehr von Architekten hergestellt werden, sondern für Archigram sind die wahren Umweltgestalter die Erfinder und Forscher, die Elektroingenieure, die hydraulischen Ingenieure, die Biophysiker, die Programmierer, die Gummihersteller, die Schiff- und Kapselbauer[131]. Auf diese Weise soll eine an visueller Abwechslung reiche, von starren Formen emanzipierte Umwelt entstehen, die ihren Bewohnern auf breitester Basis Möglichkeiten zum Spiel, zur sozialen Interaktion und Kommunikation bieten kann. Aus dem Haus und der Stadt als begrenzt erfahrbarem Standort entsteht ein Environment als Gebilde der Vorstellung, eine – wie Jürgen Joedicke es ausdrückt – »heitere Lösung[132]« einer aus Wünschen und Reaktionen gebildeten Umwelt.

Diese Elemente des Spiels, der kreativen Freude, der an die Pop-Kultur erinnernden Heiterkeit sind es, die die Archigram-Gruppe in ihren Entwürfen besonders betont und als einen der wenigen in einer »postindustriellen Gesellschaft« verbleibenden Bereiche zur raumgebundenen sozialen Interaktion ansieht[133], da persönliche Kommunikation mehr und mehr durch technische Medien ersetzt werden würde. Es ist die Vorstellung einer polarisierten Gesellschaft, in der die vielfältigen Arbeitsbereiche – in hohem Maße technisiert und versachlicht – soziale Kommunikation, Befriedigung und Emanzipation der Menschen nicht mehr leisten können, so daß es einer Zone bedarf, in der sich ein spontanes und befreiendes Handeln vollziehen kann: »Somewhere ... there would still have to be a horizontal plane, demarked with neon lights if you like, but in some way suggestive of a place where we work out our feelings of community[134].«

In der Tat zeigen Archigrams Zeichnungen eine Vielfalt an Strukturen, Collagen, Fotomontagen mit in irgendeiner Handlung begriffenen Menschen, deren Sprechblasen die Architektur kommentieren. Die Zeichnungen sind außerordentlich fein und einprägsam und lassen sich in ihrer Intensität und Fähigkeit, den Betrachter unmittelbar anzusprechen, mit den Skizzen der Futuristen, Konstruktivisten und vor allem der »Gläsernen Kette« vergleichen. Archigram zeigt zwar auch Megastrukturen, wie etwa die Metabolisten, aber den hier vorgestellten Städten und Häusern fehlt das starre, dogmatische, mit

---

[131] Cook, P., zitiert nach Brown, D. S.: Little Magazines, a. a. O., S. 227.
[132] Joedicke, J.: Stadtplanung – Experimente und Utopien. In: Bauen + Wohnen, 1967, Heft 5, S. 173.
[133] Vgl. dazu Brown, D. S.: Little Magazines, a. a. O., S. 228.
[134] Kommentar zum International Dialogue of Experimental Architecture, Folkestone, Juni 1966, Kommentar von R. Middleton in: Architectural Design, July 1966, S. 322.

seinem Absolutheitsanspruch bedrückende Moment der japanischen Entwürfe oder auch der zuvor besprochenen Bausysteme.
Aus dieser Darstellung der wesentlichsten Intentionen der Archigram-Gruppe wird deutlich, daß hier manche Momente anklingen, die gleichermaßen die zuvor behandelten Zukunftsprojekte kennzeichnen. Diese Aspekte brauchen nicht nochmals diskutiert zu werden. Es interessiert die Verstärkung der Akzente, die vor allem in einer nahezu völligen Ausblendung der politisch-sozialen Dimension liegen. Während die bisher besprochenen Autoren zumindest noch ihre Sicht der Gesellschaft, wie immer diese aussehen mag, angedeutet haben, finden wir nun eine mehr oder weniger unverbindliche, harmonisierte Konsumwelt vor, die offenbar kaum Konflikte und Widersprüche kennt. Damit zusammenhängend ist eine Wendung zu Formen der »popular arts« unter Verwendung von »comic strip«-Elementen festzustellen, die ihrerseits mit einer nun extrem fungiblen und total anpaßbaren Technik verbunden sind.
Es ist hier nun kaum mehr möglich, die soziologische Deutung der Zukunftsentwürfe und ihren möglicherweise utopischen Gehalt in einer solchen Weise zu erschließen, wie es im großen und ganzen im bisherigen Verlauf der Arbeit durchgehalten werden konnte – also erst nach der Gesellschaftsauffassung der Autoren zu fragen und dann einzelne städtische Verhaltensweisen und Handlungschancen im Kontext mit den technischen Objekten zu behandeln. Schon bei der Gruppe Friedmann, Doernach und anderen haben wir das Abstrahieren von der sozialen Nutzung der Technik festgestellt, eine Entwicklung, die hier nicht ohne Konsequenz weitergetrieben wird. Allerdings wird dadurch auch der Ansatz einer soziologischen Kritik erschwert.
Man kann jedoch sicher einwenden, daß selbst der technisch-ökonomische Stand hochindustrialisierter Gesellschaften es noch nicht zuläßt, von der »Knappheit« der Mittel abzusehen, ganz zu schweigen von der politischen und sozialen Verfassung, die eine solche, von ökonomischen Problemen offenbar befreite Umweltgestaltung kaum, auch in Zukunft, realisierbar erscheinen läßt. Das heißt, es bedarf der Überlegung, ob der technisch hochkomplizierte Ausbaugrad der Umwelt insgesamt und daraus einzelner Teilbereiche überhaupt eine wünschenswerte Verteilung der zur Verfügung stehenden Ressourcen darstellt. Ist es nicht so, daß ein Bereich, die bauliche Umwelt, so übergewichtet wird, daß andere eine Einschränkung erfahren müssen? Auch ist zu bedenken, daß der ökonomische Aspekt der eingeplanten Flexibilität im Zusammenhang mit den bestehenden Einkommensdisparitäten gesehen werden muß. Es wird zwar eine Spielwelt suggeriert, diese bekommt aber mehr demonstrativen Charakter, wenn nicht gleichzeitig eine auf alle Schichten bezogene Nutzung unter entsprechenden ökonomischen Verhältnissen sichergestellt ist.

Klammert man jedoch Erwägungen dieser Art aus und hält sich an die erklärte Intention der Autoren, die Umwelt als Mensch-Maschine-System im Sinne lernender Maschinen unter fortschreitender Substitution der Organe einzurichten, bedarf die bereits in Verbindung mit den Metabolisten erörterte Problematik der Einfügung technischer Neuerungen in soziale Lebenszusammenhänge auf der hier vorliegenden Stufe der Technisierung der Umwelt erneut der Frage nach den Grenzen der Anpassungsfähigkeit des Menschen an extrem veränderte Umweltbedingungen.»Freilich wissen wir hierüber verhältnismäßig wenig, vor allem, weil wir die Anforderungsarten, die der moderne Alltag stellt, in ihrer Vielfalt und ständigen Veränderung sehr ungenau kennen und auch die Andersartigkeit früherer Alltagsumwelten (die etwa weniger künstlich, aber keineswegs natürlich waren), schwer beurteilen können[135].« Es läßt sich jedoch im vorliegenden Fall sicher sagen, daß die Bedienung und Beherrschung einer solchermaßen komplizierten Maschinenwelt Leistungen verlangt, die die angestrebte Entlastung in eine Belastung umkippen lassen kann, das heißt, es ist die Frage, ob die Übertragung der Raketenwelt des Cape Kennedy in eine Wohnwelt die erwünschte Freisetzung bringt und nicht vielmehr die alle Lebensbereiche erfassende technische Rationalität negativ utopisch zu Ende geführt wird. Ist es wirklich sinnvoll, die einfachsten Handhabungen im alltäglichen Wohnbereich – gemeint ist nicht etwa der Küchenbereich, wo jede Erleichterung sicher wünschenswert ist – durch elektronisch gesteuerte Maschinensysteme ausführen zu lassen, wie etwa das Verschieben von Fernsehgeräten und Liegesesseln? Der Nutzen, der aus den komplizierten Apparaturen gezogen werden kann, steht in keinem Verhältnis zum Aufwand, sei es ein ökonomischer oder der einer erhöhten Aufmerksamkeit und Inanspruchnahme der damit hantierenden Menschen[136]. Auch die Probleme der Instandhaltung und

---

[135] Bahrdt, H. P.: Plädoyer für eine Futurologie mittlerer Reichweite, a. a. O., S. 206.
[136] So weist Denise Scott Brown sehr richtig darauf hin, daß das Leben in einer hochtechnisierten Umwelt auch eine gewisse Disziplin erfordere, die manche Menschen nicht zu leisten bereit sind: »Another reason for questioning the provision of total adaptability is that people do not live that way. Clutter is part of living. Few would accept a living arrangement where one is forced to make one's bed in order to go out in the morning. Yet a capsule which requires daily deflation to fulfill its multipurposes, demands a great deal more than this in house-tidying activity. Such problems should make one ask: How much adaptability do we want and how much can we afford? and suggest different levels of adaptability for different parts of the city.« Brown, D. S.: Little Magazines, a. a. O., S. 231. – Aus anthropologischer Sicht warnt Adolf Portmann vor einer unüberlegten Anwendung

Wartung, die unter Umständen eine erhebliche Belastung mit sich bringen, dürfen nicht übersehen werden. Die Unwirklichkeit einer solchen technischen Phantasie, die sicher zum Teil auch von den Autoren nicht zur baulichen Realisierung, sondern selbst zur Unterhaltung, zur Freizeitbeschäftigung gedacht ist, wird an der Art der Präsentation deutlich, die von stark künstlerischen Momenten im Sinne einer Mischung von Pop-Art-Elementen und einer spezifischen Art von Comics, dem Science Fiction Strip, geprägt ist. Auf der einen Seite entsteht dadurch eine formal vielfältige Umwelt mit hohen Anmutungsqualitäten, auf der anderen Seite wird gerade dadurch die kompensatorische Funktion der Umweltentwürfe sichtbar.

Im Hinblick auf die Schaffung eines Image, einer besonderen Gestalt der Stadt, die vor allem die sensomotorischen Fähigkeiten der Menschen wieder ansprechen würde, hat Archigram sicher ihr Ziel erreicht[137]. In ihren Entwürfen spielt die Phantasie, die schließlich die neuen Formen hervorbringt, eine große Rolle. Wenn Archigram sich auch an den Industrierändern amerikanischer Städte, an Kraftwerken, Hafenanlagen und ähnlichem orientierte, so muten die Zukunftsstädte dieser Gruppe doch nicht ganz so vertraut an, wie Denise Scott Brown in ihrem Artikel meint[138]. Das formal Neue an

einer Biotechnik, die die Auffassung von Denise Scott Brown ergänzt: »Viele denken heute daran, in der immer mehr von uns geschaffenen Kunstwelt den Menschen selbst der neuen Technik anzupassen. Schon finden die extremen Techniker, der heutige Mensch müßte für die Raumfahrt verbessert werden.« Portmann stellt vor allem die Frage nach den Zielen und dem Sinn solcher Veränderungen: »Das Anpassungsproblem ist zu einer makabren Angelegenheit geworden. Man paßt unentwegt an: Die Umgebung an uns, uns an die umgeformte Umgebung, ohne die Grundfragen der Zielsetzung zu stellen.« Portmann sieht insbesondere in nicht aufeinander abgestimmten Veränderungen Gefahren (etwa im Auseinanderklaffen von biologischer und sozialer Reife). Portmann, A.: Anpassung als Möglichkeit und Bedrohung. In: Das beschädigte Leben, Ein Symposon geleitet und herausgegeben von A. Mitscherlich, a. a. O., S. 20/21. Vgl. ferner Portmann, A.: Biologische Fragmente zu einer Lehre vom Menschen. Basel, 1969. Ferner: Plessner, H.: Die Stufen des Organischen und der Mensch (1928). Berlin, 1965. Aus der Sicht eines Biokybernetikers und Sinnesphysiologen zeigt Wolf D. Keidel Schwellenwerte der Belastbarkeit im Hinblick auf Lärm, Temperatur und Beleuchtung, die er teilweise quantifiziert. Keidel, W. D.: Der Mensch, ein kybernetisches Wesen. In: Bauwelt 14, 1970, S. 456 ff.

[137] Dieser Aspekt wird in den verschiedenen Rezensionen der Arbeiten dieser Gruppe sehr oft betont. Vgl. auch Burckhardt, L.: Wert und Sinn städtebaulicher Utopien. In: Schmid, R. (Hrsg.): Das Ende der Städte?, a. a. O., S. 111 ff.

[138] Brown, D. S.: Little Magazines, a. a. O.

Archigrams Städten ist die Vielfalt der Kombinationen aus Großstrukturen mit kleinen, feinkörnigen, wechselnden Einheiten zu Zonen hoher Dichte und Plastizität. Hinter diesem formalen Konzept steht die Vorstellung eines hochkomplexen städtischen Systems aufeinander bezogener und miteinander verflochtener Aktivitäten und Handlungsmuster, die durch ihren hohen Integrationsgrad die Chance der freien Wahl, der Kommunikation und Interaktion erhöhen sollen und deren Beziehungen untereinander bestimmend werden für die Struktur der Stadt. Die Befreiung der Menschen durch die Emanzipation von starren Formvorstellungen und die bewußte Einführung von Spielelementen als zukunftsweisende urbane Techniken strebt zum Beispiel Cedric Price in seinem Entwurf des »Fun-Palace« an[139], ein Versuch, die Umwelt menschlichen Wünschen und Reaktionen, der Spontaneität und Phantasie zugänglich und gefügig zu machen. Dieses Projekt, als Experiment zunächst konzipiert, stellt eine ernst zu nehmende Antithese gegen die Zwänge einer rein zweckrationalen und funktionalen Architektur dar, die dem Benutzer nur jene Handlungen erlaubt, die in den Bauten vorprogrammiert sind. Archigrams Verdienst liegt in der Konzeption und bewußten Betonung einer experimentellen, unautoritären Architektur.
Allerdings darf nicht übersehen werden, daß hier eine Welt vorgeschlagen wird, die den Leser glauben machen will, daß künftig gesellschaftliche Widersprüche, soziale Unterprivilegierung und Konflikte nicht mehr vorhanden und somit auch keine gesellschaftliche Aufgabe mehr seien. Der Benutzer der zukünftigen Wohnzellen, Kapseln und Megastrukturen wird vorgestellt als ein unkonventioneller, erfolgreicher und finanziell gesicherter Angehöriger jener gesellschaftlichen Schicht und Subkultur, wie sie sich im Augenblick in den verschiedenen europäischen Ländern und den USA herausbildet: den jungen, antimittelständischen Gruppen, den Pop-Künstlern, den jungen Leuten aus der Welt der Beatles und Hippies und den gutsituierten Teenagern und Twens, mit Sportwagen, fröhlichen Mädchen und viel freier Zeit – eine heitere, glückliche Gesellschaft, die bereit ist, mit den »moment-villages«, den »nomade-paks«, dem »ideas-circus« und den Robotern der »living-pods« ausschließlich »fun« und »excitement« zu erleben[140].
So ist diese Umwelt letztlich nichts anderes als die ins Technische

---

[139] Dieser »Fun-Palace« ist gedacht als ein großes Raummobile, eine Art mechanisierter ›Rummelplatz‹, wo alle nur denkbaren spontanen Betätigungen und Veranstaltungen möglich sind, die den Zuschauer als aktiven Teilnehmer mit einbeziehen und seine spielerischen Triebe wecken. Vgl. Banham, R.: Clip-on-Architektur. In: Bauen + Wohnen, 5/1967, S. 175 ff.
[140] Vgl. auch Brown, D. S.: Little Magazines, a. a. O., S. 232.

transponierte Vision des alten Traumes vom Schlaraffenland mit dem einen Unterschied, daß an diesem Leben offenbar nur eine bestimmte gesellschaftliche Gruppe teilnehmen kann. »It's a bright and sassy image, compounded of early CIAM-technology-wonder à la Tom Wolfe – an image much more suited to the teenagers who promenade their convertibles on the sunset strip and the young adult who live it up on the boulevards, than to the lower-middle class ex-service families who bulged the baby curve and filled the Levittowns after the war[141].«
So entsteht das Bild einer auf Grund immenser technologischer Neuerungen harmonisierten Freizeitgesellschaft, in der alle sozialen, politischen und ökonomischen Widersprüche offenbar irgendwie gelöst sind oder einseitig ausgeblendet werden in Bereiche, von denen die glücklich konsumierenden Bewohner der Plug-in-City offenbar nicht mehr betroffen werden. Eben darum erhalten diese Spielwelten, die als »Ereignis« konzipierten Architekturen, ein Moment der Billigkeit. Sie suggerieren eine befriedete Welt und lenken ab von der sozialen Aufgabe von Architektur und Umweltgestaltung. So kommen eher »Fantasien, Wünsche und unterdrückte Strebungen der Menschen zum Ausdruck[142]«, die die Kehrseite der tatsächlichen Monotonie und Frustration, denen sie ausgesetzt sind, darstellen. Trotz mancher progressiven Elemente in den Vorschlägen von Archigram überwiegen so die kompensatorischen Momente der utopischen Phantasie, die nur begrenzt zur konkreten Erleichterung der Umweltverhältnisse führen können.

3.3 Drei weitere Ausprägungen vorwiegend technisch bestimmter Stadtvisionen: die technisch-künstlerische (Nicolas Schöffer), die technisch-totalitäre (Hans Hollein, Walter Pichler) und die technisch-organische Stadt (Wiillam Katavolos)

Auch die utopischen Stadtvisionen von Schöffer, Hollein/Pichler und Katavolos stehen ganz in der Linie, die durch eine fortschrei-

---

[141] Ebenda, S. 232.
[142] Hesse-Quack, O.: Der Comic-Strip als soziales und soziologisches Phänomen. In: Kölner Zeitschrift für Soziologie und Sozialpsychologie, 1969, Heft 3, S. 700. – Zu den sozialen Implikationen der »Kulturindustrie« überhaupt, der in gewissem Sinne sicher auch Produkte in der Art der städtebaulichen Phantasien Archigrams zuzurechnen sind, vgl. zum Beispiel Horkheimer, M., und Th. W. Adorno: Dialektik der Aufklärung. Amsterdam, 1947, insbesondere das Kapitel: Kulturindustrie, Aufklärung als Massenbetrug, S. 144 ff.

tende Entwicklung der technischen Dimension gekennzeichnet ist. Sie bringen insofern prinzipiell nichts Neues. Indes handelt es sich um bemerkenswerte Varianten, die die verzweigte und weite Landschaft heutiger utopischer Initiativen im Städtebau sozusagen in der Horizontalen zumindest punktuell erweitern.

Deshalb brauchen wir aber mit der soziologischen Deutung nicht wieder neu anzusetzen, es genügt vielmehr, Querverweise zu geben und kurze Charakterisierungen vorzunehmen. Wir können so der bereits ausgebreiteten Vielfalt stadtutopischen Denkens einige Akzente hinzufügen, auf die wir trotz der notwendig kursorischen Behandlung nicht verzichten möchten, obschon oder gerade weil unsere Untersuchung nicht den Anspruch erheben kann – und auch nicht soll –, das gesamte Spektrum heutiger Stadtutopien auszubreiten.

Bereits Paul Scheerbart stellte sich im »Kaiser von Utopia« Räume vor, deren Fußböden lichtdurchlässig sind und wo man auf dem Licht gehen kann[143]. Schon seit etwa zehn Jahren werden nun die verschiedensten Versuche unternommen, Räume mit immateriellen Mitteln, etwa mit Luftströmen, Lichtwänden oder unsichtbaren, aber spürbaren Temperatur- oder Farbgrenzen zu bilden[144].

Dazu hat Nicolas Schöffer, der der Archigram-Gruppe wohl am nächsten steht und den künstlerischen Aspekt technischer Entwicklung besonders betont, einen bemerkenswerten Beitrag geleistet. Seine Vorschläge gehen wie viele andere von einer starken Zunahme der Freizeit aus, bei gleichzeitiger Zunahme der Kommunikationsmittel, so daß man zu jeder Zeit über diese Medien Kontakt zu Mitmenschen bekommen und demnach seine Freizeit allein verbringen kann. Die Stadt von morgen soll künstlerische Ereignisse und Schauspiele für den Bewohner bereithalten, die ihn aktivieren. Wandelnde Skulpturen sollen sich unter die Fußgänger mischen, um das Stadtleben zu bereichern. Die Stadt der Zukunft wird gedacht als »ein kybernetisches System, von dem das Schauspiel der Stadt gesteuert wird ... riesige durchscheinende Bildschirme, die farbige Projektionen auffangen, bewegliche Skulpturen und kinematische Projektoren, aber auch raumdynamische und kybernetische Skulpturen, die vollständige Bewegungsfreiheit haben und in der Stadt zwischen den Spaziergängern umhergehen oder fliegen[145]«.

[143] Vgl. Scheerbart, P.: Der Kaiser von Utopia. Berlin, 1904.
[144] Ein sehr bekanntes Beispiel ist das Luftdach für die Stiftsruine Bad Hersfeld von Walter Ruhnau und Ives Klein. Ein künstlicher Luftstrom soll Bühne und Zuschauerraum vor Wind, Regen und Kälte schützen.
[145] Schöffer, N., zitiert nach Ragon: Wo leben wir morgen?, a. a. O., S. 192. So schuf zum Beispiel der französische Bildhauer Szequély Spielskulpturen für Kindergärten und Spielplätze der großen Wohnsiedlungen in der Region Paris entworfen. Vgl. Ragon, M.: Wo leben wir morgen?, a. a. O., S. 112, 194.

Nicolas Schöffer hat seine Skulpturen weiterentwickelt zu einem riesigen Lichtturm (Bild 51) und sogar zu vertikalen kybernischen Städten[146]. Aufgabe der Kunst ist heute, nach Schöffer, nicht mehr die Unterwerfung der Natur, also natürliche Materialien in einer bestimmten Weise zu formen und zu gestalten, sondern stattdessen eine »künstliche Natur« zu schaffen. Insofern wird Kunst für Schöffer unerläßlicher Bestandteil einer zukünftigen Gesellschaft. Diese künstliche Natur besteht bei Schöffer aus kybernetischen, raumdynamischen Systemen mit einem Minimum an Struktur, das heißt festem Material, die farbige Lichtbündel aussenden und tausendfach spiegeln, Elektronenblitze ausschleudern, wie etwa der Lichtturm (Bild 51), der bei Paris realisiert werden soll und der darüber hinaus die Funktion hat, sowohl »die unmittelbare als auch die entfernte städtische Umgebung widerzuspiegeln, das heißt, er wird alle Informationen über die Tätigkeiten der Stadt Paris erhalten. Diese Informationen werden in einer ständig fluktuierenden Kurve wiedergegeben, die vielleicht zum erstenmal in der Geschichte einer Stadt den Grad ihrer Betriebsamkeit und Entspannung anzeigen wird. All das wird mit Hilfe von Computern in ästhetisierte Aktionen umgesetzt: Die Programmierung wird Änderungen der Farbe, des Rhythmus und der Geschwindigkeit bewirken[147]«.

Die kybernetische Stadt nun ist gedacht als Ort, an dem alle menschlichen Angelegenheiten kybernetisch gesteuert und geregelt werden. Im Prinzip gibt es im »kybernetischen Siedlungsgebiet« drei Städte: je eine für Arbeit, für Ruhe, für Muße und Freizeit. Die Arbeitsstadt ist in einem Turm untergebracht, der bis zu zwei Kilometer hoch werden kann, denn, so meint Schöffer, die Vertikale stimuliere das Arbeiten. Die Stadt, in der man schläft, soll horizontal angelegt werden in Form von kleinen Bungalows, die auf Gerüsten 30 m über dem Boden errichtet werden[148]. Und schließlich gibt es eine Freizeitstadt, in der die Hauptattraktion ein »Zentrum für sexuelle Freizeitgestaltung« ist, in dem man durch Farben, Gerüche Musik und verschiedenste stimulierende Programme einschließlich einer ebenfalls besonders programmierten Umgebung seinen Intentionen nachgehen kann. Schöffer erwartet sich von einer Stadt, »in der man sich der Liebe in einer ästhetischen Umgebung widmen kann, unter Ein-

---

[146] Schöffer, N.: La ville cybernétique. Paris, 1970. Vgl. auch das Spiegelgespräch mit Schöffer, in: Der Spiegel, 24. Jg., 9. Februar 1970, Nr. 7, S. 152 ff.; desgleichen Ragon, M., Wo leben wir morgen?, a. a. O., S. 112, 121, 192 ff.
[147] Schöffer, N., Spiegelgespräch, a. a. O., S. 156.
[148] Vgl. zum Beispiel Schöffers raumdynamische Stadt als Freizeitanlage, in: Ragon, M.: Wo leben wir morgen?, a. a. O., S. 189 ff.

51 (oben) Nicolas Schöffer, Lichtturm (Entwurf)
52 (unten) Hans Hollein, Stadtkrone
53 (rechts) Walter Pichler, kompakte Stadt

wirkung ungezählter Programme«¹⁴⁹ eine Befreiung des Einzelnen. Darüber hinaus wird der Mensch, ebenso wie er seine technischen Apparaturen vervollkommnet, sein Leben perfektionieren und sogar seine eigene Struktur verändern. Das Endziel für Schöffer ist die »Ästhetisierung der Gesellschaft¹⁵⁰«.

Aus dieser kurzen Charakterisierung der Intentionen Schöffers wird erkennbar, daß hier Momente anklingen, wie sie von Fourier, den Mitgliedern der Gläsernen Kette und zuletzt von der Archigram-Gruppe in jeweils modifizierten Formen vorgestellt wurden. Es ist vor allem die Vision, die Umwelt der Menschen zu einem ästhetisch-sinnlich erfahrbaren Raum mit neuen Qualitäten umzugestalten, in dem eine befreite Gesellschaft das Sinnliche, das Spielerische, die Muße selbst zu einer Form menschlicher Existenz macht. Bei Schöffer soll sich eine befreite Technologie, die durch ihre immateriellen, leichten und luftigen Züge jede Verdinglichung aufzuheben scheint, verbinden mit einer befreienden Kunst, die die ästhetische Dimension in ihrer Affinität zur Freiheit, zur individuellen und kollektiven Entfaltung zum bestimmenden Lebenselement erklärt.

Unsere Argumentation verhielt sich zu den geschichtlich jeweils verschiedenen Ausprägungen dieses Denkhorizontes etwas ambivalent. Auf der einen Seite liegen in einer sinnlich und ästhetisch entfalteten Umwelt sicher legitime Vorgriffe auf eine qualitativ neue Lebensweise, die über eine repressive Monotonie und eine Wiederholung des Immergleichen hinausgehen. Auf der anderen Seite entgehen diese Intentionen jedoch nur dann der Ideologie einer repressiven Konsumgesellschaft, wenn gesehen wird, daß diese neuen Lebensformen und Lebenswelten nur auf dem Hintergrund einer neuen Sensibilität, einer neuen Triebstruktur und einer gleichzeitigen, politisch vermittelten Veränderung der Produktionsbasis und damit der menschlichen Arbeit überhaupt befreiende Perspektiven aufreißen¹⁵¹.

Gerade am Beispiel Schöffer läßt sich noch einmal deutlich zeigen, wie wenig dieser Zusammenhang gesehen wird. Schöffer assoziiert mit seinen gleißenden Umweltstrukturen ganz normale Nutzungen wie Arbeit, Wohnen und Freizeit, die in räumlich völlig getrennten Zuweisungen – wir haben auf die sozialen Implikationen bereits hingewiesen – genau den Lebensrhythmus der bestehenden Gesellschaft reproduzieren. Nicht nur die Trennung der Funktionen, sondern zum Beispiel auch die Wahl einer stimulierenden Form gerade für die Arbeitsstadt deutet darauf hin. Bereiche, die etwa politischen

---

[149] Schöffer, N., Spiegelgespräch, a. a. O., S. 158.
[150] Schöffer, N., Spiegelgespräch, a. a. O., S. 159.
[151] Marcuse, H.: Versuch über die Befreiung, a. a. O.

Betätigungen Raum geben könnten (wie etwa öffentliche Plätze, Versammlungsräume, Bildungseinrichtungen usw., fehlen in seinem Andeutungen. So reiht sich Schöffer in die Versuche ein, die eine »Freizeitgesellschaft« vorwiegend auf technisch-künstlerischem Wege, ohne den notwendigen Ausbau der politischen Dimension, errichten wollen. Er übersieht, daß »die Übersetzung des Potentiellen ins Aktuelle... die Arbeit politischer Praxis« ist[152], ein Sachverhalt, der auch die räumliche Organisation einer utopisch-emanzipatorischen Stadt konkret beeinflussen dürfte.

Einen grundsätzlich anderen Einsatz der Technik visieren manche zeitgenössischen Strömungen in Österreich an. Seit der Ausstellung »Urban Fiction« 1967 sind Entwürfe bekannt, die mehr Strukturen von »stadtbildenden Kräften« darstellen als ausgearbeitete Vorschläge[153]. Sie kommen vorwiegend aus den Technischen Hochschulen Graz und Wien, in Wien besonders von Hans Hollein und Walter Pichler.

Diese beiden Architekten zeigen expressionistische Stadtvisionen (Bilder 52, 53), wie überhaupt für diese Ausstellung Entwürfe und Skizzen charakteristisch sind, die eher maschinenähnlichen Gebilden und technischen Aggregaten gleichen und mit städtischen Bereichen keine Ähnlichkeit mehr haben. Holleins und Pichlers Entwürfe sind aggressiv und provokativ, sie gleichen im Ausdruck den Architekturen Sant'Elias und des Futurismus, dessen Intentionen aufgegriffen werden, zumindest in gestalterischer Art. Pichler hat zu dieser Ausstellung ein Manifest vorgelegt, das in Sprache und Aufbau den Flugblättern des Arbeitsrates für Kunst der frühen 20er Jahre gleicht, jedoch völlig andere Ziele verfolgt. War Architektur bei den Architekten des Bauhauses oder der Gläsernen Kette gedacht als ein künstlerisches Mittel, die Menschen zu »edleren« und »besseren« Geschöpfen zu machen, so ist sie hier eine »brutale Sache«, »eine Waffe«, ein Mittel, härtesten Zwang auf die Menschen auszuüben: »Sie wird geboren aus dem stärksten Gedanken. Für die Menschen wird sie Zwang sein, sie werden darin ersticken oder sie werden leben – leben, wie ich es meine. Architektur ist nicht die Hülle für die primitiven Instinkte der Massen. Architektur ist Verkörperung der Macht und Sehnsüchte weniger Menschen. Sie ist eine brutale Sache, die sich der Kunst schon lange nicht mehr bedient. Sie berücksichtigt die Dummheit und Schwäche nicht. Sie dient niemals. Sie erdrückt die, die sie nicht ertragen. Architektur ist das Recht derer, die nicht an

---

[152] Marcuse, H.: Versuch über die Befreiung, a. a. O., S. 117.
[153] Vgl. Achleitner, F.: »Urban fiction« in Österreich. In: Bauen + Wohnen, Mai 1967, S. 182 ff.; desgleichen Pichler, W., H. Hollein: Absolute Architektur. In: Conrads, U.: Programme und Manifeste, a. a. O., S. 174 ff.

das Recht glauben, sondern es machen. Sie ist eine Waffe. Architektur bedient sich rückhaltslos der stärksten Mittel, die ihr jeweils zur Verfügung stehen. Maschinen haben sie ergriffen, und die Menschen sind nur mehr geduldet in ihrem Bereich[154].«
An diese Gedanken schließt sich die Vorstellung an, Architektur wieder zu reinem Selbstzweck werden zu lassen, sie vor allem »aus der Stellung eines Dienstboten für fragwürdige Herrschaften, wie es einmal die Bedürfnisse der Wohlstandsgesellschaft sind«,[155] zu befreien. Die Absage an den Funktionalismus und die Prädominanz der Form über alle Zwecke, zu der »eine ungeheuer fortgeschrittene Wissenschaft und perfektionierte Technologie alle Mittel bietet[156]«, drückt sich aus in ihren Architekturzeichnungen, die von der Gestaltung sozialer Beziehungen in städtischen Bereichen – eine Aufgabe, die schließlich immer noch mit der Architektur verbunden ist, völlig abstrahieren[157]. Hollein hat sogenannte »Flugzeugträgerstädte« entworfen, das heißt die Konfrontation von Flugzeugträgern und Landschaft soll ein Stadtbild ergeben.
Die Verbindung von Technik und totalitär-elitären Ordnungsaspekten gewinnt in diesem Architekturprogramm Züge, die nicht mehr eines ideologiekritischen Einsatzes bedürfen, sondern in ihrem geradezu faschistischen Pathos[158] – das die Intentionen der Gläsernen

---

[154] Pichler, W.: Architekturmanifest, zitiert nach Friedrich Achleitner: »Urban fiction«, a. a. O., S. 182.

[155] Ebenda, S. 182.

[156] Ebenda, S. 182.

[157] Ulrich Conrads beurteilt die Auffassung dieser Architekten als die »absoluteste These in den Manifesten zur Architektur unseres Jahrhunderts. Denn absolut heißt: abgelöst, heißt hier: abgelöst von der Geschichte, abgelöst von den Taten, abgelöst vom Denken. Und absolute Architektur bedeutet hier: die von ihrem Gegenstand, dem Menschen, befreite Architektur, die gegenstandslose Architektur. Die Kette der Abenteuer dessen, der auszog in dieses Jahrhundert, um ein neues Bauen zu lernen, mündet ins ganz und gar Unverbindliche einer ›absoluten Architektur‹.« Conrads, U.: Programme und Manifeste, a. a. O., S. 174.

[158] Wenn in dem architektonischen Totalitarismus der österreichischen Architektengruppe faschistische Züge gesehen werden, so ist damit vor allem die Verbindung eines Elitedenkens mit dem Willen zur Macht gemeint. Sicher ist dieser Aspekt nur ein mögliches Merkmal faschistischer Denkweisen. Gleichwohl scheint es nicht das unwichtigste zu sein, wie das Beispiel Mussolini zeigt, der unter dem Einfluß der Gedanken Nietzsches, Sorels und Paretos eine eklektische, irrationalistische Elitetheorie – unter Betonung des Rechts des Stärkeren – entwickelte. Den Zusammenhang des Faschismus mit der jeweiligen Klassenbasis und das System der Klassenbeziehungen, innerhalb deren dieser sich entwickelt, können wir – wie überhaupt das Faschismusproblem – hier nicht behandeln; es scheint auch im Hin-

Kette völlig umwendet – als Repression unmittelbar ersichtlich sind. Die Maschinenwelt wird nicht zur Erleichterung menschlicher Arbeit eingesetzt, sondern formal auf die gebaute Umwelt übertragen als Mittel künstlerisch verbrämter Gewalt. In diesem Zusammenhang ist es auch interessant, daß Marinetti, der Sant'Elia stark beeinflußt hat, den Eintritt Italiens in den Krieg propagiert und die futuristische Bewegung nach dem Ersten Weltkrieg dem Faschismus zugeführt hat[159]. Während bei den frühen Utopien totalitäre Momente mehr durch den Versuch zustande kommen, eine notwendige Koordination aller Gesellschaftsmitglieder im kommunistischen Sinne zustande zu bringen, werden hier ausgesprochen elitäre Töne angeschlagen. Der künstlerisch autonome Architekt sieht sich einer Masse gegenüber, die als prinzipiell kulturfeindlich aufgefaßt wird.»So schlägt die Vorstellung vom primitiven Wesen der Masse und ihrer eingeborenen Feindschaft gegen die Vernunft um in eine vernunftfeindliche Massenpsychologie[160].«
Wenn auch Pichler – wie Achleitner berichtet – sich später von seinen Ausführungen distanzierte, so dürfte gerade dieses unvorsichtige Aufdecken des totalitären Denkhintergrundes in Verbindung mit dem Einsatz einer hochentwickelten Technik aufschlußreich auch für andere, ähnlich gelagerte Projekte sein.
Wiederum eine andere, und eigentlich die entgegengesetzte, städtebauliche Zukunftsvision unter Ausnutzung neuester technischer Entwicklungen, vor allem der Entdeckungen der Chemie, entwirft seit 1960 der Amerikaner William Katavolos.[161] Ihm schwebt eine Architektur vor, die sich von jeder Schwerkraft und Unbeweglichkeit befreit und nur noch als nachgiebige Hülle dem Menschen völlig angepaßt wird. Diese neue Stadt soll sich auf dem Meer ansiedeln, auf einem Ring aus Produkten auf Ölbasis, in die Kunststoffe gegossen werden, die sich durch Ausdehnung zu korallen- und kristallähnlichen Gebilden, durchbrochen von Öffnungen, verändern (Bild 54). Diese chemischen Gehäuse sind gleichermaßen mit chemischen Einrichtungen ausgestattet, die einen außerordentlich hohen Funktionalisie-

---

blick auf die in Rede stehenden Entwürfe weniger relevant zu sein, obgleich der elitäre Zug in den Äußerungen und Arbeiten der österreichischen Architektengruppe dazu einen eindeutigen Hinweis gibt. Vgl. zum Faschismusproblem allgemein: Nolte, E. (Hrsg.): Theorien über den Faschismus. Köln und Berlin, 1967.
[159] Benevolo, L.: Geschichte der Architektur des 19. und 20. Jahrhunderts, a. a. O., S. 30.
[160] Institut für Sozialforschung (Hrsg.): Soziologische Exkurse, Frankfurter Beiträge zur Soziologie, Band 4, Frankfurt, 1957, S. 73.
[161] Katavolos, W.: Organics. Hilversum, 1962.

rungsgrad aufweisen. Katavolos beschrieb dies ausführlich. Zusammengefaßt läßt sich seinen Texten entnehmen, daß nahezu alle Verrichtungen des Menschen von chemischen Vorgängen abgelöst oder von chemischen Stimuli in Gang gesetzt oder erledigt werden. Selbst die Herstellung und Zubereitung von Nahrung wird dem Menschen weitgehend abgenommen, so daß dem Bewohner dieser Gehäuse eigentlich keine Arbeit mehr bleibt; im Gegenteil, er kann sich schöpferisch wie immer er will betätigen: »Die chemische Architektur würde jeden zu seinem eigenen Architekten machen. Es genügte, jene Flüssigkeiten in die Luft zu schleudern, damit sie dort Form annehmen und erhärten. – Explosionsartig entstehende Strukturen einer spontanen Architektur, die sich mit bestimmter Dichte in bekannte Richtungen und für eine vorausberechnete Lebensdauer umwandeln ... Am Morgen kann man vorstädtische Siedlungen sehen, die sich zu Städten zusammenschließen, um gegen Abend wie Töne in die Ferne zu schweben, um sich irgendwo anders wieder zu verankern.«[162]

Obwohl Katavolos seine Intentionen bereits 1962 veröffentlicht hat, ist seine Konzeption immer noch als vorläufiger Endpunkt der städtebaulichen Entwicklung unter dem Einfluß der Technik anzusehen. Nicht nur sind seine Strukturen austausch- und anpassungsfähig. sondern selbst produzierend und reproduzierend. Sicher darf man in diesem Fall nicht nach den tatsächlichen technischen Möglichkeiten fragen, die in naher und vermutlich auch weiterer Zukunft eine solche Vorstellung als realisierbar erscheinen lassen, wohl aber nach den Hintergründen, die einen solchen Entwurf stimuliert haben könnten.

Auffallend ist die Querverbindung zu Rudolf Doernach. Die zu dessen Arbeiten vorgebrachten Anmerkungen gelten zum Teil auch hier. Gleichfalls ergeben sich Parallelen zu den Vorstellungen der Architekturbewegungen der zwanziger Jahre, insbesondere im Hinblick auf die Antizipation neuer Werkstoffe. Was allerdings die Visionen von Katavolos darüber hinaushebt, ist die Idee der völligen Verschmelzung, des nahtlosen Zusammengehens der Menschen mit der Umwelt, die im höchsten Grade fungibel vorgestellt wird. Nicht mehr wird ein Gegenüber von Subjekt und Objekt gesehen, sondern beides wird als ineinander aufgehend gedacht. So zeichnet sich über den Umweg einer extrem fortgeschrittenen Technik in gewissem Sinne eine »Rückkehr zur Natur« ab. Das erklärt, warum gesellschaftliche Probleme von Katavolos nicht angesprochen werden. Was ihn interessiert, ist die lückenlose und organische Anpassung der ma-

---

[162] Katavolos, W.: Organics. In: Ragon, M.: Wo leben wir morgen?, a. a. O..

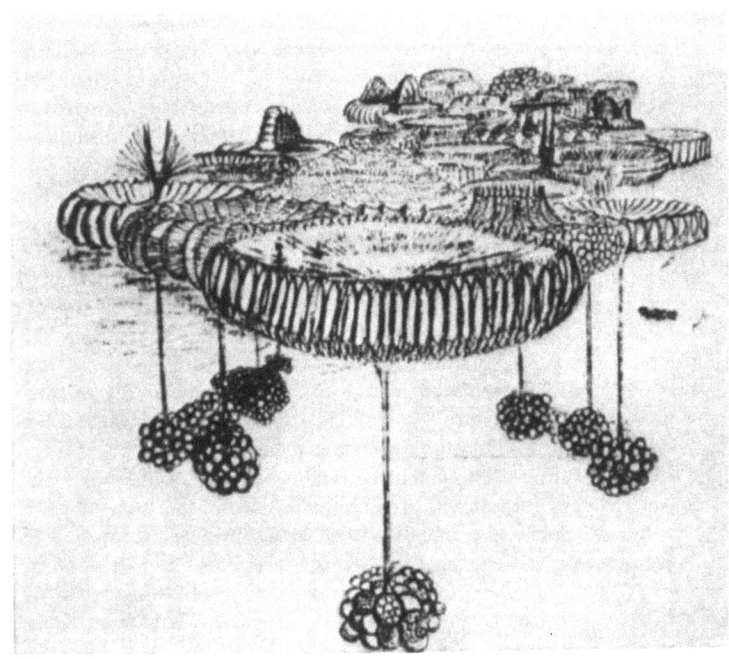

54 William Katavolos, *Vision einer chemischen Stadt auf dem Meer*

teriellen Umwelt an den menschlichen Organismus[163]. Es liegt auf der Hand, daß damit gesellschaftliche Fragestellungen nicht nur nicht aufgenommen, sondern unter Umständen überspielt und verschleiert werden. Auf dem höchsten Stand der Technik trifft sich diese Position unerwartet, sozusagen hinterrücks, mit Intentionen, die unter dem Stichwort eines »organischen Städtebaues« schon lange Gegenstand der Diskussion und der soziologischen Kritik gewesen sind und heute eigentlich keine so große Rolle mehr spielen, obgleich vermutlich manchen Architekten Assoziationen zu organischen Gebilden in mehr verdeckter Weise auch heute noch naheliegen dürften. In aller Kürze beschäftigt sich der folgende Exkurs mit einigen Gedanken zu solchen organischen Stadtvorstellungen.

[163] In dem Beitrag »Organics« (abgedruckt in: Conrads, U.: Programme und Manifeste, a. a. O., S. 155 ff.) führt Katavolos als Beispiele für in seinem Sinne gestaltete Umweltgegenstände aus organischen Stoffen konstruierte Stühle, ein Trinkgefäß, Badewanne und Duschen, Gewebe und Textilien, ferner Toiletten auf. Offenbar überträgt Katavolos seine Erfahrungen als Industrial Designer auf die Stadt.

Exkurs: Die Stadt als organisches Gebilde (Paolo Soleri)
Die unter dieser Überschrift zusammengefaßten Projekte – stellvertretend greifen wir die von Paolo Soleri heraus – weisen einen wesentlichen Unterschied gegenüber den bisher besprochenen Entwürfen und Vorstellungen auf. Während diese zwar auch bestimmte Verbindungen zur biologischen Sphäre zeigen, handelt es sich bei den folgenden Entwürfen um außerordentlich vordergründige und sehr kurzschlüssige Analogien, die eine unmittelbare Übertragung organischer Gebilde in städtebauliche Projekte vornehmen.

Paolo Soleri, amerikanischer Architekt und Schüler Frank Lloyd Wrights, übernimmt die von Wright begründete Lehre von der organischen Architektur[164] und macht sie zur Grundlage seiner Zukunftsentwürfe. Der Mensch soll die künstliche Umwelt nach den Prinzipien und Gesetzen der Natur erschaffen, um so die Diskrepanz zwischen Mensch und Umwelt zu überwinden und den Menschen wieder »harmonisch in den Kosmos« zu integrieren.

Die Gesellschaft, die Wirklichkeit, betrachtet Soleri als stufenweise von niederen Entwicklungsstufen zu höheren fortschreitend aufgebaut[165]. So liegen nach Soleri der menschlichen Entwicklung eine pflanzliche und eine tierische Stufe zugrunde, gefolgt von einer emotionalen und geistigen Stufe, um dann die eigentliche Stufe menschlicher Entfaltung zu erreichen: die Organisation der Umwelt der Menschen. Diese Umwelt muß neu erschaffen werden, und zwar in der Weise, daß sie eine Art »Wiedergeburt« des Menschen ermöglicht, ihn gleichsam von sich selbst und seiner Umwelt befreit – ein Gedanke, der, nur in andere Worte gekleidet, auch den Ideen der Archigram-Gruppe zugrunde liegt. Es entsteht eine Art Ultra-Struktur, eine neue Natur, die sich von der gewohnten Natur darin unterscheidet, daß sie spezifische Dienste für den Menschen übernimmt. Analog nun zu einem biologischen Gesetz, daß sich Energie möglichst konzentrieren muß, um einen neuen Zustand hervorbringen zu können, und dem auch die Organisation des pflanzlichen und tierischen Lebens folgt, soll die menschliche Umwelt aufgebaut sein. Soleri zieht hier einen Vergleich zum menschlichen Gehirn, das einem Energie- und Steuerungszentrum auf kleinstem Raume gleicht, und ebenso wie sich hier alle geistigen Kräfte und emotionalen Fähigkeiten des Menschen konzentrieren, gleichsam auf engstem und kleinstem Raum zusammengepacktes Zentrum höchster Leistungsfähigkeit und Kreativität, ist

---

[164] Wright, F. L.: When Democracy Builds. Chicago, 1945. Deutsch: Usonien, Berlin 1950, besonders Kapitel 3, Die organische Architektur, S. 71 ff.; Soleri, P.: Eléments pour une discussion. In: L'architecture d'aujourd'hui, No. 139/1968, S. 69 ff. Die hier abgedruckten Zeichnungen und Texte sind Auszüge aus einer Publikation Soleris 1968 in USA.
[165] Ebenda, S. 70.

auch die Stadt der Zukunft gedacht als »miniaturisation« – als verkleinertes Modell, als Mikro-Universum aller Aktivitäten der Menschen. Architektur und natürliche Umwelt werden eins – es entsteht eine neue Disziplin, die die »cité á l'mage de l'homme[166]« schaffen kann: die »Arcologie«.
Das »Projekt Babel II B«, wohl nur eine Stufe der Entwicklung auf dem Wege zur idealen Zukunftsstadt, jedoch bereits ein sehr konkreter Umsetzungsversuch der Ideen Soleris, ist ein schwer zu beschreibendes kompaktes und gigantisches Gebilde. Ein wenig an einen gewaltigen Baum erinnernd, soll die Stadt Babel sich 1200 m in die Luft erstrecken. Um einen zentralen Schaft sind die städtischen Ebenen – es sind vier – freitragend und symmetrisch angeordnet und wachsen wie »kelchförmige Blütenblätter« aus diesem zentralen »Schaft« heraus. Jede Ebene ist mit allen städtischen Funktionen ausgestattet, sie bildet sozusagen eine Stadt für sich, wobei Wohn- und öffentlich-kollektive Zonen sorgfältig voneinander durch einen grünen Park getrennt sind. Die Wohngebiete sind terrassenförmig an der sich nach oben öffnenden »Kelchseite« angeordnet, die übrigen Einrichtungen – öffentliche, kulturelle Gebäude, Arbeitsstätten – liegen näher am zentralen Versorgungsschaft. Die Stadt erhält ausreichende Besonnung. Genauere Einzelheiten, etwa die besonderen Wohnformen und die sonstige Zuordnung der städtischen Funktionen in dieser Stadt Babel sind aus den vorliegenden Veröffentlichungen nicht auszumachen. Was das Wohnen betrifft, so hat Soleri einige Wohnhäuser für private Bauherren gebaut, die streng nach dem organischen Konzept errichtet sind. Doch lassen sich aus ihnen wohl schwer Alternativen für den Massenwohnbau gewinnen[167].
Anfang der 60er Jahre erregte Soleri bereits Aufsehen mit dem phantastischen Projekt der Idealstadt »Mesa-City«[168] (Bild 55), die

---

[166] Soleri, P.: Eléments pour une discussion, a. a. O., S. 71.
[167] Eine verkleinerte Version der Stadtprojekte Soleris sind die »Trichterstädte« des Schweizer Architekten Walter Jonas, die eine Art künstlicher Täler darstellen. Im Gegensatz zur Stadt »Babel« Soleris, die zwar mit Analogien zu Naturformen operiert, jedoch Urbanität in gewissem Maße befürwortet, sind die Stadtvorstellungen von Jonas ausgesprochen stadtfeindlich. Die außerordentlich klischeehafte, uniformierte und reaktionäre Stereotypie seiner Argumentation und der vorgeschlagenen städtebaulichen Lösungen, die er in seinem erst 1962 erschienenen Buch »Das Intrahaus« (Origo-Verlag, Zürich 1962) vertritt, sind um so fataler, als sie zeigen, daß die bereits seit mehr als 20 Jahren um diese Problematik geführten Diskussionen unberücksichtigt bleiben und hartnäckig an nachgewiesenermaßen falschen Denkfiguren festgehalten wird.
[168] Soleri, P.: Projèt de ville idéale »mesa-city«. In: L'architecture d'aujourd'hui, No. 102, 1962, S. 72, und No. 139, 1968, S. 69 ff.

in gewissem Sinn eine Weiterentwicklung eines Projektes von Frank Lloyd Wright für Ellis Island darstellt, das Wright noch kurz vor seinem Tod 1959 begonnen hatte[169].
Mesa-City ist in einen dem menschlichen Körper gleichenden Grundriß hineingeschachtelt. Verkehrssystem und Anordnung sowie Lage der städtischen Einrichtungen erinnern in fataler Weise an den menschlichen Blutkreislauf und die inneren Organe. In der Mesa-City, die auf einem semiariden Plateau errichtet werden soll, können zwei Millionen Menschen leben. Die Stadt erstreckt sich an einem sehr leistungsfähigen Verkehrsnetz etwa 35 km in die Länge und 10 km in die Breite und besitzt außerdem gewisse Spezialstrukturen, die die kosmische Energie und die Naturkräfte (Wärme, Wind, Wasser) auffangen und nutzbar machen. In den Plan der Stadt sind außerdem die umgebende Landschaft, die Landstädte, Dörfer und Industriegebiete, also die gesamte Region aufgenommen. Über die Funktionen der Stadt heißt es: »Das Rückgrat der Stadt bilden das Hochschulzentrum, das von Schulanlagen unterer Stufen umgeben ist, ein Park von 15 km Länge und 200 m Breite mit Dämmen und Seen, eingerahmt von Handwerkszentren, und das theologische Zentrum. Dieses besteht aus einer theologischen Universität mit vier Mönchsorden: einem konfuzianisch-taoistischen, einem atheistisch-agnostischen, einem hindu-buddhistischen und einem zoroastrischen. Zwei Ebenen stehen noch den jüdisch-christlichen und islamischen Religionen zur Verfügung. . . . Entlang dem Park erstrecken sich von Ost nach West dicht besiedelte Wohngebiete. Im Herzen der Stadt bildet das Geschäftszentrum eine Gruppe von Türmen, die auf ihrer höchsten Ebene einen Flughafen tragen. Drei Türme von je 1000 m Höhe beherbergen im Süden der Stadt die Durchreisenden, die Lehrerschaft und das Verwaltungspersonal. Das Straßenverkehrssystem liegt sowohl über wie unter der Erde und ist mit einem Netz von Parkmöglichkeiten verknüpft[170].«
Es fällt schwer, diese an »Muskelquerschnitte, an innere Organe, Knochengerüste und seltsame Vegetationen[171]« erinnernden Gebilde

[169] Ragon, M.: Wo leben wir morgen?, a. a. O., nicht numerierte Abbildung zwischen den Seiten 56 und 57.
[170] Ragon, M.: Wo leben wir morgen?, a. a. O., S. 147/148.
[171] Ebenda, S. 148.

55 Paolo Soleri, Lageplan der Mesa-City: 1 Theologisch-philosophisches Zentrum, 2 Wohnungen für Künstler und Handwerker, 3 Zone für religiöse Freilichtfeiern, 4 Parkmöglichkeiten, 5 Äußere Hauptverkehrsstraße, 6 Stadtpark, 7 Geschäfts- und Verwaltungszentrum, 8 Wohnturm von 1000 Meter Höhe, 9 Hochschulzentrum, 10 Autofriedhof

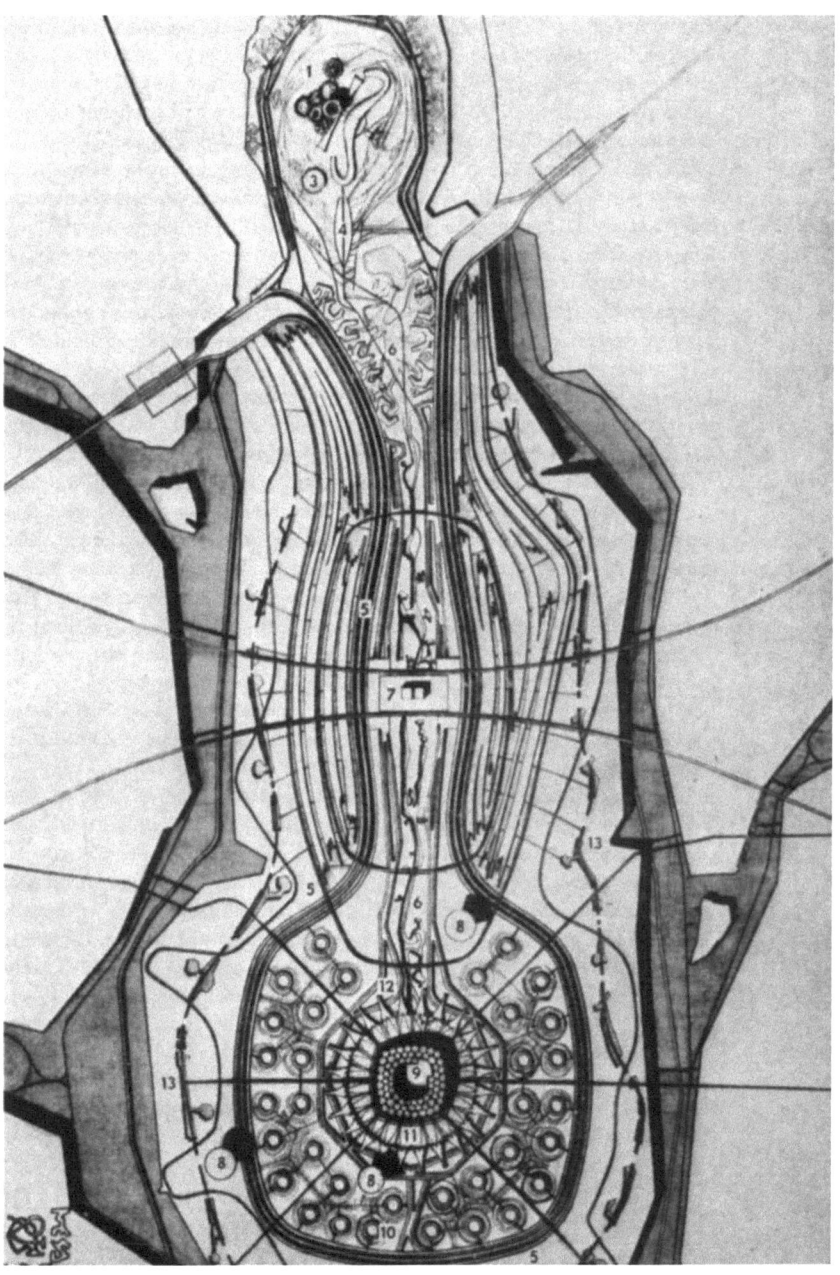

mit ihren seltsam-grotesken Funktionen, die aus einer anderen Welt entlehnt zu sein scheinen, überhaupt als Städte zu bezeichnen und ihre Organisation aus den Plänen abzulesen und zu kritisieren, obwohl sich zu manchen Auffassungen Soleris, wie etwa den obigen, eine Kritik fast erübrigt. Auch liegt die Vermutung nahe, daß es Soleri auf Überlegungen zur strukturellen Organisation der Stadt, wie sich etwa die täglichen Arbeitsabläufe, die Verhaltensweisen der Menschen im städtischen Raum objektiv abspielen, gar nicht ankommt. Wie sich aus seinem Konzept schließen läßt, ist die Stadt der Zukunft für ihn primär eine organische, Harmonie stiftende Formenwelt, von der er sich allein die Abwendung des drohenden Untergangs der städtischen Siedlungen und die Erstellung eines den Menschen adäquaten Rahmens erhofft.

Gegenüber Hans Bernhard Reichow, der organische Analogien vorwiegend auf die Verkehrserschließungen anwendet, finden wir hier die gesamte Stadt in eine scheinbar organische, in Wirklichkeit nur oberflächlich an Naturformen orientierte Hülle eingepaßt. Es liegt auf der Hand, daß dadurch die städtischen Bereiche in ihrer Ausbildung und Zuordnung stark präformiert werden, was dem tatsächlichen Ablauf städtischer Beziehungs- und Handlungsmuster widerspricht. Gleichzeitig bedingt das einen sehr hohen finanziellen Aufwand und einen hohen Technisierungsgrad, der jedoch lediglich zur Erhaltung einer »präfigurierten Architektur« dient, nicht aber der überlegten Befreiung einer von spürbaren Zwängen geprägten Umwelt. Es nimmt nicht wunder, daß daher auch von einer Umsetzung des Projekts in industrielle Herstellungsmethoden nirgends die Rede ist.

Diese Anmerkungen müssen hier genügen. Die mit naiver Zivilisations- und Kulturkritik und mit eigentümlichen religiös-mystischen Inhalten durchsetzten Intentionen Soleris fordern die Kritik des Lesers von selbst heraus. Es erschien uns jedoch wichtig, zu zeigen, welch grotesk-monströse Vorstellungen in Stadtprojekte umgesetzt werden können, zumal Soleri seine Zukunftsstadt beständig weiter entwickelt – er hat seine Entwürfe anläßlich der internationalen »Conference on Cities« im Mai 1971 in Indianapolis in USA gezeigt – und bereits 1970 mit dem ersten Turmbau, errichtet nach »arkologischen« Prinzipien, beginnen wollte[172]. Daß seine Zukunftsstädte an den tatsächlichen gesellschaftlichen Erfordernissen mit Sicherheit vorbeigebaut sind, bedarf keines weiteren Belegs.

---

[172] Vgl. Arkologie – Rettung für Saurier, in: Der Spiegel, April 1970, Nr. 15, 24. Jahrg., S. 177 ff.

4. Zusammenfassung und Schlußfolgerungen

Versucht man, das sehr differenzierte Panorama utopischer Stadtentwürfe zu überblicken und einige für heute relevante Akzente zum Schluß nochmals zu betonen, so lassen sich verschiedene Momente und Linien in Beziehung zueinander setzen.
Relativ durchgängig zeigt sich, wie sehr die jeweiligen geschichtlichen Konstellationen, in denen Utopien überhaupt und, auch im engeren Sinne, Stadtutopien entstehen, von krisenhaften Situationen geprägt sind. Während im Zusammenhang mit den frühen Utopien soziale Krisen und Umbruchsituationen im Vordergrund standen, sind es heute nicht selten Krisen der Anpassung an eine rasche technisch-ökonomische Entwicklung, die sich zu verselbständigen droht. Das heißt nicht, daß soziale Probleme nicht mehr im alten Umfang existieren, vielmehr werden sie durch eben diese Entfaltung industrieller Systeme nur verdeckt. Trotz des Zusammenhanges von Krisensituationen und utopischen Initiativen wird aus der historisch gerichteten Betrachtung weiter und einschränkend deutlich, daß utopische Phantasie offenbar nur dann in Erscheinung treten kann, wenn die gesellschaftlich bedingten Repressionen nicht so übermächtig sind, daß sie utopisches Denken schlechthin erdrücken. So zeigt vor allem die voll entfaltete liberal-kapitalistische Phase kaum utopische Ansätze oder diese bekommen einen mehr peripheren und ohnmächtigen Charakter. Aber auch zur Zeit des Absolutismus konnten sich zum Beispiel keine nennenswerten Bestrebungen in dieser Richtung entwickeln. Und schließlich versiegten unmittelbar nach dem Zweiten Weltkrieg – allerdings wiederum aus anderen Gründen – alle Bemühungen um vorgreifende Entwürfe.
Bedeutsame Versuche dagegen, verändert vorgestellte Gesellschaftsorganisationen mit einer räumlich-städtebaulichen Planung zu verbinden, sehen wir in den Entwürfen, die vom Beginn der Neuzeit bis zum Einsetzen der liberal-kapitalistischen Phase im 19. Jahrhundert bekannt geworden sind. Von diesen Versuchen haben wir einige in der Linie von Morus bis Cabet unter den hier interessierenden Aspekten dargestellt. Vom heutigen Standpunkt aus erscheint die Vergegenwärtigung dieser Utopien nicht so sehr wegen der je spezifischen Lösungen fruchtbar, obwohl auch manche, zum Teil heute diskutierte Einzelmomente durchaus für den Städtebauer Anregungen enthalten. Es ist vor allem das in den frühen Versuchen schon angelegte experimentelle Modelldenken, das moderne Züge aufweist und zu heutigen Überlegungen herangezogen werden kann.

Auf dem Hintergrund unseres in Teil 1 entfalteten Utopiebegriffs versuchten wir die Ambivalenz und zugleich die Aktualität dieses experimentellen Modelldenkens sichtbar zu machen: auf der einen Seite hätten vermutlich die partielle Naivität der Vorstellungen und die bildhafte Geschlossenheit der entworfenen Zukunft auf dem damaligen technisch-ökonomischen Stand der Gesellschaft zu fragwürdigen Entwicklungen mit teilweise totalitären Aspekten geführt, zumal die gesellschaftlichen Widersprüche und die Möglichkeiten der Verwirklichung nicht im gebotenen Umfang mit in die Konzeptionen aufgenommen wurden. Insofern konnte die Marxsche Kritik an den frühen Utopien einen Einschnitt markieren, der nicht ohne Folgen blieb. Auf der anderen Seite scheint auf dem heutigen Stand der gesellschaftlichen Entwicklung und auch der wissenschaftlichen Möglichkeiten ein Modelldenken, das neben der Kritik am Bestehenden gerade die konstruktive Dimension ausbaut, nicht von vornherein zur Apologie des Bestehenden verurteilt zu sein. Die zunehmende politische Regulierung des Kapitalismus, die entwickelten wissenschaftlichen Instrumente, die technisch-ökonomischen Mittel und nicht zuletzt die Chance zur Entfaltung einer neuen Sensibilität der Menschen, genauer gesagt mancher gesellschaftlicher Gruppen, könnten den Übergang von »Marx zu Fourier[1]« nahelegen. Das konstruktiv-utopische Moment, die humane Vision der besseren Zukunft, könnte in diesem Zusammenhang die transzendierende Kraft entfalten, die im Sinne einer konkreten Utopie eine praktische Umwendung der Verhältnisse anvisiert.

Richtet sich diese Parteinahme für eine Wendung von »Marx zu Fourier« gegen Positionen, die einer Materialisierung und Konkretisierung vorgreifender Intentionen im städtebaulichen Bereich überhaupt skeptisch gegenüberstehen, so sollte der zugrunde gelegte Utopiebegriff gleichermaßen die Ansätze zur Kritik verkürzter und reduzierter Konkretisierungen liefern, wie sie in Form mancher einseitig technisch orientierter gegenwärtiger Zukunftsentwürfe vorliegen. Ferner sollten die Punkte angedeutet werden, an denen ein zukünftiger Städtebau, der von dem Interesse an Raumkonstellationen für befreite Lebensvorgänge geleitet wird, ansetzen könnte. Durch die Zerlegung des Phänomens »Stadtutopie« in eine politisch-soziale und eine technische Dimension konnten wir einmal den Verschie-

---

[1] Marcuse, H.: Versuch über die Befreiung, a. a. O., S. 41. Marcuse sieht diesen Übergang im Zusammenhang mit einer so von ihm verstandenen »utopischen Konzeption des Sozialismus, die das Einbrechen der Freiheit in das Reich der Notwendigkeit ... ins Auge faßt«, und bringt diesen Gedankengang mit der Mai-Rebellion in Frankreich in Verbindung, ebenda, S. 41.

bungsprozeß beider Komponenten in der geschichtlichen Entwicklung zeigen. Zum anderen wurde deutlich – gerade im Hinblick auf den zweiten inhaltlichen Schwerpunkt der Arbeit: die heutigen Zukunftsentwürfe –, wie wenig mit der einseitigen Ausbildung rein technischer Phantasie getan ist. Gemessen an einem utopisch-emanzipatorischen Bewertungshorizont läßt sich nachweisen, wie sehr das Auseinanderklaffen von technischem Vermögen und politisch-sozialer Sensibilität der Planer gerade eine Verbesserung konkreter Lebenschancen im Raum verhindert. Im einzelnen kam es darauf an, das, was wir hier als politisch-soziale Dimension eines Gesamtentwurfes bezeichnen, an Hand einzelner Schwerpunkte herauszustellen, wie des Gesellschaftsbildes der Autoren, der Zuordnung und Verschiebung städtischer Bereiche, zum Beispiel der privaten und öffentlichen Bereiche, oder der Stadt-Land-Beziehung, differenzierter dann am Verhältnis von Arbeits- zu Wohn- und Freizeitbereichen und nicht zuletzt – mehr auf sozialpsychologischer Ebene – der Bereich der Anmutungsqualitäten und der formalen Ausgestaltung der Entwürfe. Generell versuchten wir, die jeweils utopischen Gehalte aus der geschichtlichen Konstellation im Zusammenhang mit dem objektiven Stand der gesellschaftlichen Entwicklung und der Konfrontation der politisch-sozialen mit der technischen Dimension zu erschließen. Auf eine Zusammenfassung der Vielzahl dieser einzelnen Aspekte, ihrer unterschiedlichen Qualität und des wechselnden Grades der Überlagerung von utopischen Intentionen und ideologischen Momenten glauben wir verzichten zu können. Im Hinblick auf die Thesen in Teil 1 und die beiden inhaltlichen Schwerpunkte – die frühen Utopien und die zeitgenössischen – möchten wir allerdings den Verschiebungsprozeß zwischen den beiden Dimensionen uns nochmals ins Gedächtnis rufen, um daraus einige Folgerungen zu ziehen.

Die frühen Utopien sind gerade in ihrer politisch-sozialen Dimension relativ weit ausgebaut. Das liegt natürlich zum Teil daran, daß die Autoren mehr Sozialpolitiker als Architekten waren. Allerdings kommt es ja gerade darauf an, diesen frühen Zusammenhang von Sozial- und Raumplanung zu vergegenwärtigen, zumal die utopischen Entwerfer schon soweit Architekten waren, daß sie – wie wir gesehen haben – ihre Intentionen durchaus folgerichtig in den Raum übersetzten. Freilich zeigen sich innerhalb der politisch-sozialen Dimension manche Verkürzungen und Einseitigkeiten sowie besondere Gewichtungen, die den jeweiligen utopischen Gehalten ihre Prägung geben, mit denen aber auch totalitäre Aspekte einhergehen. So wird die sozial-ökonomische Seite einer zukünftigen Gesellschaft in das Zentrum der Überlegungen gestellt, die politische jedoch vernachlässigt (Thomas Morus); oder autoritär-obrigkeitliche Züge schieben sich in den Vordergrund (Tommaso Campanella). Dann ist es die

Verknüpfung von sozial-ökonomischen und bildungspolitischen Intentionen (Robert Owen), die den Entwurf bestimmen, oder fast hedonistische, auf individuelles Glücksverlangen abgestellte Momente werden stärker akzentuiert (Charles Fourier). Immer aber liegt den Gesellschafts- und Raumentwürfen eine intensive Auseinandersetzung mit gesellschaftlichen Problemen zugrunde.
Mit zunehmendem Ausbau des technisch-ökonomischen Potentials im Zuge der Industrialisierung ändert sich dieses Verhältnis. Schon bei Campanella spielen Technik und Wissenschaft, obwohl noch ganz der politisch-autoritären Überformung untergeordnet, eine bedeutsame Rolle. Auch Cabet berücksichtigt in stärkerem Maße die technische Entwicklung, ohne allerdings auf sozialökonomische Veränderungen zu verzichten. Schließlich beziehen die »Glasarchitekten« der zwanziger Jahre schon weitgehend die technischen Möglichkeiten ein, suchen aber ein qualitativ neues Verhältnis der Menschen zum Material und die Entfaltung des Materials selbst in den Mittelpunkt zu stellen.
Erst nach dem Zweiten Weltkrieg stellt sich eine radikale Verschiebung der beiden Dimensionen ein. Die technische Seite erfährt eine weitreichende Steigerung bis hin zu einer hochtechnisierten »Weltraumarchitektur«, während die politisch-soziale Dimension nun keineswegs verschwindet, wohl aber – und das mag noch bedenklicher sein – zu einer manchmal kaum mehr faßbaren, zum Teil mit biologischen Analogien überformten Hintergrunds-Weltanschauung wird und so ins Ideologiehafte abgleitet. Freilich gibt es auch hier Unterschiede. Während bei den Metabolisten die sozialen Implikationen der Entwürfe insbesondere im Hinblick auf das Problem der Arbeit noch relativ einfach dingfest zu machen sind, wird die Erschließung des sozialen Gehalts bei den Systemplanern und der Archigram-Gruppe schon schwieriger. Vor allem wird zunehmend von der sozialen Nutzung der technischen Objekte abstrahiert.
Nun liegt darin auch Richtiges: die Fungibilität und Austauschbarkeit sowie die Vielseitigkeit der Verwendung technischer Dinge lassen eine unmittelbare Zuordnung von sozialer Nutzung und technischen Instrumenten nicht mehr in allen Fällen erforderlich erscheinen. Allerdings leisten – wie wir anhand einiger Beispiele zeigen konnten – das generelle Abstrahieren von der sozialen Nutzung und die überhöhte Vorstellung einer harmonisierten Freizeitgesellschaft der unkritischen Verlängerung gesellschaftlich-räumlicher Disparitäten Vorschub und verhindern konkrete Verbesserungen der räumlichen Lebenschancen. Eigentümlicherweise – und das zeigt gleichfalls das Ideologiehafte, Wirklichkeitsfremde und auch Konservative mancher dieser Intentionen – korreliert die zunehmende Verdünnung der politisch-sozialen Sensibilität der sich als zukunftsweisend

verstehenden Stadtplaner mit einer realen Zunahme der politischen Regulierung des kapitalistischen Wirtschaftssystems, die durchaus, allerdings in bestimmten Grenzen, die Realisierung sozialkritischer Entwürfe zulassen könnte. Statt dessen bewirken das Auseinanderklaffen beider Dimensionen und die Loslösung von der sozialen Nutzung, daß die Einblendung technischer Objekte in soziale Lebenswelten – bewußt oder unbewußt – fast durch ein dahinter stehendes liberales Marktmodell vermittelt erscheint. Das aber verhindert gerade konkrete utopisch-emanzipatorische Vorgriffe, die nur in einer Verschränkung von Sozial- mit Raumplanung – und insofern war unsere skizzenhafte Rekonstruktion der frühen Utopien wichtig – möglich erscheinen.

Wenn man als generelle Schlußfolgerung der Untersuchung eine wieder herzustellende Verknüpfung von Sozial- und Raumplanung auf dem heutigen technisch-ökonomischen Niveau mit Hilfe der wissenschaftlichen Möglichkeiten fordert, eine Verknüpfung, die für die aktuelle geschichtliche Situation die Raumkonstellationen zu ermitteln versucht, die zu einer Entfaltung des städtischen Lebens beitragen könnten, so soll diese Anregung keinen Rückfall in einen sozial- und stadtplanerischen Optimismus bedeuten, wie ihn etwa die Nachbarschaftsplanung beflügelt hat. Wohl aber soll damit gesagt werden, daß jede Raumplanung bestimmte soziale Implikationen hat, selbst dann, wenn diese nicht gesehen werden. Gerade die Ideologie der Neutralstrukturen zeigt, daß die scheinbare Beliebigkeit der Nutzung und die Unabhängigkeit der technischen Aggregate von sozialen Bedingungen Fiktionen sind, die allenfalls reale Disparitäten der Nutzung verschleiern. Die Scheinhaftigkeit der mit diesem Topos zusammenhängenden Argumentationsmuster gilt es zu erkennen.

Wie könnte nun utopisch-emanzipatorisches Denken, das auf eine verstärkte Hereinnahme der politisch-sozialen Dimension abzielt, für die künftige Stadtentwicklung fruchtbar gemacht werden? Eine Grundüberlegung, die in vielfachen Varianten im Verlaufe der Arbeit immer wieder angeklungen ist, scheint uns in diesem Zusammenhang zentrale Bedeutung zu besitzen: sollen technische Strukturen in der Stadtplanung nicht manipulativ über die Köpfe der Betroffenen hinweg eingeführt werden, so bedürfen sie im Rahmen von Bildungs- und Lernprozessen der Vermittlung mit dem Bewußtsein der Stadtbewohner.

Gerade Ansätze, die von einem emanzipatorischen Erkenntnisinteresse geleitet werden, verlangen die Reflexion gesamtgesellschaftlicher und individueller Bildungsprozesse oder stellen darauf ab, daß gesellschaftliche Zielbestimmungen aus wie immer strukturierten Bildungsprozessen hervorgehen sollten. So ist es kein Zufall, daß Robert Owen in seiner Gesellschafts- und Stadtutopie der Bildung eine zentrale Stelle eingeräumt hat; aber auch Morus oder Fourier, nicht zuletzt auch der Architekt Filarete, weisen nicht nur in ihren gedanklichen Zukunftsmodellen und -vorstellungen, sondern auch in ihren Stadtentwürfen den Bildungseinrichtungen eine wichtige Rolle zu. Allerdings richtet sich unsere Kritik, auch im Hinblick auf die frühen Utopien, gegen nicht wenige (Teil-)Lösungen gesellschaftlicher Veränderungen und gegen städtebauliche Entwürfe, die von den Autoren nicht oder nicht genügend durch Bildungsprozesse vermittelt, sondern sozialtechnisch eingeführt werden. So haben wir etwa bei Morus die fehlende Vermittlung der Handlungsweisen der einzelnen Individuen und die abstrakte Voraussetzung einer »Allgemeinvernunft« kritisiert. Emanzipatorische Auswirkungen bestimmter Veränderungen können nur in dem Maße erwartet werden, in dem es gelingt, diese Verschiebungen – betreffen sie gesellschaftliche oder städtebauliche oder sogar beide Teilbereiche – in dem Bewußtsein der Beteiligten zu verankern. Haben die frühen Utopien dennoch dieses Interesse mehr oder weniger mit in ihre Intentionen aufgenommen, so beziehen die zeitgenössischen Utopien solche Zielrichtungen schon kaum mehr mit ein. In unhistorischer Weise wird nicht gesehen, wie sehr die räumlichen Konstellationen in ihrer Entwicklung und Ausprägung von bestimmten Bewußtseinshorizonten, die veränderlich sind, abhängen. Der Zerfall technischer Phantasie und politisch-sozialer Sensibilität ist das Hauptkennzeichen der Ausblendung und Stillegung von Bildungsprozessen, die allein eine Vermittlung technischer Objekte und sozialer Nutzung leisten könnten. Gerade wenn es darum geht, Städtebau nicht nur als blinde Anpassungsplanung an eine technisch-ökonomische Entwicklung zu begreifen, sondern wieder in Zielhorizonte einzubetten und als gerichtete, in selbsttätiger Praxis der Beteiligten vollzogene Veränderung des menschlichen Lebensraumes aufzufassen, wird das Hereinholen der politisch-sozialen Dimension unumgänglich.

Utopisches Denken im Städtebau würde so insgesamt darauf abzielen, die Auslegung großdimensionierter technischer Systeme, wie es Städte darstellen, mit dem Handeln konkreter Individuen zu vermitteln und an deren Interesse an Selbstbestimmung und Mündigkeit zu orientieren. Utopisches Denken könnte in dem Maße einer neuen städtischen Umwelt zur Realität verhelfen, wie es gelänge, die Individuen im Rahmen von praktischen Bildungsprozessen über ihre technische Umwelt aufzuklären und diese ihnen als machbare und veränderbare, konkrete Wirklichkeit zugänglich zu machen. Ein solches Interesse würde darauf dringen, den Stadtbewohner selbst in den Produktionsprozeß einer Stadt und einzelner Gebäude mit einzubeziehen. Denn nur soweit scheint eine Versöhnung von materiell-technischer Umwelt und der darin lebenden Menschen sich zu realisieren, als der einzelne selbst in künftiger Praxis dort Fuß fassen und an der Einrichtung der Umwelt mitwirken kann. Dieses Interesse haben auch die frühen sozialutopischen Denker noch nicht in ihre Überlegungen zu einer humaneren Gesellschaftsordnung und einer ihr entsprechenden baulichen Ausformung einfließen lassen. Ihnen ging es mehr um die sozial-ökonomische Dimension, weniger um die zu einer breiten Mitwirkung erforderliche politische Mündigkeit und Selbständigkeit der in diesen Gemeinschaften lebenden Menschen.

Zwar taucht bei den heutigen Zukunftsentwürfen hin und wieder der Gedanke der Selbsttätigkeit der Planungsbetroffenen auf, allerdings nur in dem verkürzten Sinn einer Verfügung über Hauselemente als Konsumgüter. Die sogenannten Primärstrukturen jedoch bleiben in ihrer Beschaffenheit von einer Mitwirkung unberührt. Sicher setzt gerade auf dem jetzigen technisch-ökonomischen Stand eine solche Beteiligung veränderte Bewußtseinsformen und ein vermehrtes Wissen um oft komplizierte technische Zusammenhänge voraus[2]. Doch gerade hier könnte Utopie konkret werden, konkret insofern, als sie, gemessen am objektiven Stand gesellschaftlicher Möglichkeiten, Realität werden und die Einrichtung und Gestaltung der Umwelt zum bewußten, verantwortungsvollen Handeln, das seine Anstöße aus den Disparitäten des Bestehenden gewinnt, werden könnte; das meint: *Städtebauen* selbst *als Bildungsprozeß*, durch den hindurch die Außenwelt sich dem Menschen angleicht und ihm vertraut wird.

Aber nicht nur im Verlauf der Produktion kann man sich die Verwirklichung utopisch-emanzipatorischer Intentionen als Bildungsprozeß vorstellen. Auch der Stadtraum selbst als materiell-räumliche Konstellation und ein durch ihn gefördertes Bildungsverhalten könnte emanzipatorische Impulse ausstrahlen. Gerade im Zuge einer

---

[2] Wir übersehen nicht die Schwierigkeiten einer breiten Beteiligung der Stadtbewohner am Bau der Umwelt, die man sicher auf verschiedenen Ebenen angehen müßte. Andeutungsweise sei hierzu angemerkt, daß einmal das Selbstverständnis der Planer, die sich weder als »Erfüllungsgehilfen« noch als »Dirigenten« begreifen dürften, einer Überprüfung im Sinne der Hereinnahme der pädagogischen Aufgabe des Planens bedarf; vgl. Conrads, U.: Den Architekten als Pädagogen sehen. In: Bauwelt 20, 1970, S. 777. Dann geht es darum, neue Techniken zu finden, die dem Stadtbewohner die städtischen Zusammenhänge verständlich machen und Lernprozesse stimulieren können. Vgl. hierzu: Schumpp, M., M. Throll: Wolfsburg-Detmerode, Portrait eines neuen Stadtteils. In: Bauwelt 43/44, 1968, S. 1353 ff. Im Rahmen eines »Stadtspiels« wurde hier der Versuch gemacht, die städtische Umwelt für den Stadtbewohner erfahrbar zu machen und ihn »zum Bauen« anzuregen.

gesamtgesellschaftlichen Entwicklung, die dem Bildungs- und Wissenschaftsbereich eine immer größere Bedeutung zuweist, kann die räumliche Konkretisierung dieser Bereiche und deren Zuordnung zu anderen Bereichen ein zentrales Gewicht bekommen.

Entscheidend ist nun, daß die Einfügung der wachsenden Bildungsinfrastruktur sich im bestehenden Wirtschafts- und Sozialsystem nicht von selbst einspielt, sondern daß die hierfür erforderlichen Räume in der Größe, der Zuordnung und den einzelnen Ausprägungen gegen Gruppeninteressen und die damit verbundenen Konflikte in spezifischen Nutzungszuweisungen freigehalten werden müßten. Daran zeigt sich, daß mit der Einrichtung von Neutralstrukturen in marktmäßig organisierten gesellschaftlichen Bereichen wohl operiert werden kann, nicht aber in Bereichen, die nur auf Grund politisch bestimmter Intervention oft gegen die privatkapitalistischen Interessen organisiert werden müssen.

Ferner erweist sich, wie wenig die von der sozialen Nutzung abstrahierenden zeitgenössischen Stadtutopien die objektiven gesellschaftlichen Grundlagen mit in ihre Überlegungen hineinnehmen und wie sehr sie dadurch den Ansatz zu konkreten weiterführenden Planungen verfehlen. Eine von utopisch-emanzipatorischen Intentionen getragene Planung bedarf vielmehr – wenn sie den Bildungssektor besonders akzentuiert – einer überlegten Verteilung der Nutzungen von Bildungseinrichtungen, die zum Beispiel von schichten-, gruppen- und altersspezifischen Besonderheiten ausgeht und räumlich die Chancen zu permanenten Bildungsmöglichkeiten freihält.

Auch würde das städtebauliche Engagement für eine koordinierte, über bestehende Initiativen hinausgehende Planung von Bildungsräumen im weitesten Sinne über die Vorstellung einer harmonisierten Freizeitgesellschaft und ihrer räumlichen Verwirklichung hinausführen und in der heutigen geschichtlichen Situation die politisch-soziale Dimension im Städtebau in konkreten Zielsetzungen wieder einholen.

Nicht nur eine räumliche Expansion von ausbildungs-, wissenschafts- und forschungsbezogenen Bildungsräumen gilt es als Planungsaufgabe zu forcieren, sondern auch solche, die eine Ausweitung der politischen Kommunikation zulassen. Die vielfach festgestellte überlokale Orientierung des Städters schließt keineswegs eine räumliche Struktur der Nahwelt aus, die die Stadt als politischen Ort ermöglicht. Eine wachsende politische Sensibilität scheint darauf hinzudeuten, daß politisch orientierte Bildungs- und Lernprozesse eine Erweiterung erfahren, die sich auch räumlich niederschlagen muß.[3]

---

[3] Vgl. hierzu im Zusammenhang mit einem Teilbereich der Bildungsplanung, der Hochschulplanung Throll, M.: Soziologie und Hochschulraumpla-

Schließlich kann die räumlich-materielle Umwelt insgesamt als Raum angesehen werden, in dem und durch den sich Menschen wesentlich zu dem bilden, was sie sind. Schon bei Morus, aber auch vor allem bei Fourier ist die Umwelt mehr ein Instrument, ein Hilfsmittel zu bestimmten Tätigkeiten. Das Gegenüber, das Material, die Objekte werden nicht als Gegenüber belassen, sondern zu »Gegenspielern einer möglichen Interaktion[4]«. Mit besonderer Intensität haben die Architekten der »Gläsernen Kette« ein grundsätzlich anderes Verhältnis zum Material intendiert. Ulrich Conrads macht auf diese Dimension der Umweltgestaltung aufmerksam, wenn er auf eine der utopischen Architekturskizzen Bruno Tauts hinweist, die »allen Kindern, den Schneeflocken, Blumen und Sternen gewidmet ist[5]«. Dieser Gedanke einer sinnlich erfahrbaren und befriedigenden, den Menschen nicht mehr feindlich gesonnenen Umwelt ist ebenso wie die Einrichtung einer besseren und gerechteren Gesellschaftsordnung – Traum noch der frühen utopischen Denker – reales Ziel, bleibt *konkrete Utopie der Stadt als Bildungsraum.*

nung. Soziologische Überlegungen zum Raumkonzept einer praktisch-experimentellen Hochschule. Dissertation. Göttingen, 1971, sowie die weitere Konkretisierung dieses theoretischen Ansatzes am Beispiel der Universitätsneugründung Osnabrück: M. Throll, G. Götze, S. Herlyn, F. Hesse, H. Wurtiner u. a.: Gutachten zum Mikrostandort der Universität Osnabrück. Göttingen 1972.
[4] Habermas, H.: Technik und Wissenschaft als Ideologie, a. a. O., S. 57. Habermas setzt sich hier mit der Position Marcuses auseinander, der eine alternative Einstellung zur Natur und Technik im Sinne hat.
[5] Conrads, U.: Städtebau zwischen Unvernunft und Hoffnung. In: Das beschädigte Leben. Diagnose und Therapie in einer Welt unabsehbarer Veränderungen. Hrsg. von A. Mitscherlich, a. a. O., S. 141. Die erwähnte Skizze von Taut trägt den Titel »Kristallhaus in den Bergen« und wurde 1920 gezeichnet. Vgl. auch hierzu: Marcuse, H.: Versuch über die Befreiung, a. a. O., S. 33: »Das ästhetische Universum ist die Lebenswelt, von der die Bedürfnisse und Fähigkeiten zur Freiheit abhängen; es bedarf ihrer, damit es zu ihrer Befreiung kommt.« Von sozialpsychologischer Seite weist A. Lorenzer auf die Notwendigkeit von Identifikationsmöglichkeiten mit der Umwelt hin. Lorenzer, A.: Städtebau: Funktionalismus und Sozialmontage? Zur sozialpsychologischen Funktion der Architektur. In: Berndt, H., A. Lorenzer, K. Horn: Architektur als Ideologie, a. a. O., S. 31 ff.

Bildernachweis

Architectural Design, London, XXXVII (Okt. 1967), S. 476: Bild 46
Bahrdt, Paul: Die moderne Großstadt. 2. Aufl., Hamburg, 1969. S. 112: Bild 39
Bauen + Wohnen, 1962, Heft 11, S. 38: Bild 32
Bauen + Wohnen, 1964, Heft 1, S. 5 und 2: Bilder 29, 30
Bauen + Wohnen, 1967, Heft 5, S. 168, 169, 176, 183: Bilder 48, 40, 50 52 53
Bauwelt 1961, Heft 10, S. 264: Bild 36
Bauwelt, 1964, Heft 18/19, S. 505, 506, 507, 515: Bilder 23, 24, 25, 26, 28
Bauwelt, 1968, Heft 6, S. 133: Bild 41
Benevolo, Leonardo: Die sozialen Ursprünge des modernen Städtebaus. Lehren von gestern – Forderungen für morgen (Bauwelt Fundamente, Band 29. Hrsg. U. Conrads). Gütersloh, 1971 (Bertelsmann). S. 54: Bild 9
Cook, Peter: Architecture – Action and Plan. London/New York, 1967. S. 44: Bild 47
Dahinden, Justus: Stadtstrukturen für morgen. Stuttgart, 1971. S. 29, 74, 115, 124, 199: Bilder 33, 21, 49, 29, 34, 35
Deutsche Bauzeitung, 1968, Heft 10, Titelblatt: Bild 27
Deutsche Bauzeitung, 1969, Heft 1, S. 19, 39: Bilder 42, 43, 44
Filarete's Treatise on Architecture. Übersetzt und eingeleitet von John R. Spencer. Vol. 1: The Translation, Bild 1, New Haven und London, 1965: Bild 3
Fitch, James M.: Vier Jahrhunderte Bauen in USA (Bauwelt Fundamente, Band 8. Berlin, 1968 (Ullstein). S. 105: Bilder 6, 10
Holloway, Mark: Heavens on Earth. Utopian Communities in America 1680–1880. London, 1951. S. 129: Bild 11
Ragon, Michel: Wo leben wir morgen? München, 1967. S. 57, 124, 133, 149: Bilder 22, 31, 54, 55
Revolutionsarchitektur. Katalog zu der Ausstellung in der Staatlichen Kunsthalle Baden-Baden vom 9. 10. bis 22. 11. 1970. S. 125, 143, 145, 153: Bilder 5, 6, 7, 8

Rosenau, Helen: The Ideal City in its Architectural Evolution. London, 1959. S. 29, 37, 46, 135: Bilder 1, 2, 4, 12

Schmid, Reinhard: Das Ende der Städte? Stuttgart, 1968. S. 92, 101, 102: Bilder 37, 38, 40

Sharp, Denis: Modern Architecture and Expressionism. London, 1966. S. 90, 94: Bilder 15, 16

Der Spiegel, 1970, Nr. 7 vom 9. 2. 1970, S. 158: Bild 51

Taut, Bruno: Die Auflösung der Städte. S. 12, 20: Bilder 13, 14

Taut, Bruno: Frühlicht 1920–1922. Eine Folge für die Verwirklichung des neuen Baugedankens (Bauwelt Fundamente, Band 8. Hrsg. U. Conrads). Berlin, 1963 (Ullstein). S. 27, 53, 103: Bilder 17, 18, 20

Namensregister

Achleitner, Friedrich 181 ff.
Ackroyd, Edward 57
Adam (Gebr.) 28
Adorno, Theodor W. 10, 13, 58, 94 f., 176
Alberti, Leon Battista 15, 18 ff., 25, 43 f., 81
Almond, Gabriel A. 127
Andreae, Johann Valentin 37
Asworth, W. 57
Autenrieth 142
Averlino, Antonio 21

Bacon 25, 34
Bahrdt, Hans Paul 7, 18, 29, 77, 118, 123 f., 128 f., 173
Banham, Reyner 82, 121, 175
Bauer, Hermann 20 f.
Behne, Adolf 87 f.
Benevolo, Leonardo 41, 51, 57, 61 f., 70, 76, 78 f., 183
Benjamin, W. 13
Bentham, Jeremias 40
Berndt, Heide 31, 118, 159 f., 199
Bestor, A. E. 56
Bloch, E. 19, 31, 33, 35, 62, 88, 126
Blücher, Viggo Graf 154
Böhme, H. 83
Bolte, K. M. 150
Boullée, Etienne-Louis 42 f., 46
Boyd, R. 114
Brandi, Jochen 104
Brinckmann, A. E. 35
Brisbane, Albert 61
Brown, Denise Scott 170 f., 173 ff.
Buchholz, E. W. 150
Burckhardt, L. 119, 161, 174

Cabet, Etienne 15, 50 f., 65 ff., 71 f., 75, 191, 194
Cadbury 57

Campanella, Tommaso 15, 17, 25, 27, 29 f., 32 ff., 49, 51 f., 66 f., 71, 126, 193 f.
Chalk, Warren 164
Chernikow, Jakov 165
Claessens, D. 127, 150
Cole, G. D. H. 52 f.
Comte 120
Conrads, Ulrich 81, 85, 87, 92, 94 f., 98, 135, 181 f., 185, 197, 199
Considérant, Victor 65
Cook, Peter 162 ff., 170 f.

Daedalus 56
Dahrendorf, R. 118
Dietrich, Richard J. 104, 130, 142 ff., 163, 172, 184
Doernach, Rudolf 130, 139 ff., 142 f., 63, 172, 184
Doren, A. 25, 35 f.
Dorn 142
Duhl, L. Y. 158

El Lissitzky 165
Engels, Friedrich 51, 57, 72 ff.
Enzensberger, H. M. 13

Filarete 15, 17, 21 ff., 43 f., 56, 81, 196
Finsterlin, Hermann 82, 91 f., 163, 170
Fiske, Donald W. 160
Fourastié, J. 100
Fourier, Charles 15, 50 f., 57 f., 59 ff., 70 f., 75 f., 87, 180, 192, 194, 196, 199
Freud, Sigmund 63, 91 f.
Freyer, Hans 99
Frey, Roland 109
Fried, M. 158

203

Friedman, Yona 130 f., 134 f., 138 f., 143, 149, 155 f., 158 f., 164, 172
Fürstenberg, F. 10
Fuller, Buckminster 92

Garnier, Tony 19, 77, 80 f.
Gerkan, A. 19
Giedion, Siegfried 22
Gleichmann, P. 31
Godin, J. B. 62
Goff, Bruce 92
Gordon 150
Götze, G. 199
Grebing, H. 83
Gropius, Walter 80, 84, 87, 96 ff.
Guedes, Pancho 92

Habermas, J. 14, 17 f., 25, 42, 74, 121, 128, 157, 198
Hall, P. 130
Hauser, Arnold 13, 51
Hausermann, Pascal 92
Haussmann 68
Hax, K. 103
Hebb, D. C. 160
Held, Felix Emil 37
Helmer, O. 150
Herlyn, S. 199
Herzog, Th. 147
Hesse, F. 199
Hesse-Quack, O. 176
Hielscher, G. 103
Hillebrecht, R. 79 f., 100
Hippodamos 19
Hofmann, Werner 8, 42, 46, 49, 52, 56, 59, 62, 70, 149
Hohauser, Sanford 92
Hollein, Hans 176, 181 f.
Holloway, M. 56, 61, 70
Homans, G. C. 151
Horkheimer, Max 25, 176
Horn, K. 160, 199
Howard, Ebenezer 30, 57, 76 ff., 161
Huber, V. A. 76
Hübner, Herbert 29, 95 ff.

Isozaki, Arata 101, 112

Jacobs, Jane 80, 124, 129
Joedicke, Jürgen 95, 163, 171
Jonas, Walter 187

Kannegießer, Joachim 135, 158
Kappe, D. 150
Katavolos, William 176, 183 ff.
Kaufmann, Emil 42 ff., 48
Kawazoe, Noburo 101, 118, 120 f.
Keidel, Wolf D. 174
Kieslich, G. 154
Kikutake, Kiyonori 101, 109, 112, 122, 124
Kirst, E. 150
Klages, H. 122
Klein, Ives 177
König, R. 122
Kollmann, W. 150
Kris, E. 92
Krupp 57
Krysmanski, H.-J. 10
Krysmanski, R. 31
Kuhnen, H. 92
Kurokawa, Noriaki 101, 104f., 107ff., 122 ff., 165

Lang, Lothar 95 f., 98
Langner, J. 44
Lavedan, P. 70
Le Corbusier 42 ff., 48, 76, 80ff., 104, 151
Ledoux, Claude-Nicolas 15, 41 ff., 48 f., 54, 61 f., 81, 160, 163
Lehmbrock, J. 123
Lenk, Elisabeth 58, 63
Lenz, H. J. 142
Lequeu 42
Lockwood, D. 118
Löwith, K. 8
Loos, Adolf 43
Lorenzer, A. 92, 160, 199
Lucács, G. 13
Luckhardt, H. 94
Lütge, F. 83
Lynch, Kevin 159

Machiavelli, Niccolo 21
Maddi, Salvatore R. 160
Maki, Fumihiko 119
Malinowski, B. 118
Mannheim, Karl 8
Mann, P. H. 157
Marcuse, Herbert 58, 64, 180 f., 192, 198 f.
Marinetti, F. T. 81, 183
Marx, Karl 46, 49 ff., 58, 65, 72 ff., 77, 192
Maus, H. 10
Merrill 170
Meyer, Hannes 97 ff.
Meyerson, M. 56
Middleton, R. 171
Mies, M. 151
Mitscherlich, Alexander 125, 129, 160, 174, 199
Mitscherlich, M. 129
Moos, St. von 151
Morris 80
Morus, Thomas 15, 17 f., 21 ff., 27 ff., 37 ff., 49, 51 ff., 66, 68, 76, 79, 191, 193 196 199
Münter, G. 24
Mumford, Lewis 28, 34, 61, 67
Murray, Peter 162
Mussolini 182

Neumann, J. B. 87
Neusüß, Arnhelm 9 f., 25, 36, 99
Nietzsche 182
Nitschke, G. 102, 105, 107 ff., 116, 119 f.
Nolte, E. 183

Ohtaka, Masato 109
Orwell, George 70
Osborn, F. J. 79
Oswald, H. 30, 77, 158
Otto, Frei 92
Owen, Robert 15, 50 ff., 62, 64 ff., 70 f., 75 f., 79, 194 f.
Owings 170

Pahl, J. 17
Pareto 183
Parr, A. E. 159 f.
Pevsner, Nikolaus 80 f.
Pfeil, Elisabeth 76
Phillips, J. N. 92
Pichler, Walter 176, 181 ff.
Plato 8, 18, 32
Plessner, Helmut 127, 174
Popper, Karl R. 38, 99
Portmann, Adolf 173 f.
Posener, Julius 78, 161
Price, Cedric 175

Radcliffe-Brown, A. R. 118
Ragon, Michel 105, 108, 130, 134, 177 f., 184, 188
Ramm, Th. 8, 32
Reichow, Hans Bernhard 118, 190
Roberts, Noel 162
Rosenau, Helen 22, 46
Rosenbladt, Bernhardt von 153 f.
Rosenmayer, L. 154
Rousseau, J. J. 30, 44 f., 48
Ruhnau, Walter 177

Saint-Simons, Claude-Henri de 8
Salt, Titus 57
Sant'Elia, Antonio 77, 81 f., 181, 183
Schäfers, B. 8
Scharoun, Hans 87, 92
Scheerbart, Paul 87 f., 177
Schmid, Reinhard 119, 138 f., 141, 143, 150, 161, 174
Schmidt-Relenberg, Norbert 109
Schöffer, Nicolas 176 ff., 180 f.
Schoof, H. 57, 62, 82
Schreiber, F. 149
Schulze-Fielitz, Eckhard 130, 138 f., 142, 149 f., 159
Schumpeter, W. 119
Schumpp, Mechthild 13, 197
Schwonke, M. 11, 34
Sforza, Francesco 21
Siemens 57
Sinding-Larsen, Amund 162
Skidmore 170

Sokrates 20
Soleri, Paolo 186 f., 190
Sorel 182
Spencer, John R. 22
Sperlich, H. G. 81, 87, 92, 94
Strzelewicz, W. 154
Szequély 177

Taeuber, I. B. 102
Takata, Yasuma 103 f.
Tange, Kenzo 101, 113 f., 116, 123 f.
Tappe, F. 102
Taut, Bruno 82, 84 f., 87 f., 91 f., 95 f., 199
Taut, Max 87

Theuer, Max 19 f.
Throll, M. 13, 197 ff.

Vico, Giambattista 8
Vitruvius 22

Weber, Max 103
Wehler, H. U. 83
Wolfe, Tom 176
Wright, Frank Lloyd 76, 186, 188
Wurtiner, H. 199

Zapf, W. 127, 151

Bauwelt Fundamente

1 Ulrich Conrads, Programme und Manifeste zur Architektur des 20. Jahrhunderts · 180 Seiten, 27 Bilder

2 Le Corbusier, Ausblick auf eine Architektur · 216 Seiten

3 Werner Hegemann, Das steinerne Berlin · Geschichte der größten Mietskasernenstadt der Welt · 344 Seiten, 100 Bilder (vergriffen)

4 Jane Jacobs, Tod und Leben großer amerikanischer Städte · 221 Seiten

5 Sherman Paul, Louis H. Sullivan · Ein amerikanischer Architekt und Denker · 164 Seiten

6 L. Hilberseimer, Entfaltung einer Planungsidee · 140 Seiten

7 H. L. C. Jaffé, De Stijl 1917–1931 · Der niederländische Beitrag zur modernen Kunst · 272 Seiten

8 Bruno Taut, Frühlicht – Eine Folge für die Verwirklichung des neuen Baugedankens · 224 Seiten, 240 Bilder

9 Jürgen Pahl, Die Stadt im Aufbruch der perspektivischen Welt · 176 Seiten, 86 Bilder

10 Adolf Behne, Der moderne Zweckbau · 132 Seiten, 95 Bilder

11 Julius Posener, Anfänge des Funktionalismus · Von Arts and Crafts zum Deutschen Werkbund · 232 Seiten, 52 Bilder

12 Le Corbusier, Feststellungen zu Architektur und Städtebau · 248 Seiten, 230 teils farbige Bilder

13 Hermann Mattern, Gras darf nicht mehr wachsen · 12 Kapitel über den Verbrauch der Landschaft · 184 Seiten, 40 Bilder

14 El Lissitzky, Rußland: Architektur für eine Weltrevolution · 208 Seiten, 116 Bilder

15 Christian Norberg-Schulz, Logik der Baukunst · 308 Seiten, 118 Bilder

16 Kevin Lynch, Das Bild der Stadt · 216 Seiten, 140 Bilder

17 Günter Günschel, Große Konstrukteure 1 Freyssinet – Maillart – Dischinger – Finsterwalder · 276 Seiten, 172 Bilder

19 Anna Teut, Architektur im Dritten Reich 1933–1945 · 392 Seiten, 56 Bilder

20 Erich Schild, Zwischen Glaspalast und Palais des Illusions · Form und Konstruktion im 19. Jahrhundert · 224 Seiten, 157 Bilder

21 Ebenezer Howard, Gartenstädte von morgen · Ein Buch und seine Geschichte · 198 Seiten, 35 Bilder

22 Cornelius Gurlitt, Zur Befreiung der Baukunst · Ziele und Taten deutscher Architekten im 19. Jahrhundert · 166 Seiten, 19 Bilder

23 James M. Fitch, Vier Jahrhunderte Bauen in USA · 330 Seiten, 247 Bilder

24 »Die Form« – Stimme des Deutschen Werkbundes 1925–1934 · 360 Seiten, 34 Bilder

25 Frank Lloyd Wright, Humane Architektur · 274 Seiten, 54 Bilder

26 Herbert J. Gans, Die Levittowner · Soziographie einer »Schlafstadt« · 368 Seiten

27 Über die Umwelt der arbeitenden Klasse · Aus den Schriften von Friedrich Engels · 238 Seiten, 23 Bilder

28 Philippe Boudon, Die Siedlung Pessac – 40 Jahre Wohnen à Le Corbusier · Sozio-architektonische Studie · 180 Seiten, 70 Bilder

29 Leonardo Benevolo, Die sozialen Ursprünge des modernen Städtebaus · Lehren von gestern – Forderungen für morgen · 172 Seiten, 72 Bilder

30 Erving Goffman, Verhalten in sozialen Situationen · Strukturen und Regeln der Interaktion im öffentlichen Raum · 228 Seiten

31 John V. Lindsay, Städte brauchen mehr als Geld · New Yorks Mayor über seinen Kampf für eine bewohnbare Stadt · 180 Seiten

32 Mechthild Schumpp, Stadtbau-Utopien und Gesellschaft · Der Bedeutungswandel utopischer Stadtmodelle unter sozialem Aspekt · 208 Seiten, 55 Bilder

33 Renato De Fusco, Architektur als Massenmedium · Anmerkungen zu einer Semiotik der gebauten Formen · 180 Seiten, 38 Bilder

34 Planung und Information · Materialien zur Planungsforschung, herausgegeben von Gerhard Fehl, Mark Fester, Nikolaus Kuhnert · ca. 280 Seiten, ca. 20 Bilder

37 Gesellschaftsplanung in kapitalistischen und sozialistischen Systemen · 11 Beiträge, herausgegeben von Josef Esser, Frieder Naschold und Werner Väth · ca. 300 Seiten

38 Großstadt-Politik · Texte zur Analyse und Kritik lokaler Demokratie, herausgegeben von Rolf-Richard Grauhan · ca. 300 Seiten

Bertelsmann Fachverlag

Bei Fragen zur Produktsicherheit wenden Sie sich bitte an:
If you have any questions regarding product safety,
please contact:

Birkhäuser Verlag GmbH
Im Westfeld 8
4055 Basel, Schweiz
productsafety@degruyterbrill.com